RUTH RENDELL

Mord ist des Rätsels Lösung

Buch

Stanley Manning hat seine Schwiegermutter nicht nur aus Nächstenliebe bei sich aufgenommen. Immerhin verfügt sie über ein beträchtliches Vermögen, das einmal ihrer Tochter Vera zufallen wird. Doch die alte Dame ist nicht nur kerngesund, sie gönnt Stanley obendrein keinen Penny ihres Geldes und versucht, Vera mit allen Mitteln zu einer Scheidung zu bewegen. Stanley fürchtet, daß sie damit Erfolg haben könnte, und sieht die Zeit zum Handeln gekommen. Er hat auch schon eine brillante Idee . . .

Autorin

Ruth Rendell, auch unter dem Pseudonym Barbara Vine bekannt, wurde 1930 als Tochter eines Lehrerehepaares in einem Londoner Vorort geboren. Sie arbeitete zunächst als Journalistin, bis sie sich 1964 ganz auf die Schriftstellerei konzentrierte. Seitdem hat sie an die dreißig Romane veröffentlicht. Dreimal schon hat sie den Edgar-Allan-Poe-Preis erhalten; außerdem wurde sie zweifach mit dem *Golden Daggar Award* für den besten Kriminalroman ausgezeichnet. Ruth Rendell ist verheiratet, Mutter eines Sohnes und lebt in Suffolk.

Von Ruth Rendell als Goldmann Taschenbuch erschienen:
Das geheime Haus des Todes (42582) · Das Haus der geheimen Wünsche (42692) · Der Krokodilwächter (43201) · Der Liebe böser Engel (42454) · Der Mord am Polterabend (42581) · Die Brautjungfer (41240/5825/7284) · Die Tote im falschen Grab (43580) · Die Werbung (42015/5853) · Eine entwaffnende Frau (42805/43110) · Mord ist ein schweres Erbe (42583) · Phantom in Rot (43610) · Schuld verjährt nicht (43482) · Stirb glücklich. Stories (41294/5843) · Lizzies Liebhaber. Stories (43308)
Ruth Rendell / Helen Simpson. Das Haus der geheimen Wünsche / Die Sünden des Fleisches. Zwei Romane in einem Band (41169)
Als gebundene Ausgabe im *Blanvalet Verlag*: Die Besucherin

RUTH RENDELL

Mord ist des Rätsels Lösung

Roman

Aus dem Englischen
von Ute Tanner

GOLDMANN

Die Originalausgabe erschien unter dem Titel
»One Across, Two Down«
1971 bei Hutchinson & Co. Ltd., London

Der Goldmann Verlag
ist ein Unternehmen der Verlagsgruppe Bertelsmann

Taschenbuchausgabe 7/97
Copyright © der Originalausgabe 1971 by Ruth Rendell
Copyright © der deutschsprachigen Ausgabe 1997
by Wilhelm Goldmann Verlag, München
Alle Rechte an der Übertragung ins Deutsche © 1989 by
Rowohlt Taschenbuch Verlag GmbH, Reinbek bei Hamburg
Umschlaggestaltung: Design Team München
Umschlagfoto: Gruner + Jahr Fotoservice / Schmaltz
Satz: IBV Satz- und Datentechnik GmbH, Berlin
Druck: Elsnerdruck, Berlin
Verlagsnummer: 43718
AB · Herstellung: Heidrun Nawrot
Made in Germany
ISBN: 3-442-43718-0

1 3 5 7 9 10 8 6 4 2

Für meinen Sohn

O komm in den Garten, Maud,
Denn schwarzflüglig ist die Nacht geflohn.
O komm in den Garten, Maud,
Allein steh ich hier und warte schon.

Alfred, Lord Tennyson

Inhalt

ERSTER TEIL

Leerfelder

1

Vera Manning war hundemüde. Sie war so müde, daß sie sich nicht einmal dazu aufraffen konnte, ihrer Mutter eine entsprechende Antwort zu geben, als Maud sie drängte, sich gefälligst mit dem Abendessen zu beeilen.

»Deswegen brauchst du nicht gleich eingeschnappt zu sein«, sagte Maud.

»Ich bin nicht eingeschnappt, Mutter, ich bin müde.«

»Na klar doch! Natürlich bist du müde, das merkt doch jeder, daß dieser Job dich kaputtmacht. Wenn Stanley genug Grütze im Kopf hätte, eine gute Stellung zu ergattern und einen anständigen Lohn nach Hause zu bringen, brauchtest du nicht zu arbeiten. Eine Frau in deinem Alter, schon fast in den Wechseljahren, und muß sich den lieben langen Tag in einer Reinigung abschuften. Ist doch unerhört! Ich sag es immer wieder, wenn Stanley Manns genug wäre –«

»Komm, Mutter«, sagte Vera. »Hör auf damit, ja?«

Aber Maud, deren Mundwerk nicht stillstand, solange jemand da war, der ihr zuhörte, und die Selbstgespräche führte, wenn sie allein war, erhob sich entschlossen, griff nach ihrem Stock und hinkte Vera in die Küche nach. Mit einiger Mühe – sie war eine breite, schwerknochige Frau – fand sie Platz auf einem Hocker und sah sich mit deutlicher Geringschätzung um. Die war zum Teil echt, zum Teil allerdings auch aufgesetzt, um die gewünschte Wirkung bei ihrer Tochter zu erzielen. Die Küche war sauber, aber primitiv und schien unverändert aus einer Ära übernommen, in der man sich nicht an knotig die Wände verunzierenden Wasserrohren gestört hatte und in der Küchenbüffets und Spülsteine Standardeinrichtung gewesen waren. Nach dieser stummen Vorbereitung holte Maud tief Luft und fing wieder an: »Mein Leben lang hab ich geknapst und geknausert, damit was für dich da ist, wenn ich mal nicht mehr bin. Weißt du, was Ethel Carpenter zu mir gesagt hat? Maud, hat sie gesagt, warum schenkst du dein Geld nicht Vera, solange sie noch jung genug ist, um was davon zu haben?«

Vera hatte Maud den Rücken gedreht und war damit beschäftigt, Fleischpastete zu schneiden und harte Eier zu pellen. »Komisch, Mutter. Eben noch bin ich eine alte Frau, und gleich darauf wieder jung. Ganz, wie's dir in den Kram paßt, wie?«

Maud zog es vor, diesen Einwurf zu überhören. »Warum schenkst du es Vera nicht jetzt, hat sie gemeint. Nein, meine Liebe, hab ich gesagt, o nein, damit würde ich es ja nicht ihr schenken, sondern ihrem Mann, diesem Versager. Wenn der mein Geld in die Finger kriegt, hab ich gesagt, tut er sein Lebtag keinen Handschlag mehr.«

»Rückst du mal ein Stück, Mutter? Ich komme nicht an den Kessel.«

Maud rückte drei, vier Zentimeter zur Seite und strich sich mit gepflegter weißer Hand über die dichten grauen Locken. »Nein«, sagte sie. »Solange noch ein Fünkchen Leben in mir ist, bleiben meine Ersparnisse da, wo sie sind, nämlich in sicheren Wertpapieren investiert. Kann sein, daß Stanley auf diese Weise doch noch zur Vernunft kommt. Wenn du erst mal auf der Nase liegst, mein Kind – mach nur so weiter, dann ist dir ein Nervenzusammenbruch sicher! –, krempelt er vielleicht doch noch die Ärmel hoch und sucht sich eine Männerarbeit statt eines Teenagerjobs. So sehe ich das, und das hab ich Ethel in meinem letzten Brief auch geschrieben.«

»Kommst du, Mutter? Ich bin soweit.«

Vera half ihrer Mutter, sich an den Tisch im Eßzimmer zu setzen, und hängte ihren Stock über die Stuhllehne. Maud steckte sich eine Serviette in den Ausschnitt ihres blauen Seidenkleides und bediente sich reichlich mit Pastete, Eiern, grünem Salat und Kartoffelbrei. Dann schluckte sie zwei weiße Tabletten, spülte sie mit starkem, süßem Tee herunter und griff mit einem sinnlich-genüßlichen Seufzer zu Messer und Gabel. Essen war Mauds große Leidenschaft. Sie schwieg nur, solange sie aß oder schlief. Als sie gerade das zweite Stück Pastete in Angriff nahm, schlug die Hintertür, und ihr Schwiegersohn kam herein.

Stanley Manning nickte seiner Frau zu und stieß einen unbestimmten Grunzlaut aus. Seine Schwiegermutter, die ihre Mahlzeit kurz unterbrochen hatte, um ihm einen kalten, tadelnden Blick zuzuwerfen, war für ihn Luft. Er warf sein Jackett über die Stuhllehne und schaltete sofort den Fernseher ein.

»Wie war's heute bei dir?« fragte Vera.

»Hektisch. Seit heute früh um neun hab ich keine ruhige Minute gehabt.« Stanley setzte sich so, daß er die Mattscheibe im Blick hatte, und wartete darauf, daß Vera ihm eine Tasse Tee eingoß. »Ich bin fix und fertig, das kannst du mir glauben. Bei diesem Wetter ist es kein Spaß, den ganzen Tag im Freien herumzustehen. Weiß nicht, wie lange ich das noch aushalte, ehrlich.«

Maud zog die Nase hoch. »Ethel Carpenter wollte es gar nicht glauben, als ich ihr schrieb, daß du als Tankwart deinen Lebensunterhalt verdienst – wenn man das so nennen will. Das macht der Sohn ihrer Vermieterin in den Semesterferien, hat sie geantwortet, ein achtzehnjähriger Student, der sich ein bißchen was dazuverdient.«

»Ethel Carpenter soll sich gefälligst um ihren eigenen Dreck kümmern, die alte Kuh.«

»Untersteh dich, in dieser Form von meiner Freundin zu sprechen.«

»Jetzt hört endlich auf, ihr beiden«, sagte Vera. »Ich denke, ihr wollt den Film sehen.«

So unterschiedlich Stanley und Maud die Welt auch betrachten mochten, einig waren sie sich in ihrer Vorliebe für alte Filme. Nachdem sie noch einmal giftige Blicke getauscht hatten, setzten sie sich behaglich am Tisch zurecht, um *Das Mädchen aus dem Goldenen Westen* mit Jeanette Macdonald zu sehen. Vera, die nach der zweiten Tasse Tee wieder etwas zu Kräften gekommen war, seufzte erleichtert auf und begann abzuräumen. Um acht würde neuer Streit entbrennen, weil sich Stanleys heißgeliebte Quizsendung mit Mauds Lieblingsserie überschnitt. Am Dienstag- und Donnerstagabend war es immer am schlimmsten mit den beiden. Sie konnte ja verstehen, daß Stanley als leidenschaftlicher Rätselrater gern die Quizsendungen sehen wollte, und auch daß Maud als eine von fünf Millionen Frauen mittleren und fortgeschrittenen Alters den nächsten Verwicklungen im turbulenten Leben der Leute aus der *Augustastraße* entgegenfieberte, fand sie durchaus verständlich… Warum aber konnten sie nicht zu einem freundschaftlichen Kompromiß kommen wie vernünftige Menschen? Es sind eben keine vernünftigen Menschen, dachte sie, während sie sich an den Abwasch machte. Ihr persönlich konnte das Fernsehen gestohlen bleiben. Manchmal wartete sie geradezu darauf, daß die Röhre kaputtging oder so was, denn bei ihrer derzeitigen Finanzlage war an eine Reparatur dann vorerst nicht zu denken.

Als sie wieder ins Eßzimmer kam, sang Jeanette Macdonald das Ave Maria, unterstützt von Mauds zittrigsentimentalem Sopran. Wenn das noch lange geht, dachte Vera, dreht Stanley durch. In der vorigen Woche hatte er in einer ähnlichen Situation mit Mauds Stock auf den Tisch gehauen. Diesmal aber begnügte er sich mit leisem Gebrummel, und Vera lehnte den Kopf an ein Sofakissen und schloß die Augen.

Seit vier Jahren wohnt Mutter jetzt hier, dachte sie, und seit vier langen Jahren habe ich die Hölle im Haus. Schon tausendmal hatte sie bereut, daß sie damals so schnell ja gesagt hatte. Schließlich war Maud weder kränklich noch wirklich behindert. Von ihrem Schlaganfall waren ihr nur eine kleine Schwäche im linken Bein und ein leicht schiefgezogener Mund geblieben, ansonsten hatte sie sich erstaunlich gut erholt und hätte sich durchaus noch selbst versorgen können wie andere Vierundsiebzigjährige auch. Aber da war jetzt nichts mehr zu machen. Mutters Haus samt Einrichtung war verkauft, und Stanley und Vera hatten sie am Hals. Bis an ihr Lebensende.

Mauds empörtes Gejammer riß Vera aus ihrem Dämmerzustand.

»Wieso schaltest du auf ITV um? Den ganzen Tag freu ich mich schon auf meine *Augustastraße*. Für diesen Kinderkram bedanke ich mich. Was habe ich von Schulgören, die alberne Fragen beantworten?«

»Wer zahlt hier die Fernsehgebühren, kannst du mir das mal verraten?« konterte Stanley.

»Ich gebe Vera jede Woche meine ganze Rente, allerhöchstens zehn Shilling nehm ich mir mal für die eine oder andere Kleinigkeit.«

Stanley gab keine Antwort. Er rückte seinen Stuhl näher an den Fernseher heran und nahm Papier und Bleistift zur Hand.

»Den ganzen Tag freu ich mich schon auf meine Serie«, wiederholte Maud.

»Laß gut sein, Mutter«, sagte Vera so aufmunternd, wie es ihr bei ihrer lähmenden Mattigkeit möglich war. »Warum schaust du dir nicht nachmittags, wenn wir arbeiten, den *Hof im Eichental* an? Das ist eine hübsche Serie über Leute auf dem Land.«

»Weil ich nachmittags mein Schläfchen halte, deshalb. Ich werde doch nicht Stanley zuliebe mein Tagesprogramm auf den Kopf stellen.«

Maud verfiel in beleidigtes Schweigen, aber wenn sie schon ihre Sendung nicht sehen durfte, sollte auch Stanley sein Quiz nicht ungestört genießen. Fünf Minuten später – Stanley krakelte aufgeregt auf seinem Block herum – fing sie an, rhythmisch mit dem Stock ans Kamingitter zu schlagen. Es hörte sich an, als schlage sie den Takt zu einem Kirchenlied. ›Ich hab mich Gott ergeben‹ vielleicht, dachte Vera, und wenig später bestätigte sich ihre Vermutung. Maud begann leise die Melodie zu summen.

Stanley hörte sich das etwa dreißig Sekunden an, dann sagte er: »Sei endlich still.«

Maud seufzte abgrundtief. »Diesen Choral haben sie bei der Beerdigung deines Großvaters gespielt, Vera.«

»Und wenn sie ihn auf Königin Victorias Hochzeit gespielt hätten«, sagte Stanley, »im Augenblick will ihn keiner hören. Gib endlich Ruhe. Jetzt hab ich deinetwegen den Punktestand nicht mitgekriegt.«

»So ein Jammer«, bedauerte Maud ironisch. »Ich weiß, daß du mich nicht im Haus haben willst, Stanley, es ist schließlich nicht zu übersehen. Du würdest alles tun, um mich loszuwerden, nicht? Vielleicht kippst du demnächst Öl auf die Treppe oder schüttest mir was in den Tee...«

»Warum nicht? So manches wahre Wort ward schon im Scherz gesprochen.«

»Hast du das gehört, Vera? Da siehst du mal, was du für einen Mann hast.«

»Er meint es nicht so, Mutter.«

»Nur weil ich alt und gebrechlich bin und manchmal der alten Zeiten gedenke, als ich noch ein bißchen glücklich war.«

Stanley sprang auf, klappernd fiel der Bleistift zu Boden. »Gibst du jetzt freiwillig Ruhe, oder muß ich handgreiflich werden?«

»Schrei mich nicht an, Stanley Manning.« So, der Spaß an der Quizsendung war Stanley gründlich verdorben. Maud stand auf und wandte sich würdevoll an ihre Tochter. »Ich gehe jetzt zu Bett, Vera, und lasse dich mit deinem Mann allein. Vielleicht wäre es nicht zu viel verlangt, wenn du mir meine heiße Milch nach oben bringen würdest?«

»Natürlich, Mutter, das mache ich doch immer.«

»Du brauchst das ›immer‹ gar nicht so zu betonen. Auf widerwillig geleistete Liebesdienste kann ich gern verzichten.«

Maud ging im Zimmer herum und sammelte ihre Siebensachen ein. Sie nahm ihr Strickzeug von einem Stuhl, ihre Brille von einem anderen, ihr Buch vom Sideboard. All diese Gegenstände hätte sie auch erreichen können, wenn sie hinter Stanley vorbeigegangen wäre, aber sie ging absichtlich zwischen ihm und dem Fernseher hin und her.

»Mein Glas Wasser darf ich nicht vergessen«, meinte sie und fügte hinzu, als verkünde sie einen überaus lobenswerten und Körper wie Seele gleichermaßen zuträglichen Grundsatz: »Von klein auf habe ich nachts immer ein Glas Wasser am Bett stehen. Ohne mein Glas Wasser könnte ich gar nicht einschlafen.«

Sie holte es selbst. Eine Spur von Tropfen aus dem übervollen Glas bezeichnete ihren Weg. Ihr Stock schlug gegen die Stufen, als sie langsam die Treppe hinaufstieg.

Stanley machte den Fernseher aus und nahm sich, ohne seiner Frau ein Wort zu gönnen, das *Zweite Buch der Superkreuzworträtsel für Fortgeschrittene* vor. Stumm, am Ende ihrer Kraft, wie ein armes, abgerackertes Tier, mit keinem anderen Gedanken im Kopf als dem Verlangen nach Schlaf, sah Vera ihn an. Dann ging sie in die Küche, machte die Milch heiß und brachte sie nach oben.

Das Haus in der Lanchester Road 61, Croughton, am Nordrand von London gelegen, stammte aus dem Jahr 1906. Es war ein zweigeschossiges Reihenendhaus aus rotem Backstein. Nach hinten heraus hatte es einen großen Garten, zwischen dem Wohnzimmererker und dem Zaun zur Straße lag ein handtuchschmaler Rasenstreifen.

Die kleine Diele war mit roten und weißen Kacheln ausgelegt, im Erdgeschoß waren zwei Zimmer und die winzige Küche, draußen ein WC und ein Verschlag für Kohle. Die Treppe führte ohne Biegung hinauf ins Obergeschoß, in dem das Badezimmer und drei Schlafzimmer lagen. In dem kleinsten ließen sich gerade ein Bett, Frisierkommode und ein Vorhang unterbringen, hinter dem man Garderobe aufhängen konnte. Vera nannte es das Gästezimmer.

Sie und Stanley hatten das große Schlafzimmer nach vorn heraus, Maud schlief im hinteren Zimmer. Sie saß, angetan mit einem selbstgestrickten Angorajäckchen, im

Bett und bot ein Bild blühender Gesundheit. Ohne die dreißig metallenen Lockenwickel im Haar hätte sie gut und gern bei einem Wettbewerb um den Titel der schicksten Oma des Jahres mitmachen und gewinnen können. Vielleicht, dachte Vera, als sie Maud den Becher mit der heißen Milch reichte, liegt es an all den Fläschchen und Schächtelchen mit den rezeptfreien Mitteln und den Medikamenten auf dem Nachttisch, daß Mutter so gut erhalten, ja, geradezu verjüngt ist. Es war eine stattliche Sammlung: Antikoagulantien, Diuretika, Tranquilizer, Schlafmittel und Vitaminkonzentrate.

»Danke, Kind. Meine elektrische Heizdecke wird nicht warm, sie muß zur Reparatur.«

Vera wandte den Blick von Mauds Frisierspiegel ab, der ihr nur zu deutlich vor Augen geführt hatte, wie ungepflegt und erschöpft sie aussah, und sagte, sie würde sich morgen darum kümmern.

»Das ist lieb. Und wenn du schon da bist, kannst du den Leuten sagen, sie sollen sich mal mein Radio ansehen. Und besorg mir doch bitte noch fünfzig Gramm von der rosa Wolle.« Maud trank schluckweise ihre Milch. »Setz dich, Vera. Ich möchte mit dir sprechen, und *er* soll das nicht mitbekommen.«

»Hat es nicht Zeit bis morgen, Mutter?«

»Nein. Morgen ist es vielleicht schon zu spät. Hast du nicht gehört, was er gesagt hat? Bei der nächsten besten Gelegenheit bringt er mich um, verlaß dich drauf...«

»Aber Mutter! Das hat er doch nicht so gemeint!«

»Stanley haßt mich«, erklärte Maud fest. »Allerdings beruht das auf Gegenseitigkeit. Jetzt hör mir mal genau zu.«

Vera wußte, was auf sie zukam. Sie ließ diese Leier mit leichten Variationen ein- bis zweimal in der Woche über sich ergehen. Und deshalb sagte sie rasch: »Ich denke nicht daran, Stanley zu verlassen, und dabei bleibt es. Ich tu's nicht, Mutter.«

Maud leerte ihren Becher. »Überleg doch mal, wie schön wir es miteinander haben könnten, du und ich«, sagte sie schmeichelnd. »Ich hab Geld genug für uns beide. Ganz im Vertrauen, Vera – ich bin eine reiche Frau. Wenn wir Stanley erst los sind, brauchst du keinen Finger mehr krumm zu machen. Wir kaufen ein hübsches neues Haus. Ich habe in der Zeitung gelesen, daß sie in Chigwell bezaubernde Bungalows bauen, so einen könnten wir sofort haben, das Geld ist da.«

»Wenn du mir etwas von deinem Geld geben willst, Mutter, hab ich nichts dagegen. Wir müßten hier im Haus wirklich so einiges machen lassen.«

»Stanley Manning bekommt von mir nicht einen Penny«, sagte Maud. Sie nahm ihr Gebiß heraus, legte es in ein Glas und bedachte Vera mit einem zahnlosen Lächeln. »Ich hab doch nur dich, Veralein. Was mir gehört, das gehört auch dir. Wozu willst du mit ihm teilen? Was hat er je für dich getan, dieser Kriminelle, dieser Knastbruder?«

Vera beherrschte sich nur mit Mühe.

»Stanley hat nur ein einziges Mal im Gefängnis gesessen, Mutter, das weißt du ganz genau. Damals war er achtzehn. Es ist gemein, ihn deshalb einen Knastbruder zu nennen.«

»Mag sein, daß er nur dies eine Mal gesessen hat, aber wie oft wär er dran gewesen, wenn seine Chefs nicht immer wieder beide Augen zugedrückt hätten? Du weißt genausogut wie ich, daß ihm zweimal gekündigt worden ist, weil er in die Kasse gegriffen hat.«

Vera stand auf. »Ich bin müde, Mutter, ich will ins Bett. Ich brauche mir nicht anzuhören, wie du meinen Mann schlechtmachst...«

»Ach, Verakind...« Maud streckte eine mitleiderregend

zitternde Hand aus. »Sei mir nicht bös, mein Kleines. Ich hatte so große Hoffnungen in dich gesetzt, und was ist aus dir geworden? Eine abgeschaffte alte Frau, an einen Mann gefesselt, den es nicht kümmert, ob du tot oder lebendig bist. So ist es doch, Vera, gib's zu.« Vera ließ ihre Hand schlaff in der ihrer Mutter liegen, und Maud drückte sie zärtlich. »Wir könnten uns ein schönes Haus leisten, Kindchen, mit Zentralheizung und Auslegware in allen Räumen, und jeden Tag eine Putzfrau. Du bist noch jung, du könntest den Führerschein machen, ich würde dir einen Wagen kaufen. Wir könnten reisen. Auch ins Ausland, wenn du willst.«

»Ich bin mit Stanley verheiratet«, sagte Vera. »Und du hast mir immer gepredigt, daß die Ehe unauflöslich ist.«

»Ich habe dir noch nie gesagt, wieviel ich habe, Vera. Versprichst du mir, daß du es Stanley nicht verrätst?« Vera schwieg, und Maud hatte trotz ihrer vierundsiebzig Jahre und einer langen Ehe noch nicht begriffen, daß man Dinge, die man geheimhalten will, nicht einem verheirateten Menschen anvertrauen darf. Denn eine Ehe mag noch so brüchig, die Partner mögen noch so inkompatibel sein – Herzensgeheimnisse anderer Leute werden die Ehepartner immer untereinander austauschen. »Mein Geld hat im Lauf der Jahre ganz schön Zinsen gebracht, Vera. Ich habe zwanzigtausend Pfund auf der Bank. Was sagst du nun?«

Vera spürte, wie das Blut aus ihrem Gesicht wich. Es war ein Schock. In ihren kühnsten Träumen hätte sie nie auch nur mit der Hälfte dieser Summe gerechnet, und Stanley ging es sicherlich genauso. »Das ist eine Menge Geld«, sagte sie leise.

»Daß du es nicht ausplauderst, hörst du? Wenn er wüßte, was ich wert bin, würde er sofort überlegen, wie er mich aus der Welt schaffen könnte.«

»Bitte fang nicht schon wieder davon an, Mutter. Wer dich so reden hört, muß ja denken, du bist total verkalkt.«

»Mich hört ja keiner reden. Also gute Nacht, Verakind, wir sprechen morgen weiter darüber.«

»Gute Nacht, Mutter«, sagte Vera.

Die lockenden Bilder, die Maud ihr vor Augen gehalten hatte, um sie zu einer Trennung von Stanley zu bewegen, waren nicht neu und beeindruckten sie nicht sonderlich. Auch daß Maud ihren Schwiegersohn im Verdacht hatte, Mordpläne zu schmieden, beschäftigte sie nicht weiter. Ihre Mutter war alt, und alte Menschen werden oft ein bißchen wunderlich. Der Gedanke war albern und völlig aus der Luft gegriffen, aber es lohnte nicht, sich deswegen aufzuregen.

Aber was Stanley sagen mochte, wenn sie ihm eröffnete – irgendwann, wenn sie nicht mehr so müde war –, wieviel Geld Maud auf der Bank hatte, das war schon eine Überlegung wert. Zwanzigtausend Pfund waren ein Vermögen. Schon mit dem zwanzigsten Teil davon könnte ich vieles im Haus verbessern und mir dadurch das Leben erleichtern, dachte sie, während sie ihre Sachen abstreifte und erschöpft ins Bett fiel.

2

Maud war eine alte Dame, sie hatte einen gefährlich hohen Blutdruck und bereits einen Gehirnschlag hinter sich, aber im Kopf war sie völlig klar. Die Vorstellung, ihr Schwiegersohn könne sie umbringen, wenn sich die Gelegenheit dazu bot, entsprang nicht senilen Wahnvorstellungen, sondern Einsichten in menschliche Verhaltensweisen, die sie als empfängliches junges Mädchen gewonnen hatte.

Mit vierzehn war sie in Stellung gegangen, und das Gespräch in Küche und Gesinderaum hatte sich vornehmlich um bedenkenlose Zeitgenossen gedreht, die von Mauds Kolleginnen und Kollegen des Mordes oder der Mordabsicht aus niedrigen Motiven verdächtigt wurden. Die Köchin behauptete steif und fest, der Lakai in dem großen Haus gegenüber würde ohne weiteres seinen Herrn vergiften, nur weil der ihm in seinem Testament hundert Pfund zugedacht hatte, der Butler konterte mit Schreckensmären von habgierigen Erben in den vornehmen Familien, in denen er gedient hatte. Maud lauschte all diesen Geschichten aufmerksam und mit derselben Andacht, die sie der Sonntagspredigt ihres Pfarrers entgegenbrachte.

Anscheinend gab es vom Butler bis hinunter zur Spülhilfe bei sämtlichen dienstbaren Geistern irgendwelche Leute in der Familie, die irgendwann einmal mit dem Gedanken gespielt hatten, einer reichen Tante Arsen in den Tee zu tun. Ein beliebter Ausspruch im Dienstbotenzimmer war – frei nach Eliza Doolittle –: »Also ich glaub bestimmt, der Alte hat sie abgemurkst.«

Und auch Maud glaubte bestimmt, daß Stanley Manning sie abmurksen würde, falls sich das früher oder später gefahrlos bewerkstelligen ließ. Sie hatte der Versuchung, Vera über ihre so überaus erfreulichen Vermögensverhältnisse aufzuklären, einfach nicht widerstehen können, aber als sie am nächsten Morgen aufwachte, hatte sie das unbestimmte Gefühl, daß sie damit nicht besonders klug gehandelt hatte. Vera würde vermutlich Stanley alles erzählen, und ihr, Maud, waren die Hände gebunden.

Jedenfalls insoweit, als es ihr nicht gelingen würde, Vera zum Schweigen zu verdonnern. Hingegen ließ sich möglicherweise einiges tun, um Stanley klarzumachen, daß es ihm überhaupt nichts nützen würde, sie umzubringen.

21

Diese Überlegungen beschäftigten Maud, während sie sich das Frühstück schmecken ließ, das Vera ihr ans Bett gebracht hatte, und als ihre Tochter und ihr Schwiegersohn zur Arbeit gegangen waren, stand sie auf, zog sich an und verließ ebenfalls das Haus. Auf ihren Stock gestützt, bewältigte sie ohne allzu große Mühe den halben Kilometer bis zur Bushaltestelle. Von dort aus fuhr sie in die Stadt, um einen Anwalt zu konsultieren, dessen Namen sie in Stanleys Branchenadreßbuch gefunden hatte. Sie hätte sich ohne weiteres bei dieser Gelegenheit ihre Wolle kaufen sowie die Heizdecke zur Reparatur bringen und damit Vera einen Gang ersparen können, aber wenn die so eigensinnig war, geschah es ihr recht, wenn sie zusätzliche Laufereien hatte.

Um zwölf war Maud wieder zu Hause und ließ sich das Mittagessen schmecken, das Vera ihr hingestellt hatte: Schinken, Salat, Butterbrot und Apfelauflauf. Dann setzte sie sich hin, um – wie allwöchentlich – an ihre beste Freundin, Ethel Carpenter, zu schreiben. Wie meist seit ihrem Einzug in der Lanchester Road führte sie bewegte Klage über Stanley Manning, seine Faulheit, seine schlechten Manieren, seinen rauhen Umgangston. Mit dem Mann, schrieb sie, sei eben beim besten Willen nichts anzufangen.

Auf niemanden, dachte Maud, kann ich so felsenfest bauen wie auf Ethel. Selbst auf Vera war wegen ihrer blinden Hingabe an diesen Versager nicht hundertprozentig Verlaß. Ethel hingegen hatte weder Mann noch Kinder oder irgendwelche ehrgeizigen Lebensziele. Die arme Ethel hatte nur die Hauswirtin in Brixton, bei der sie ein Zimmer gemietet hatte, und Maud.

Ja, wenn man das durchgemacht hat, was Ethel und ich zusammen durchgemacht haben, dachte Maud und legte den Stift aus der Hand, weiß man erst so richtig, was

Freundschaft wert ist. Seit wann kannten sie sich – seit vierundfünfzig, seit fünfundfünfzig Jahren? Nein, vierundfünfzig waren es erst. Sie war zwanzig und zweites Stubenmädchen gewesen, und Ethel, die kleine, unschuldige, siebzehnjährige Ethel, war Küchenhilfe bei der herrschsüchtigen Köchin mit der scharfen Zunge.

Maud ging damals mit George Kinaway, dem Chauffeur. Wenn wir das große Los gewonnen haben, heiraten wir, pflegte sie zu sagen. Heimlich aber legte die sparsame Maud einen Shilling nach dem anderen auf die hohe Kante. Wenn ich dreißig bin, dachte sie damals, können wir uns auch ohne Lotteriegewinn zusammentun. Inzwischen freute sie sich an den wunderschönen stillen Sonntagsspaziergängen mit George auf dem Clapham Common und an dem kleinen Verlobungsring mit den Granaten, den sie an einem Band um den Hals trug, denn beim Kaminputzen wäre er ihr am Finger nur hinderlich gewesen.

Sie hatte George und ein Ziel vor Augen, Ethel aber hatte gar nichts, hatte keinen Verehrer, ja, nicht einmal einen harmlosen männlichen Gesprächspartner bis auf George und den Butler. Das jedenfalls war die allgemeine Ansicht – bis sich ihr Zustand nicht mehr verbergen ließ und die Gnädige sie mit Schimpf und Schande aus dem Haus jagte. Die arme Ethel fand Unterschlupf bei ihrer Tante, und alle behandelten sie wie den letzten Dreck – bis auf Maud und George. Sie waren sich nicht zu gut, Ethel an ihren freien Tagen bei ihrer Tante zu besuchen, und als das Kind kam, war es George, der die Tante dazu überredete, es aufzuziehen, und jede Woche ein paar Shilling zu dem Unterhalt der Kleinen beisteuerte. »Obgleich wir uns das eigentlich gar nicht leisten können«, sagte Maud. »Wenn sie ein bißchen weniger störrisch wäre und mit dem Namen des Vaters herausrücken würde...«

»Das macht sie nie«, sagte George. »Dazu ist sie zu stolz.«

»Na ja, Hochmut kommt bekanntlich vor dem Fall, und der hat ja bei Ethel auch nicht lange auf sich warten lassen. Jetzt müssen wir zu ihr halten, das ist einfach unsere Pflicht und Schuldigkeit. Wir dürfen die Verbindung zu Ethel nicht abreißen lassen.«

»Wie du meinst, Schatz«, sagte George und brachte die Gnädige dazu, Ethel wieder einzustellen, ganz so, als sei sie ein unbescholtenes Mädchen ohne einen Flecken auf ihrer Ehre.

Ja, das waren schwere Zeiten damals, dachte Maud. Sie lehnte den Kopf zurück und schloß die Augen. Zwölf Pfund Jahreslohn hatte sie bekommen, bis der Krieg ausgebrochen war und die Leute sich alle etwas umstellen mußten. Auch als der Herr ein bißchen was dazulegte, war es noch ein schweres Stück Arbeit, sich einen eigenen Hausstand zu schaffen, und eigentlich hatten sie es dann George mit seinem guten Aussehen und seinen netten Manieren zu verdanken, daß sie ihre Chance bekamen. Nicht, daß zwischen ihm und der Gnädigen was gewesen wäre – Gott bewahre! –, aber es stellte sich heraus, daß George in ihrem Testament bedacht worden war, und die zweihundertfünfzig Pfund, die sie ihm vermacht hatte, und Mauds Ersparnisse reichten zu einem netten kleinen Laden unten am Oval.

Ihren Urlaub verbrachte Ethel immer bei ihnen, und als Vera zur Welt kam, wurde sie Taufpatin. Es sei das mindeste, was sie für Ethel tun könne, sagte Maud zu George unter vier Augen, wo man ihr doch die eigene Tochter genommen hatte und sie nach ihrem Fehltritt nie einen eigenen Mann bekommen würde.

Georges charmante Art und Mauds Fleiß sorgten dafür,

daß das Geschäft florierte, und bald lebten die Kinaways in durchaus angenehmen Verhältnissen. Sie schickten Vera auf eine sehr exklusive Privatschule, in der sie blieb, bis sie sechzehn war – für damalige Verhältnisse unerhört lange. Als sie wieder zu Hause war, wollte Maud nichts davon hören, daß sie sich eine Stellung suchte oder im Laden mitbediente. Ihre Tochter sollte eine Dame werden, früher oder später einen netten Mann heiraten, der »etwas Besseres« war, Bankbeamter etwa oder Geschäftsmann (Maud verriet niemandem, daß ihr Mann einen Laden hatte, sie sagte immer, er sei »Geschäftsmann«), und ein eigenes Haus haben. Bis es soweit war, bekam Vera von ihr ausreichend Geld für hübsche Kleider, und einmal im Jahr fuhren sie nach Brayminster-on-Sea – das liebe alte Bray, wie sie es nannten – und wohnten in einer feinen Pension mit Seeblick. Manchmal kam Ethel mit, und sie war, wie Veras Eltern, hocherfreut, als der Neffe der Pensionsbesitzerin, James Horton, Gefallen an ihrer Patentochter fand.

James hatte genau die Stellung, die Maud als besonders wünschenswert für einen Schwiegersohn ansah. Er arbeitete in der Filiale von Barclay's Bank in Brayminster, und als er im Laufe des Winters gelegentlich nach London kam, um mit Vera eine Dampferfahrt zu machen oder eine Matinee zu besuchen, bedachte Maud ihn mit ihrem liebenswürdigsten Lächeln und begann mit George zu erörtern, was man für das junge Paar tun konnte, wenn die beiden sich einig waren. Eine Anzahlung für ein Haus und zweihundert Pfund für Möbel, hatte Ethel Carpenter empfohlen, und Maud hielt das nicht für unbillig.

James war vier Jahre älter als Vera und im Krieg Marinemaat gewesen. Er hatte ein hübsches Sümmchen auf seinem Konto, war ein pflichtbewußter Sohn und Kirchgänger – alles in allem eine überaus passende Verbindung.

Maud hatte altmodische Ansichten. Junge Leute, fand sie, sollten nur miteinander gehen, wenn sie einander ordnungsgemäß vorgestellt worden oder wenn ihre Eltern gute alte Bekannte waren. Sie war deshalb tief erschüttert, als Mrs. Campbell, die Frau des Fischhändlers an der Ecke, ihr erzählte, Vera sei in Begleitung des Schankkellners vom *Schwarzen Roß* gesehen worden, den sie – ebenfalls laut Mrs. Campbell – auf einem Tanzvergnügen kennengelernt hatte.

Daran, sagte Maud zu Ethel, sei einzig und allein George schuld. Wäre es nach ihr gegangen, hätte Vera zu diesem Tanzvergnügen überhaupt nicht gehen dürfen, aber ausnahmsweise hatte George sich durchgesetzt. Es könne doch überhaupt nichts passieren, hatte er gemeint, wenn Vera mit einer Freundin hinginge, und ob sie sich etwas Wohlanständigeres vorstellen könne als den jährlichen Ball der Jungkonservativen?

»Was James dazu sagen wird, daran darf ich gar nicht denken«, jammerte Maud.

»Das ist mir schnuppe«, versetzte Vera aufsässig. »Ich hab die Nase voll von James, er geht mir auf den Geist mit seinem ewigen Gerede vom frühen Schlafengehen und frühen Aufstehen, mit seinem Sparfimmel und seiner Häuslichkeit. Man ist nur einmal jung, sagt Stanley, das muß man ausnützen. Geld, sagt er, ist zum Ausgeben da.«

»Das kann ich mir vorstellen! Besonders wenn es nicht sein eigenes ist. Ein Schankkellner! Meine Tochter treibt sich heimlich mit einem Schankkellner herum.« George erlaubte sie zwar gelegentlich ein kleines Helles in der *Weintraube,* sie selbst aber hatte ein Pub noch nie von innen gesehen. »Das muß aufhören, Vera. Du kannst ihm ja sagen, daß deine Eltern dagegen sind.«

»Ich bin zweiundzwanzig.« Vera schlug zwar im Ausse-

hen und gewöhnlich auch vom T
Vater nach, aber hin und wieder
daß sie auch die Tochter ihrer Mut
nichts verbieten. Ständig liegst dı
ich heiraten soll, aber wie soll ic
nie jemanden kennenlerne? Wenı
beitet, laufen einem die Männer
den Weg.«

»Du hast James kennengelernt«, sagte Maud.

Später hätte sie nie genau sagen können, was schlimmer gewesen war – Mrs. Campbells Mitteilung, daß Stanley Manning zwei Jahre wegen eines Raubüberfalls im Gefängnis gesessen hatte, oder der Moment, als Vera ihr sagte, sie liebe Stanley und wolle ihn heiraten.

»Diesen Kriminellen willst du heiraten?« zeterte Maud. »Ausgerechnet den? Nur über meine Leiche. Lieber bring ich mich um. Ich steck den Kopf in den Backofen. Und ich sorge dafür, daß du keinen Penny von meinem Geld kriegst.«

Das Dumme war, daß sie Vera nicht daran hindern konnte, weiter mit Stanley zusammen zu sein. Zunächst war nicht mehr von Heirat, ja, nicht einmal von einer Verlobung die Rede, aber Vera und Stanley trafen sich regelmäßig, und Maud sorgte und grämte sich derart, daß sie an den Rand eines Nervenzusammenbruchs geriet. Was Vera an dem Burschen fand, vermochte sie beim besten Willen nicht zu begreifen.

In ihrem Leben hatte es nur einen Mann gegeben, mit dem sie ihr Lager hätte teilen mögen, und mit dieser Elle maß sie alle Männer. George Kinaway war einsachtzig groß und – von einem leicht fliehenden Kinn abgesehen – ein blendend aussehender angelsächsischer Typ. Stanley hingegen war ziemlich schmächtig und nicht größer als

lichtete sich bereits und sah immer fettig
ein nußbraunes Gesicht – mit dieser Haut
früh Falten, prophezeite Maud – und unstete
ze Augen, die niemanden gerade ansehen konnten.
ürlich wußte er genau, wer bei den Kinaways die Ho-
en anhatte, und wenn er Maud auf der Straße traf, lächelte
er einschmeichelnd, begrüßte sie mit einem öligen: »Guten Morgen, Mrs. Kinaway, herrlicher Tag heute ...« und
schüttelte bekümmert den Kopf, wenn sie wortlos an ihm
vorbeirauschte.

Stanley durfte weder den Laden noch die darüberliegende
Wohnung betreten, und Maud tröstete sich damit, daß er
ja abends hinter seinem Tresen stand. Tagsüber allerdings
konnte sie Vera, da sie nicht arbeitete, nicht daran hindern,
sich mit Stanley zu treffen. Schankkellner haben auf Grund
ihrer ungewöhnlichen Arbeitszeit den größten Teil des Vormittags und den halben Nachmittag frei. »Etwas Unrechtes« freilich – Mauds vornehme Umschreibung für den Ge-
schlechtsverkehr – konnte sich nach ihrer Überzeugung,
die auf der in ihrem Fall natürlich für gut und richtig be-
fundenen eigenen Erfahrung gründete, nur zwischen zehn
Uhr abends und Mitternacht ereignen, und gerade in diesen beiden Stunden herrschte in Stanleys Pub Hochbetrieb.
Sie war deshalb völlig zerschmettert und fassungslos, als
ihr Vera unter Tränen gestand, daß sie im dritten Monat
schwanger war.

»Wie die arme Ethel«, schluchzte Maud. »Daß mein eigenes Kind mir einmal solche Schande machen würde ...«

Doch so dumm und schlecht Vera auch gewesen sein
mochte – Ethels Leiden sollten ihr erspart bleiben. Vera
sollte ihren Ehemann und ein Heim für das Kind bekommen. Vera sollte heiraten.

Statt der großen Hochzeit, von der Maud geträumt hatte,

wurde es eine sehr diskrete Feier mit nur zehn, zwölf Gästen aus der engsten Verwandtschaft und Bekanntschaft. Hinterher fuhren Vera und Stanley gleich in das kleine Reihenhaus in der Lanchester Road, Croughton. Maud konnte wenig genug tun, um Stanley zu demütigen, aber immerhin hatte sie dafür gesorgt, daß die Eintragung im Grundbuch allein auf Veras Namen lief, und Stanley wurde nachdrücklich darauf hingewiesen, daß er jeden Penny der von den Schwiegereltern vorgestreckten Anzahlungssumme würde zurückzahlen müssen.

Drei Wochen nach der Hochzeit hatte Vera eine Fehlgeburt.

»So ein Unglück«, sagte Maud, als sie im Krankenhaus an Veras Bett saß. »Warum hatten wir es bloß so eilig? Warte doch noch ein bißchen, hat dein Vater gesagt, und recht hat er gehabt.«

»Wie meinst du das?«

»Wenn wir nur noch drei Wochen gewartet hätten...«

Vera setzte sich im Bett auf. »Ich habe mein Kind verloren. Und jetzt willst du mir auch noch meinen Mann wegnehmen.«

Als Vera wieder auf den Beinen war, suchte sie sich zum erstenmal in ihrem Leben eine Stellung, um die Schulden zurückzuzahlen, die sie bei ihren Eltern hatte. Denn darin verstand Maud keinen Spaß. Sie hatte nichts dagegen, Vera hin und wieder einen Scheck für ein neues Kleid zu geben oder sie groß auszuführen, aber Bares würde Stanley Manning von ihr nicht zu sehen bekommen. Falls er sich am Riemen riß und irgendwann doch noch ein regelmäßiges, nicht zu kleines Gehalt nach Hause brachte, konnte man sich die Sache ja noch einmal überlegen...

Sobald klar war, daß Stanley sich nicht mehr ändern würde, versuchte Maud, Vera von ihm loszueisen, und dieses Vorhaben war jetzt, nachdem sie mit ihrer Tochter unter einem Dach wohnte, recht aussichtsreich geworden. Sie ging dabei nach dem System der Wechseldusche vor. Einmal wurde sie nicht müde, ihrer Tochter vorzustellen, wie schwer ihr jetziges Leben war, und es ihr noch schwerer zu machen, indem sie nach Kräften Unfrieden im Haus verbreitete, zum anderen malte sie Vera in leuchtenden Farben eine andere Art zu leben aus, ein sorgenfreies Dasein, in dem sie aus dem vollen würde schöpfen können.

Bislang waren ihre Bemühungen nicht von Erfolg gekrönt gewesen. Vera war seit jeher störrisch wie ein Maulesel. Ganz die Mutter, dachte Maud liebevoll. Die materiellen Verlockungen, die beschwörenden Worte hatten bei Vera nicht verfangen. Maud ließ sich nicht entmutigen. Die Zeit war günstig – sie würde allmählich die Schraube fester anziehen. Es war Maud nicht entgangen, daß Vera ganz blaß geworden war, als sie von den zwanzigtausend Pfund erfahren hatte. An die würde sie jetzt denken, wenn sie in diesem gräßlichen Laden stand und frisch gereinigte Mäntel mit Imprägnierung und Mottenschutz in Plastikhüllen steckte. Und heute abend würde Maud ihre Trumpfkarte ausspielen.

Der Gedanke an das As im Ärmel und die Wirkung, die sie damit erzielen würde, entlockten ihr einen zufriedenen Seufzer. Sie legte den Kopf auf die Kissen und schaltete mit dem gesunden Fuß die zweite Schlange des Heizofens dazu. Vera würde begreifen, daß es ihrer Mutter ernst war, und Stanley würde wohl oder übel einsehen müssen, daß es sinnlos war, seiner Schwiegermutter nach dem Leben zu trachten.

Eigentlich komisch, dachte sie: Ich will Stanley loswerden, und er will mich loswerden. Aber da hätte er früher aufstehen müssen. Jetzt habe ich ihn in der Hand.

3

Von den fünfzig Autofahrern, die an jenem Tag zum Tanken an der Superjuce-Tankstelle hielten, bediente Stanley nur fünf. Von den übrigen fünfundvierzig machten sich noch einmal ein halbes Dutzend die Mühe, zu hupen und zu rufen, aber Stanley war taub für alles, was um ihn herum geschah. Er saß mit dem Rücken zur Kundschaft in seinem Glaskasten und träumte von Mauds Vermögen, den zwanzigtausend Pfund, von denen ihm Vera beim Frühstück erzählt hatte.

Nach George Kinaways Tod hatte Stanley es kaum erwarten können, den Inhalt des Testaments zu erfahren. Und er war bitter enttäuscht gewesen, als Vera ihm sagte, es gäbe kein Testament, es sei alles auf den Namen ihrer Mutter gelaufen. Ungeduldig wie die meisten Menschen seiner Art richtete er sich auf eine weitere quälende Wartezeit ein und wurde darüber immer verdrießlicher.

Maud hatte das Geschäft aufgegeben und sich als Ruhesitz ein kleines, aber feines Einfamilienhaus in Eltham gekauft. Stanley war nie dort gewesen – sie hatte ihn nicht eingeladen – und zeigte nach außen hin keinerlei Anteilnahme, wenn Vera nach einem Tag in Eltham, von ihrer Mutter verhätschelt und mit einem köstlichen Mahl gestärkt, schreckliche Geschichten über Mauds hohen Blutdruck mit heimbrachte. Im Lauf der Jahre allerdings wurde Maud Kinaways hoher Blutdruck Stanleys einziger Trost, und da er ein Mann von überdurchschnittlicher Intelligenz war, der es in mehr als einer gutdotierten Stellung weit hätte bringen können, wenn er sich Mühe gegeben hätte (wenn man mir die Chance gegeben hätte, wie er es ausdrückte), machte er sich daran, sich näher mit den

Problemen des Bluthochdrucks und der Arterienverkal-
kung zu beschäftigen – in der Tat ein weites Feld. Damals
arbeitete er als Nachtwächter in einer Fabrik. Da niemand
ihm den Gefallen tat, dort einzubrechen – das Unternehmen pfiff auf dem letzten Loch, und die Räume enthielten
nichts, was das Mitnehmen gelohnt hätte –, vertrieb sich
Stanley die langen Nächte sehr ersprießlich mit der Lektüre medizinischer Werke, die er in der Stadtbücherei
auslieh.

Es überraschte ihn deshalb nicht, als Vera ihn eines Morgens, als er vom Dienst kam, mit der Nachricht empfing,
daß ihre Mutter einen Gehirnschlag erlitten hatte.

Stanley zog ein trauriges Gesicht und war ungewohnt
freundlich zu seiner Frau. Im stillen aber fing er schon
an, seine Erbschaft zu überschlagen. Mauds Haus dürfte
mindestens achttausend bringen, und sicher hatte die Alte
auch ein stattliches Sümmchen auf der hohen Kante. Zuallererst würde er sich, um die Nachbarn zu ärgern, einen
dicken Wagen anschaffen.

Doch Maud erholte sich wieder.

Stanley – die Hoffnung bleibet ewig grün –, erklärte sich
einverstanden, sie in der Lanchester Road aufzunehmen.
Für die zusätzliche Arbeit war sowieso Vera zuständig, und
wenn er auch auf die achttausend noch ein Weilchen würde
warten müssen, fiel doch bestimmt so was wie eine Anzahlung für ihn ab. Kein Mensch, sagte sich Stanley, quartiert
sich bei Verwandten ein, ohne sich irgendwie erkenntlich
zu zeigen, und falls Maud sich in der Beziehung hartleibig
stellte, würde er sie höflich, aber nachdrücklich an diese
Gepflogenheit erinnern.

Zwei Tage nach ihrer Ankunft erläuterte Maud, wie sie
sich das mit dem Geld vorgestellt hatte. Mit Ausnahme
von zehn Shilling pro Woche würde sie ihre gesamte Rente

Vera aushändigen, aber ihr Kapital blieb, wo es war – in sicheren Wertpapieren angelegt.

»Eine solche Unverfrorenheit ist mir denn doch noch nicht untergekommen«, sagte Stanley.

»Ihre Rente deckt die Verpflegung, Stan.«

»Und die Unterkunft? Die Arbeit, die sie macht?«

»Sie ist meine Mutter«, sagte Vera.

Es wurde höchste Zeit, aus dem »ist« ein »war« zu machen. Natürlich nicht durch Mord. Nicht direkt. Seit er als Achtzehnjähriger dieser Alten den Schlag über den Schädel gegeben hatte, weil er scharf auf ihre Handtasche gewesen war, hatte Stanley nie wieder Gewalt angewandt. Meldungen über Mordfälle in der Zeitung schockierten ihn ebenso wie Vera, und in seinen lautstarken Forderungen nach der Wiedereinführung der Todesstrafe stand er Maud in nichts nach. Wie im Fall jenes Chappell, eines Polizisten, der letzten Monat versucht hatte, einen Einbruch ins Postamt von Croughton zu verhindern, und dabei erschossen worden war. Nein, Mord schied aus. Über einen Unfall hingegen ließ sich reden. Einen versehentlich nicht abgestellten Gashahn etwa oder eine Verwechslung der tausend Pillen und Tabletten, die Maud täglich schluckte.

Mit einem durchaus vielversprechenden Plan im Kopf, Maud durch eine Gasvergiftung ins Jenseits zu befördern, betrat Stanley fröhlich pfeifend das Haus. Er ging nicht so weit, Vera einen Kuß zu geben, immerhin aber sagte er »Hallo!« und klopfte ihr auf die Schulter, während er zum Fernseher ging, um auf den Knopf zu drücken.

Eigentlich hatte Stanley den besten Willen gehabt, Maud gegenüber Milde walten zu lassen, da ihre Tage ja nun sowieso gezählt waren, aber als er sie kerzengerade dort am Tisch sitzen sah, bereits die zweite Portion Eier mit Röstkartoffeln vertilgend, ging er sofort in die Offensive.

»Viel getan heute, Ma?«

»Mehr als du wahrscheinlich«, sagte Maud. »Wie ich heute nachmittag am Zaun ein bißchen mit Mrs. Blackmore geredet habe, hat sie mir erzählt, daß ihr Mann an deiner Tankstelle tanken wollte, aber er ist nicht bedient worden. Er hat dich aber gesehen und meint, du hättest geschlafen.«

Stanley funkelte sie wütend an. »In Zukunft wirst du die Tratscherei am Zaun bleibenlassen, ist das klar? Du zertrampelst mir alle Pflanzen, wenn du ständig im Garten herumläufst.«

»Es ist nicht dein Garten, sondern Veras Garten.«

Das war ein Schlag unter die Gürtellinie. Stanley war auf dem Land aufgewachsen, an der Grenze zwischen Essex und Suffolk – sein Vater war dort Kleinbauer – und hatte schon immer gern im Garten gearbeitet. Mein einziges Hobby, pflegte er zu sagen, ließ dabei aber wohl seine Kreuzworträtsel und das Schmökern in medizinischen Werken außer acht. Weil diese Betätigung nicht recht zu seinem Wesen passen wollte – Gartenarbeit wird gewöhnlich mit Milde, Bildung und Gesetzestreue assoziiert –, nahm Maud sie nicht ernst. Für sie war Stanley ein Ausgestoßener, ein hoffnungsloser Fall, während Leute, die sich ernsthaft mit ihrem Garten beschäftigten, ihr von jeher imponierten. So sah sie ihm denn zu, wie er seinen Heidegarten hegte oder seine Gladiolen wässerte, und wenn er dann hereinkam, um sich die Hände zu waschen, bemerkte sie beiläufig, er solle nur ja nicht vergessen, daß das Haus samt Garten und allem Drum und Dran Vera gehörte und daß Vera, wenn sie Lust dazu hatte, alles über seinen Kopf hinweg verkaufen konnte.

Zufrieden mit der Wirkung ihrer Stichelei, wandte Maud sich an Vera und fragte nach ihrer Wolle.

»Die hab ich glatt vergessen, Mutter. Tut mir schrecklich leid.«

»Tja, dann kann ich für heute mein Strickzeug wegpacken«, sagte Maud ärgerlich. »Hätte ich das geahnt, hätte ich mir die Wolle selber besorgt, als ich in der Stadt war.«

»Was hast du denn in der Stadt gewollt?«

»Ich habe«, erwiderte Maud mit erhobener Stimme, um sich über dem Lärm des Fernsehers verständlich zu machen, »meinen Anwalt konsultiert.«

»Seit wann hast du denn einen Anwalt?« fragte Stanley.

»Seit heute vormittag, du Besserwisser. Eine arme alte Witwe wie ich braucht einen Anwalt, der sich um ihre Belange kümmert. Er war ganz reizend, ein richtiger Gentleman, sag ich euch. Das Gespräch mit ihm war mir ein großer Trost. Jetzt kann ich endlich wieder ruhig schlafen.«

»Was redest du denn da?« fragte Stanley unangenehm berührt. »Herrgott, muß denn dieser Kasten derart laut plärren?« fügte er hinzu, als hätten Vera oder ihre Mutter und nicht er den Fernseher angestellt. »So, das ist schon besser, man konnte ja sein eigenes Wort nicht mehr verstehen. Jetzt spuck's schon aus. Was soll dieser ganze Quatsch?«

»Ich habe heute vormittag mein Testament gemacht. Der Anwalt hat es ganz so abgefaßt, wie ich es wollte. Wenn Vera und ich allein zusammenleben würden, wär das nicht nötig gewesen. Sie bekommt sowieso mal alles, was ich habe, das wißt ihr ja. Aber so, wie die Dinge liegen, mußte ich vorbauen. Wenn ich an einem Schlaganfall sterbe, Vera, bekommst du alles, aber bei jeder anderen Todesursache geht mein gesamtes Vermögen an Ethel Carpenter. So, jetzt wißt ihr Bescheid.«

Vera fiel die Gabel aus der Hand. »Ich habe keine Ahnung, was das alles soll.«

»Ist doch sonnenklar«, sagte Maud. »Denk mal in Ruhe drüber nach.«

Sie lächelte den beiden grimmig zu, hinkte zum Fernseher und drehte die Lautstärke höher.

»Eine ganz gemeine Beleidigung ist das«, sagte Stanley, als er später mit Vera im Bett lag. »Tut so, als ob ich ihr ans Leben will. So was hat mir noch keiner an den Kopf geworfen. Die tickt wohl nicht mehr richtig.«

»Wenn das, was sie erzählt hat, überhaupt stimmt.«

»Scheißegal. Ob sie nun bei einem Anwalt war oder nicht, ob er's reingeschrieben hat oder nicht – feststeht, daß sie uns jetzt in der Hand hat.«

»Unsinn, Liebling. Wir wären doch nie auf die Idee gekommen, ihr etwas anzutun. Natürlich wird sie an einem Schlaganfall sterben. Es tut mir nur weh, daß Mutter überhaupt auf so einen Verdacht verfallen konnte.«

»Und wenn sie nicht an einem Schlaganfall stirbt? Was dann?«

»Ich glaube nicht, daß ein Anwalt so was in ein Testament schreiben würde.« Vera seufzte tief auf und drehte sich um. »Ich bin todmüde, ich brauche meinen Schlaf.«

Alles in allem, dachte Stanley, hatte Vera wohl recht, kein Anwalt würde auf Mauds Bedingung eingehen. Vermutlich war so eine Klausel überhaupt ungesetzlich. Aber Maud hatte es nun mal behauptet, und widerlegen konnte man es ihr nicht ...

Vera arbeitete auch am Samstag, und an diesem Tag blieben Maud und Stanley allein im Haus. Bei schönem Wetter werkelte Stanley stundenlang im Garten herum, und wenn es regnete, ging er ins Kino.

Der März war mild gewesen, und das Mandelbäumchen

stand schon in Blüte. Die Narzissen hatten dicke Knospen, und die Erika auf seinem Moorbeet waren fast abgeblüht. Es wurde Zeit, ihnen mit einem Ballen Torf aufzuhelfen, denn der Boden in Croughton bestand hauptsächlich aus Londoner Lehm. Stanley holte einen neuen Sack aus dem Schuppen, streute Torf um die bereits vorhandenen Pflanzen und hob eine Grube aus, in die er Torf für die neuen Pflanzen schütten wollte, die er bestellt hatte.

Wenn Stanley auch die Tratscherei seiner Schwiegermutter mit Mrs. Blackmore in Nummer 59 oder mit Mrs. Macdonald in Nummer 63 höchlichst mißbilligte, so hatte er selbst doch nichts dagegen, bei seiner anstrengenden Arbeit gelegentlich eine Pause einzulegen und einen kleinen Schwatz zu halten. Als an diesem Samstag Mrs. Blackmore in ihren Garten kam, um Hemden aufzuhängen, hätte er sich nur zu gern über Mauds neueste Verfehlungen und Verunglimpfungen ausgelassen, aber das ging jetzt nicht mehr. Er mußte sich in den Augen seiner Nachbarn als toleranter, ja, liebevoller Schwiegersohn etablieren.

»Alles soweit in Ordnung«, antwortete er auf Mrs. Blackmores Frage nach seiner Schwiegermutter.

»Ich sag's ja immer zu meinem John, sage ich, Mrs. Kinaway hält sich wirklich tapfer, wenn man bedenkt, was sie hinter sich hat.«

Mrs. Blackmore war eine winzig kleine vogelgleiche Frau, die ihre blondierten Haare meist zu zwei Rattenschwänzchen gebunden trug wie ein kleines Mädchen, obschon sie sich ansonsten offenbar damit abgefunden hatte, daß die Lebensmitte überschritten war. Sie hatte scharfe, blanke Augen und die irritierende Gewohnheit, dem jeweiligen Gesprächspartner starr in die Pupille zu schauen. Stanley begegnete diesem Blick kühn und bemühte sich sehr, nicht zu blinzeln.

»Ja, man muß sie wirklich bewundern«, sagte er kopf-schüttelnd und lächelte milde.

»Eben, eben«, bestätigte Mrs. Blackmore einigermaßen verblüfft, und einen Augenblick flackerte ihr Blick. »War sie in letzter Zeit mal beim Arzt?«

»Der alte Dr. Blake hat sich zur Ruhe gesetzt, und von dem neuen will sie nichts wissen. Er ist zu jung, sagt sie.«

»Dr. Moxley? Der ist mindestens fünfunddreißig. Aber ihr mag das wohl jung vorkommen.«

»Alte Leute sind eben manchmal wunderlich«, sagte Stanley salbungsvoll. Die beiden Augenpaare lieferten sich einen erbitterten Kampf, den Stanley gewann. Mrs. Black-more senkte den Blick, murmelte etwas von Mittagessen und verschwand im Haus.

Stanley und Maud mußten sich mit einem kalten Im-biß begnügen. Sie aßen schweigend. Hinterher machte sich Stanley an das Kreuzworträtsel des *Daily Telegraph*, und seine Schwiegermutter traf Vorkehrungen für ihren Mit-tagsschlaf.

Wenn sie allein war, setzte sie sich einfach in einen Ohrensessel und döste vor sich hin, aber am Samstag ver-anstaltete sie, um Stanley zu ärgern, einen beträchtlichen Wirbel. Zuerst holte sie sämtliche verfügbaren Kissen zu-sammen – auch das hinter Stanleys Rücken – und verteilte sie gefällig am Kopf- und Fußende des Sofas. Dann ging sie, mit ihrem Stock klopfend und vor sich hin summend, nach oben und kehrte schweratmend und stöhnend, mit diver-sen Decken beladen zurück. Endlich, nachdem sie ihre Brille abgenommen und ihre Schuhe ausgezogen hatte, ließ sie sich schwerfällig auf das Sofa fallen, deckte sich zu und keuchte erschöpft.

Ihr Schwiegersohn kümmerte sich nicht um sie. Er löste sein Kreuzworträtsel, lächelte gelegentlich über den Einfallsreichtum des Typs, der es sich ausgedacht hatte, und sprach das eine oder andere Wort vor sich hin. Als Maud seine Wurstigkeit nicht mehr ertragen konnte, sagte sie bissig:

»In meiner Jugend setzte ein Gentleman seinen Stolz darein, alten Damen zu helfen.«

»Ich bin kein Gentleman«, sagte Stanley. »Wer ein Gentleman sein will, braucht Geld.«

»Unsinn. Als Gentleman wird man geboren, merk dir das. Und wenn du im Geld schwimmst – aus dir wird nie ein Herr.«

»Wenn du 'ne Dame werden willst, mußt du dich aber auch noch mächtig ins Zeug legen.« Stanley konstatierte zufrieden, daß es ihm gelungen war, seine Schwiegermutter zum Schweigen zu bringen, und füllte 28 waagerecht aus, womit das Rätsel komplett war.

Maud schloß die Augen und machte ein böses Gesicht. Stanley zeichnete Kringel auf den Zeitungsrand und beobachtete sie aufmerksam, bis die runzligen Lippen erschlafften, die Hand, die die Decke umklammert hatte, sich öffnete und er sicher sein konnte, daß sie eingeschlafen war. Dann legte er die Zeitung zusammen, ging auf Zehenspitzen hinaus und begab sich nach oben in Mauds Schlafzimmer.

Sie hatte offenbar den größten Teil des Vormittags damit verbracht, an Ethel Carpenter zu schreiben, denn der fertige Brief lag offen auf ihrem Nachttisch. Stanley setzte sich auf den Bettrand, um sich in die Epistel zu versenken.

Er hatte immer schon den Verdacht gehegt, daß er und sein Tun und Treiben ein Lieblingsthema in der Korrespondenz der beiden alten Schachteln war, nie aber hätte er gedacht, daß Maud dreieinhalb Seiten Papier daran wenden würde, ihn nach Strich und Faden schlechtzumachen. Er war empört und tief gekränkt. Schließlich konnte Maud froh sein, daß sie in seinem Haus wohnen durfte. Schierer Undank war das, was sie da schrieb. Sein Blut geriet in Wallung.

Mit finster zusammengezogener Stirn las er, was Maud über seine Faulheit und seine schlechten Manieren zu sagen hatte. Sie hatte sogar die Unverschämtheit besessen, Ethel zu erzählen, daß er sich am Vortag von Maud einen Fünfer geborgt hatte. Er wolle, behauptete Maud, mit dem Geld auf ein Pferd im National setzen. Tatsächlich hatte Stanley das vorgehabt, aber jetzt redete er sich ein, er habe damit Torf und junge Erikapflanzen kaufen wollen. Die alte Kuh. Das elende Schandmaul. Was stand da im nächsten Absatz?

»Natürlich wird die arme Vera ihr Geld nie wiedersehen«, hatte Maud geschrieben. »Dafür wird er schon sorgen. Sie schuftet wie eine Sklavin, aber wenn ich ihr nicht ab und zu etwas zustecken würde, hätte sie nur noch Fetzen am Leib. Aber jetzt ist es nur noch eine Frage der Zeit, bis wir ihn los sind. Vera ist zu anständig, um einfach zu sagen, ja, Mutter, ich komme mit dir, natürlich weiß sie, daß er eine furchtbare Szene machen würde, vielleicht würde er sie sogar schlagen. Dem Mann ist alles zuzutrauen, sage ich dir. Neulich habe ich ihr gesagt, ich würde ihr jeden Wunsch erfüllen, wenn sie ihn verläßt, und da stand ihr das blanke Wasser in den Augen, dem armen Ding. Es hat mir sehr weh getan, mein einziges Kind so unglücklich zu sehen. Aber ich sage mir, daß es zu ihrem eigenen Besten ist. Auf den Knien wird sie mir danken, wenn sie ihn nicht mehr zu sehen braucht, wenn sie erst mit mir in dem schönen Haus wohnt, das ich ihr kaufen werde. Am Sonntag habe ich eine Anzeige in der Zeitung gelesen, in Chigwell bauen sie reizende Bungalows, und wenn Vera ihren freien

Nachmittag hat, will ich mir einen Wagen nehmen und mit Vera hinfahren. Ohne ihn natürlich...«

In seinem Zorn hätte Stanley um ein Haar den Brief in tausend Fetzen gerissen. Bislang hatte er von Mauds konkreten Plänen nichts gewußt, Vera hatte sich nicht getraut, ihm davon zu erzählen, obgleich er natürlich geahnt hatte, daß sich etwas zusammenbraute. Wenn ich nur Geld hätte, wütete er lautlos, ich würde die alte Kuh verklagen wegen... wie heißt es... wegen Verführung. Jawohl, den Prozeß würde ich ihr machen, weil sie versucht, einem Mann die rechtmäßig angetraute Ehefrau wegzunehmen.

Grübelnd starrte er auf den Brief. Plötzlich ging ihm auf, daß er in großer Gefahr schwebte. Ohne Vera konnte er jede Hoffnung begraben, an die zwanzigtausend Pfund heranzukommen. Er würde weiter vor sich hin wursteln, würde von der Hand in den Mund leben müssen, während Vera sich nichts abgehen ließ. Sogar das Dach über meinem Kopf gehört ihr, überlegte er. Die beiden Weiber würden sich ein feines Leben machen, mit dem Taxi, vielleicht sogar einem eigenen Wagen durch die Gegend gondeln, in einem modernen Haus im schicken Chigwell wohnen, sich schöne Klamotten kaufen, Ferienreisen machen... Fettlebe auf der ganzen Linie! Die Vorstellung war unerträglich. Eile war geboten, und jetzt fiel ihm wieder ein, wieso er eigentlich in Mauds Zimmer gekommen war.

Er ließ den Brief liegen, wo er lag, und besah sich die drei Pillendöschen unter der Nachttischlampe. Die hellblauen Kapseln waren ein Schlafmittel, die waren uninteressant. Die gelben waren Vitaminbomben, denen verdankte Maud wohl ihre anhaltende Vitalität und ihren ungehemmten Redefluß. Aber für seine Zwecke war damit nichts anzufangen. In der dritten Packung waren die Pillen, die er gesucht hatte: Mollanoid, ein Mittel zur Verhütung von Blutgerinnseln. Maud nahm sechs Stück davon pro Tag, sie sollten dafür sorgen, daß ihr Blut ungehindert durch die brüchigen Arterien fließen konnte. Er nahm eine Tablette heraus und schlug sie in ein Taschentuch ein.

Maud schlief noch immer, als er herunterkam. An einem anderen Samstag hätte er ihr großzügig ihre Mittagsruhe gegönnt. Heute aber, den gehässigen Brief noch frisch im Gedächtnis, schaltete er den Fernseher ein. Die geräuschvolle Sportreportage ließ Maud Kinaway verstört auffahren, was Stanley mit bitterer Befriedigung zur Kenntnis nahm.

Eigentlich durfte Stanley seinen Glaskasten zwischen neun und fünf nicht verlassen, tat es aber häufig und war wegen dieser Pflichtverletzung schon ein paarmal abgemahnt worden. Aber bis er Feierabend hatte, war die Apotheke gegenüber schon geschlossen, und er konnte nicht riskieren, den Kauf der Ersatztabletten bis zum Samstag aufzuschieben. Er wartete bis eins, weil da am wenigsten Betrieb war, und schlich sich dann über die Straße. Aber nicht eine der Verkäuferinnen stand hinter dem Ladentisch, sondern der Apotheker selbst, der den zwischen Flaschen und Schachteln herumsuchenden Stanley mit Argusaugen beobachtete, so daß der schleunigst den Rückzug antrat. Es war wohl besser, wenn er zu *Boots* ging, auch wenn es zu der nächsten Filiale ein paar hundert Meter waren.

In diesem Drogeriemarkt waren sämtliche Waren auf Selbstbedienungsregalen frei zugänglich, und Stanley konnte unbeobachtet und in aller Ruhe eine Vielzahl weißer Pillen in Augenschein nehmen. Die Aspirin-, Kodein- und Phenacetintabletten waren alle zu groß, vom Format her paßte zu Mauds Antikoagulantien allenfalls eine bestimmte Saccharintablette für Schlankheitsbewußte.

Ja, die würde es tun. Sie sah genauso aus wie die kleine Pille, die er sich aus Mauds Zimmer geholt hatte. Er legte sich eine Saccharintablette auf die Zunge, sie war sehr süß, aber Maud schluckte ihre Tabletten immer mit gesüßtem Tee herunter, wahrscheinlich überdeckte das den Geschmack.

»He, Sie, bei uns wird erst gezahlt und dann gegessen«, sagte eine Verkäuferin keß.

»Wollen Sie damit sagen, ich hätte was gestohlen? Dann holen Sie mir doch mal den Geschäftsführer...«

»Schon gut, regen Sie sich bloß nicht künstlich auf. Macht fünf Shilling und Sixpence.«

»Sind ja astronomische Preise«, maulte Stanley. Trotzdem erstand er eine Packung »Süße Wucht« und begab sich im Laufschritt zurück zur Tankstelle.

An den Pumpen standen drei Wagen, und Stanleys Chef hantierte wütend und bemüht, seinen feinen Anzug nicht schmutzig zu machen, mit den Benzinschläuchen. Stanley verschwand in seinem Glaskasten und sah zu. Als die Kunden bedient waren, kam sein Chef herein und putzte sich die ölverschmierten Hände ab.

»Jetzt hab ich endgültig die Nase voll von Ihnen, Manning«, sagte er. »Wir hätten eine schöne Stange Geld verlieren können, wenn nicht ein Autofahrer auf die gute Idee gekommen wäre, mich anzurufen und zu fragen, was in meiner Tankstelle eigentlich los ist. Ich hab Sie oft genug gewarnt. Am Freitag holen Sie sich Ihre Papiere und ziehen Leine, ist das klar?«

»Mit Vergnügen«, sagte Stanley. »Ich wollte sowieso weg, ehe der Laden hier pleite geht.«

Daß er seinen Job verloren hatte, traf ihn nicht hart. Er war es gewöhnt, und er hatte nichts dagegen, für ein paar Wochen Nichtstun eine recht ordentliche Unterstützung zu kassieren, die er nicht mal zu versteuern brauchte. Daß er es irgendwie Vera würde beibringen müssen, war weniger schön, und Maud würde er es, wenn irgend möglich, überhaupt verschweigen. Die würde sich bei ihren Gesprächen über den Gartenzaun und in ihren Briefen an Ethel Carpenter in Brixton noch an seinem Unglück weiden, wo ein armer Arbeitsloser doch nichts so nötig braucht wie menschliche Wärme und Ermutigung.

Aber vielleicht blieb Maud nicht mehr viel Zeit zum Tratschen oder Briefeschreiben. Stanley tastete nach der Packung in seiner Tasche. Maud sagte immer wieder, daß sie ihr Leben nur diesen Tabletten zu verdanken hatte. Vielleicht dauerte es ja nur wenige Tage, bis ihr Körper eine heftige Reaktion zeigte, wenn ihm statt der gewohnten Antikoagulantien konzentriertes Saccharin zugeführt wurde.

Stanley schlenderte heimwärts. Unterwegs blieb er vor den Ausstellungsräumen von Jaguar stehen und betrachtete gedankenvoll ein Prachtexemplar in Dunkelrot.

4

»Diese Tabletten«, sagte Maud, »schmecken irgendwie komisch. So süßlich. Sind es auch bestimmt die richtigen, Verakind?«

»Das Rezept stammt noch vom alten Dr. Blake, Mutter, er hat es dir geschrieben, ehe er in den Ruhestand gegangen ist. Ich habe mir in der Apotheke darauf die Tabletten geben lassen, so wie immer.« Vera griff nach der Schachtel. Hatte Maud aus Versehen vielleicht Vitamine oder Diuretika genommen? Nein, es war das Mollanoid, das hatte schon seine Richtigkeit. *Mrs. M. Kinaway*, stand auf dem Etikett, 2 Tabletten 3 x tägl., und da war der kleine Schmierfleck vom Daumen des Apothekers, der die Schachtel angefaßt hatte, ehe die Tinte getrocknet war. »Aber wenn du Bedenken hast, ist es vielleicht das beste, wenn ich dich mal bei Dr. Moxley anmelde. Er soll sehr nett sein.«

»Den will ich nicht. Solche Grünschnäbel laß ich nicht an mich ran.« Maud trank in kleinen Schlucken ihren Frühstückstee und nahm die zweite Tablette. »Wahrscheinlich hab ich den Tee zu stark gesüßt, daran wird's liegen. Schaden können sie mir sowieso nicht. Ehrlich gesagt hab ich mich seit Monaten nicht so wohl gefühlt, lange nicht mehr so müde. Da ist der Briefträger. Sei so gut und sieh nach, vielleicht ist Post von deiner Tante Ethel da.«

Die Telefonrechnung und ein Brief mit Poststempel Brixton. Vera beschloß, die Rechnung erst aufzumachen, wenn sie von der Arbeit gekommen war. Das mochte Vogel-Strauß-Politik sein, aber die Strauße schienen sich, auch wenn sie hin und wieder den Kopf in den Sand steckten, in ihrer Heimat Australien oder wo sie sonst herumrannten, sehr wohl zu fühlen. Strauße waren nicht vorzeitig alt und verbraucht. Ich hätte nichts dagegen, ein Strauß zu sein, dachte Vera, oder irgendwas anderes. Jedenfalls nicht ich.

Sie griff sich ihren Mantel vom Haken und knöpfte ihn zu, während sie wieder die Treppe hinaufstieg. Maud war inzwischen aufgestanden. Sie saß auf der Bettkante und polierte ihre Fingernägel mit dem Polierkissen eines silbernen Maniküreets.

»Es ist erst zehn vor«, sagte Maud. »Da kannst du dir noch anhören, was Tante Ethel schreibt. Mal sehen, was sie wieder Neues weiß.«

Was wußte sie je Neues? Vera hatte keine Lust, zu spät zu kommen, nur um zu erfahren, daß Ethel Carpenters Alpenveilchen fünf Blüten oder die kleine Nichte ihrer Vermieterin die Masern hatte. Trotzdem wartete sie, ungeduldig mit der Fußspitze klopfend. Um des lieben Friedens willen, sagte sie sich. Um Mutter bei Laune zu halten.

»Na so was«, sagte Maud. »Auntie Ethel will umziehen. Sie hat ihr Zimmer gekündigt und sich eine Bleibe ganz in unserer Nähe gesucht. Hör zu: ›Ich erfuhr, daß in Green Lanes, nur achthundert Meter von euch entfernt, ein Zimmer frei wird, und habe es mir am Samstag angesehen.‹ Warum ist sie denn nicht bei uns vorbeigekommen? Ah ja, hier steht's: ›Ich hätte bei euch vorbeigeschaut, aber ich mochte nicht stören.‹ Ethel ist immer so rücksichtsvoll.«

»Ich muß gehen, Mutter.«

»Eine Minute noch ... ›Ich wollte nicht kommen, wenn Verakind aus dem Haus ist, und du hast mir ja geschrieben, daß sie am Samstag arbeiten muß.‹ Und so weiter, und so weiter. Das mußt du noch hören, Veralein. ›Ein Student will mein Zimmer vom 10. April ab nehmen, das ist ein Freitag, und weil meine Vermieterin immer so nett zu mir war und ich ihr keine Schwierigkeiten machen möchte, und weil Mrs. Paterson in Green Lanes mich erst ab Montag nehmen kann, wollte ich fragen, ob Verakind mich nicht übers Wochenende unterbringen könnte. Es wäre eine solche Freude, Dich und Verakind zu sehen und von alten Zeiten zu reden.‹ Ich sage gleich zu, ja?«

»Ich weiß nicht, Mutter.« Vera seufzte und hob verzagt die Schultern. »Was wird Stanley sagen? Ich möchte nicht, daß du mit Tante Ethel ständig auf ihm herumhackst.«

»Es ist dein Haus.«

»Da haben wir's ... Genau das meine ich. Ich werde es mir überlegen. Jetzt wird es aber höchste Zeit für mich.«

»Ich muß ihr bald Bescheid geben«, rief Maud ihr nach. »Schlag einfach mal mit der Faust auf den Tisch, Stanley wird's schon schlucken.«

Das hat er bestimmt gehört, dachte sie, mit Sicherheit liegt er noch drüben im Bett. Die Aussicht auf den bevorstehenden Kampf erregte Maud, ein prickelndes Wohlgefühl durchflutete sie – wie vor langer, langer Zeit am Sonntagvormittag, wenn sie sich auf ihren wöchentlichen Spaziergang mit George gefreut hatte.

Natürlich war es unrecht, wenn man Spaß am Streiten hatte. George hätte sie beschworen, um jeden Preis Frieden zu halten. Aber George hatte nie mit Stanley Manning unter einem Dach gelebt. Hätte er es getan, wäre er mit ihrer Taktik einverstanden gewesen. Er hätte eingesehen, wie wichtig es war, Vera zu retten.

Maud trat an die Frisierkommode und nahm das gerahmte Foto von George aus einer Schublade. In die leichte Sentimentalität, die der Anblick in ihr weckte, mischte sich jene gereizte Ungeduld, die sie zu Lebzeiten ihres Mannes so oft für ihn empfunden hatte. Gewiß, er fehlte ihr, und hätte man ihn wieder zum Leben erwecken können, hätte sie ihn mit offenen Armen aufgenommen, trotzdem aber mußte sie einräumen, daß er ihr oft genug auf die Nerven gegangen war mit seiner schwächlichen, zögerlichen Art und seiner Neigung, die Dinge treiben zu lassen. Da war Ethel aus ganz anderem Holz geschnitzt. Ethel hatte ihr Leben lang um alles kämpfen müssen – genau wie sie.

Maud legte das Foto wieder weg. Nichts hätte ihr größere Freude machen können als die Nachricht, die Ethels Brief ihr gebracht hatte. Wenn Ethel nur um die Ecke wohnte, würde sie vermutlich täglich bei ihr vorbeischauen, und dann hatten sie in wenigen Wochen Vera rumgekriegt.

Ethel hatte alles so gut im Griff, strotzte nur so vor betriebsamer Energie. Sie würde mit Vera reden, und wenn Vera merkte, daß jemand von außen, eine neutrale Beobachterin, derselben Meinung war wie ihre Mutter, würde sie die Waffen strecken und sich in das Unvermeidliche fügen – wie George es zeit seines Lebens getan hatte.

Stanley mußte eben sehen, wie er zurechtkam. Maud hätte am liebsten laut herausgelacht, wenn sie sich vorstellte, daß er sich mit dem würde durchschlagen müssen, was er allein verdiente, daß er sich selbst um sein Essen würde kümmern müssen und langsam, aber sicher in der Gosse landen würde, wohin er, wie Maud fand, von jeher gehörte. Das Haus würden sie ihm natürlich auch nicht lassen, er würde sich irgendwo ein möbliertes Zimmer nehmen müssen. Aber das würde sich alles finden, sobald Vera seinem Einfluß entzogen war. Vielleicht konnte Ethel das Haus übernehmen. Das Schicksal hatte ihr übel mitgespielt, und es wäre eine große Freude, ihr endlich ein eigenes Heim bieten zu können, ihr dankbares Lächeln, vielleicht Tränen des Glücks in ihren Augen zu sehen. Maud wurde das Herz weit bei diesen gütigen, menschenfreundlichen Überlegungen.

Die Unterstützung, die Stanley vom Arbeitsamt bezog, war sehr viel höher als der Betrag, den er Vera genannt hatte. Die Differenz brauchte er für sich, denn er gab ein kleines Vermögen für *Süße Wucht* aus, und auch die Kinokarten – er rannte fast täglich ins Kino, weil er Maud aus dem Wege gehen wollte – verschlangen ein erkleckliches Sümmchen. In seiner Hoffnung, nun endlich eine merkliche Verschlechterung ihres Zustands konstatieren zu können, sah er sich bitter getäuscht. Statt allmählich zu verfallen, wirkte sie womöglich noch vitaler und jünger als vor dem Austausch der Mollanoid-Tabletten gegen *Süße Wucht.* Wenn sie nur größere Anstrengungen auf sich nehmen, lange Spaziergänge machen, schwere Lasten schleppen würde. Vom Briefeschreiben allein konnte ja der Blutdruck nicht klettern!

Als er nach drei genußreichen Stunden in einem Horrorfilm an jenem Abend heimkam, spürte er sofort, daß etwas im Busch war. Die beiden Weiber brüteten vielleicht genau das aus, was er am meisten fürchtete – Veras Verführung. Ihre Unterhaltung war verstummt, wie abgeschnitten, sobald er durch die Hintertür das Haus betreten hatte, und Vera sah aus, als habe sie geweint.

»Seit eins laufe ich rum«, sagte er, »und suche nach Arbeit.«

»Tja, damit tut man sich eben schwer, wenn man nicht entsprechend qualifiziert ist«, sagte Maud. »Haben sie auf dem Arbeitsamt nichts für dich?«

Stanley nahm Vera die Teetasse ab, die sie ihm reichte, und schüttelte düster den Kopf. »Es wird schon noch klappen, Liebling.«

»Ihm dürfte das egal sein«, sagte Maud. »Er hat ja jemanden, der ihn durchfüttert. Hast du Veralein das Geld zurückgegeben, das du ihr schuldest?«

Seit er Mauds Tabletten gegen Süßstoff austauschte, nahm Stanley sich seiner Schwiegermutter gegenüber sehr zusammen, er nannte sie – so sehr es ihm auch gegen den Strich ging – ›Ma‹ und gab in Fragen des Fernsehprogramms nach. Aber jetzt war es aus mit seiner Selbstbeherrschung.

»Kümmere du dich gefälligst um deinen eigenen Dreck, Maud Kinaway. Das geht nur meine Frau und mich was an.«

»Was Vera angeht, geht auch mich an. Es ist ihr Geld, sie hat es selbst verdient. Wohl noch nie von dem Gesetz über Besitzansprüche der Ehefrau gehört? Ist um 1870 verabschiedet worden. Seit über hundert Jahren hat eine Frau Anrecht auf ihr eigenes Geld.«

»Dann hast du damals wohl auf der Damengalerie gesessen, wie?« sagte Stanley.

Maud stieg das Blut ins Gesicht. »Und du sitzt da und hörst dir das widerspruchslos an, Vera?«

Vera saß nicht, sondern lief zwischen Eßzimmer und Küche hin und her und trug Würstchen mit Kartoffelbrei auf. »Ich bin«, erklärte sie nicht ganz wahrheitsgemäß, »so an eure Zänkereien gewöhnt, daß ich gar nicht mehr hinhöre. Jetzt setzt euch endlich, damit wir fertig sind, wenn *Augustastraße* kommt.«

Gereizt und grollend nahmen Maud und Stanley Platz. Beide hatten den ganzen Tag nicht einen Schlag Arbeit getan, man sah ihnen die aufgestauten Energien an, spürte sie an dem Schwung, mit dem sie sich über ihr Essen hermachten. Vera stocherte an einem Würstchen herum und ließ die Hälfte von ihrem Kartoffelbrei liegen. Sie hatte neuerdings überhaupt keinen Appetit mehr. Ob Maud vielleicht recht gehabt hatte mit ihrer Bemerkung, sie würde noch einen Nervenzusammenbruch bekommen, wenn sie so weitermachte? Schlaf erfrischte sie nicht mehr, sie war ständig wie gerädert, morgens, wenn sie aufstand, ebenso wie abends, wenn sie sich hinlegte. Die Aussicht auf ein langes Wochenende mit Tante Ethel machte die Sache nicht besser, denn Maud würde einen großen Wirbel um ihre beste Freundin veranstalten, täglich ein frisches Tischtuch und selbstgebackenen Kuchen verlangen. Und natürlich mußte auch das Gästezimmer hergerichtet werden.

Es schien, als habe Maud ihre Gedanken gelesen – oder sich den ganzen Tag nur mit diesem Thema beschäftigt –, denn während sie eine zweite Portion Kartoffelbrei nahm, fragte sie: »Hast du es Stanley schon gesagt?«

»Wann denn? Ich bin doch erst vor einer halben Stunde gekommen.«

»Gesagt? Was denn?« wollte Stanley wissen.

Maud schluckte zwei Tabletten und verzog das Gesicht. »Meine Freundin Ethel Carpenter kommt auf Besuch.«

»Wie bitte?« Im Grunde war Stanley sehr erleichtert, daß nicht mehr dahintersteckte. Er hatte schon mit der Ankündigung gerechnet, Veras Auszug stünde unmittelbar bevor. Jetzt aber, da das größere Übel zumindest vorübergehend abgewendet war, erschien das kleinere als eine empörende Zumutung. Er sprang auf, stieß seinen Stuhl zurück und reckte sich zu seiner ganzen Höhe von einsfünfundsechzig hoch.

»Nur auf zwei, drei Tage«, sagte Vera.

»*Nur* auf zwei, drei Tage. Ich hab den Kopf voll Sorgen, keine Arbeit, keine Ruhe im eigenen Haus, und da soll ich diese alte Kuh –«

»Jetzt reicht's aber! Ich verbitte mir derart unflätige Ausdrücke in meiner Gegenwart.« Auch Maud war aufgestanden. Sie umklammerte ihren Stock. »Ethel kommt, und damit Schluß. Wenn Vera und ich das entscheiden, kannst du gar nichts machen. Vera kann dich morgen vor die Tür setzen, wenn sie will. Auf der Straße würdest du stehen, nur mit dem, was du auf dem Leib trägst.«

»Und ich«, sagte Stanley und baute sich drohend vor ihr auf, »könnte dich ins Altersheim abschieben. Kein Mensch kann mich zwingen, dich hier zu dulden.«

»Verbrecher«, kreischte Maud. »Knastbruder! Arbeitsscheuer!«

»Oho, das kann ich auch, Maud Kinaway! Gemeine alte Hexe! Verdammte Giftspritze!«

»Fauler Sack.«

Vera, die sie vom Tischende aus beobachtete, rechnete jeden Augenblick mit Tätlichkeiten. Sie war ganz ruhig. Nicht anders wird mir zumute sein, dachte sie, wenn sie sich prügeln, ja, wenn sie sich umbringen. Sie fühlte sich kraftlos, körperlos, bar jeder Empfindung bis auf eine dumpfe, hohle Verzweiflung. So würdevoll, wie die beiden sie noch nie erlebt hatten, stand sie auf und sagte mit gelassener, emotionsloser Richterstimme:

»Seid still und setzt euch.« Die beiden verstummten und sahen sie an. »Danke. Wie nett, daß ihr mal tut, worum ich euch bitte. Jetzt hört genau zu. Entweder lernt ihr, wie gesittete Menschen miteinander umzugehen –« Maud klopfte mit ihrem Stock. »Ruhe, Mutter. Wie gesagt, entweder benehmt ihr euch in Zukunft anständig, oder ich gehe.« Aus Mauds Augen leuchtete Triumph. »Aber nicht mit dir, Mutter, und auch nicht mit Stanley. Sondern allein. Auf das Haus pfeife ich. Was ich zum Leben brauche, kann ich mir selbst verdienen, das hab ich ja lange genug tun müssen. So, das war's. Noch ein Streit, und ich packe meine Koffer. Ehrenwort!«

»Du würdest mich doch nicht sitzenlassen, Veralein?« greinte Stanley.

»Doch. Du liebst mich nicht. Hätte ich nicht ein regelmäßiges Einkommen und – und das, was ich mal von Mutter bekomme, hättest du dich schon längst aus dem Staub gemacht. Und du liebst mich auch nicht, Mutter. Du liebst die Macht, das Gefühl, ein bißchen Lieber Gott spielen zu können, den Besitz. Dein Leben lang ist alles nach deiner Nase gegangen, nur einmal nicht, und du kannst dich nicht damit abfinden, daß jemand dich in deinem eigenen Spiel geschlagen hat.«

Vera hielt inne, um Atem zu holen. Sie sah in zwei

fassungslose Gesichter. »Da staunt ihr, was? Also vergeßt nicht: Noch ein Streit – und ich bin auf und davon. Ach ja, noch eins. Tante Ethel kann übers Wochenende kommen, aber nicht, weil du es willst, Mutter, sondern weil ich es will. Sie ist meine Patentante, und ich habe sie lieb, und es ist, wie du immer so schön sagst, mein Haus. So, und jetzt machen wir den Fernseher an, und du kannst dir in Ruhe deine *Augustastraße* ansehen, Mutter. Stanley wird dich nicht stören, er weiß, daß ich sonst ernst mache.«

Damit ging sie in die Küche, und obgleich sie gewonnen hatte und die beiden Kampfhähne in grollendem Schweigen vor dem Kasten saßen, legte sie den Kopf auf den Tisch und begann zu schluchzen. Sie besaß nicht Mauds konstante, unerbittliche, alles überrollende Stärke, sie hatte nur kurze, gelegentliche Energieschübe – wie ihr Vater. Ob eine solche Aufwallung reichte, um ihre Drohung wahrzumachen?

Als die Tränen versiegt waren, spülte sie das Geschirr und ging nach oben. Sie trat vor die Frisierkommode und betrachtete sich im Spiegel. Das Weinen hatte sie nicht gerade verschönt. Gewiß, ihr Gesicht war nicht immer so rotfleckig und gedunsen, aber die Falten würden ebensowenig verschwinden wie die dunklen Schatten unter den Augen und die weißen Fäden zwischen dem stumpfen, pfefferfarbenen Haar, das einst rotgolden geleuchtet hatte.

Es war verständlich, daß Stanley sie nicht mehr liebte, daß er sie jetzt nur noch während des Liebesakts küßte und manchmal nicht einmal dann. Plötzlich überfiel sie die Erinnerung an jene Nachmittage auf dem Lande, dem Londoner Umland mit seinen Parks und Heideflächen, vor der Heirat, als sie das Kind empfangen hatte, das gestorben war, ehe es richtig gelebt hatte. War das auf einem anderen Planeten gewesen? Der Mann und die Frau, die sich so schmerzhaft nacheinander gesehnt, die einander schweratmend in dem hohen Gras unter den Bäumen umschlungen hatten, schienen wildfremde Menschen zu sein.

Seltsam, wie wichtig man die Leidenschaft nahm, wenn man jung war. Eine gute Partie, kluge Voraussicht, Zukunftssicherung – das alles war daneben unwichtig. Wie hatten sie und Stanley sich über James Horton mit seinem Bankkonto und seiner Kirchenfrömmigkeit und seinen bescheidenen Lebenszielen lustig gemacht. Inzwischen ist er sicher Bankdirektor, dachte sie, wohnt in einem schönen Haus und hat eine hübsche Frau Anfang Vierzig, während ich und Stanley... Ich habe mein Leben vertan. Würde James mich jetzt sehen, er würde mich nicht wiedererkennen. Unglücklich betrachtete sie ihr verbrauchtes, reizloses Gesicht im Spiegel.

Unten sahen Maud und Stanley sich *Augustastraße* an. Das selbstzufriedene Gesicht der alten Dame verriet ihr Triumphgefühl. Die Miene ihres Schwiegersohnes war leidenschaftslos. Er konnte warten.

5

Jeder Mensch hat seine Fluchtburg, sein Patentrezept: Drogen, Alkohol, Tabak oder – billiger und harmloser – die regelmäßige, fast mechanische Lektüre leichter Unterhaltungsliteratur. Stanley trank gern mal ein Glas oder rauchte eine Zigarette, wenn er es sich leisten konnte, und gelesen hatte er seit jeher gern, aber der wahre, beständige Trost seines Lebens war das Lösen von Kreuzworträtseln.

Fast alle greifbaren Taschenbuchausgaben von Kreuzworträtselbüchern wie auch die dickeren, ergiebigeren

Jahrbücher standen in seinem Zimmer im Bücherregal, daneben ein abgegriffenes *Chambers Wörterbuch des Zwanzigsten Jahrhunderts*. Doch die weißen Felder in den Sammelbänden waren längst ausgefüllt, und das Schmökern in alten Rätseln machte ihm nicht soviel Freude wie die täglich neue Herausforderung des Kreuzgitters, das jungfräulich weiß auf der letzten Seite des *Daily Telegraph* seiner harrte und das sich, wenn ihm das eine oder andere Wort fehlte, nur durch das – manchmal fast atemlose – Warten auf die nächste Ausgabe komplettieren ließ.

Seit zwanzig Jahren nahm er sich Tag für Tag das Kreuzworträtsel im *Telegraph* vor. Daß einmal eine Lücke blieb, kam schon längst nicht mehr vor. Er löste sie alle – und zwar richtig. Vor einigen Jahren hatte er noch, wie die meisten Kreuzworträtselfans, die Aufgabe halbfertig zur Seite legen müssen; wenn er sie sich dann nach ein paar Stunden wieder vornahm, ließen sich meist auch die härtesten Nüsse knacken. Doch selbst dieses Hindernis war inzwischen überwunden. Er setzte sich mit der Zeitung hin – das Neueste vom Tage las er nie – und hatte meist zwanzig Minuten später alle Felder mit Buchstaben versehen. Dann erfüllte Stanley tiefe Befriedigung. Selbstachtung siegte über die Alltagssorgen, alle Ängste waren zugedeckt, in den sich kreuzenden Wörtern sublimiert.

Daß seine Frau und seine Schwiegermutter nicht das mindeste Interesse an seinem Hobby bekundeten, kümmerte ihn nicht, ganz im Gegenteil, es war ihm lieber so. Nichts kann den Kreuzworträtselamateur mehr ärgern, ja, zur Verzweiflung bringen als der wohlmeinende Trottel, der, weil er sich mit seinen etymologischen Kenntnissen brüsten will, von seinem Sessel aus fragt, wie viele Buchstaben Fünfzehn senkrecht hat oder wie man darauf kommt, daß Vier waagerecht Bari und nicht Base ist.

Nie vergaß Stanley, was George Kinaway sich in dieser Beziehung geleistet hatte, sein mißlungen-forsches: »Na, immer noch nicht fertig mit deinem Rätsel?« und seine täppischen Versuche, harmlos-brave Antworten auf Fragen zu finden, deren Reiz in ihrer fast aberwitzigen Raffinesse lag. Wie sollte man einem solchen Trottel klarmachen, daß »hat einen Kern« (vier Buchstaben) Atom ist und nicht Nuss? Oder daß »So rum oder so rum – Topmann in der Moslemwelt« (drei Buchstaben) das Palindrom Aga ist und nicht Bei?

Nein, die Frauen kannten ihre Grenzen. Sie betrachteten sein Hobby als kindlich-albernes Spiel – oder behaupteten es zumindest, weil sie von Tuten und Blasen keine Ahnung hatten –, aber wenigstens mischten sie sich nicht ein. Und in letzter Zeit hatte Stanley seine Rätsel nötiger denn je. Diese halbe Stunde mittags oder abends, in der seine Sorgen außen vor blieben, in der er sich – als säßen Vera und ihre Mutter auf einem anderen Stern – selbstvergessen in dem faszinierenden Reich von Worten und Wortspielen verlor, bildete den einzigen Glanzpunkt seines Tages.

Ansonsten sah es um ihn her recht trübe aus. Die Situation war kritisch, das war ihm durchaus klar. Maud und er standen sich in unversöhnlicher Feindschaft gegenüber. Für sich konnte er verbuchen, daß er noch jung – relativ jung jedenfalls – war, viel mehr aber eigentlich nicht. Maud hatte entschieden die stärkere Position. Sie war fest entschlossen, Vera von ihm wegzulocken, und früher oder später würde ihr das wohl auch gelingen. Im Grunde war es Stanley unbegreiflich, daß sie es noch nicht geschafft hatte. Wäre er an Veras Stelle gewesen, hätte *seine* Mutter ihm Bestechungsangebote gemacht, ihm Geld und Bequemlichkeiten in Aussicht gestellt – er wäre mit ihr lieber heute als morgen auf und davon. Stanley wurde flau, wenn er daran dachte, was aus ihm werden würde, wenn Maud den Sieg davontragen sollte. Er mußte damit rechnen, daß die beiden Weiber ihm nicht mal das Haus lassen würden.

Und jetzt bekam Maud auch noch Verstärkung. Wenn der Brief, den er gelesen hatte, ein typisches Beispiel für die Ergüsse war, mit denen Maud allwöchentlich Ethel Carpenter beglückte, war die liebe Freundin von vornherein gegen ihn eingestellt. Ethel würde Vera beiseite nehmen, in einer Zimmerecke mit ihr flüstern, Mauds Sache viel energischer vertreten, als Maud selbst es je könnte, weil sie Vera als unparteiisch, nicht für die eine oder andere Seite engagiert erscheinen mußte. Stanley schauderte bei der Vorstellung. Und er war völlig machtlos. Ethel würde kommen und drei Tage ihre Überredungskünste spielen lassen. War dann das Ziel noch nicht erreicht, wohnte sie ja in Zukunft nur um die Ecke. Sie würde zwei-, dreimal in der Woche zu Besuch kommen, mit Argumenten wohlversehen, und Veras Widerstand aufreiben, bis diese schließlich, zermürbt von den beiden alten Weibern, das Handtuch warf.

Das bittere Ende war demnach vorprogrammiert – falls es ihm nicht gelang, Maud vorher zu beseitigen.

Daß die Wirkung der *Süßen Wucht* durchaus unwuchtig gewesen war, hatte Stanley böse verunsichert. Er ackerte noch einmal seine schlauen Bücher durch und kam zu dem Schluß, daß ein Schlaganfall einem leider nicht den Gefallen tut, sich nach irgendwelchen Regeln zu richten. Einen hatte Maud hinter sich. Es war möglich, daß sie morgen wieder einen bekam, es war aber auch denkbar, daß es bei dem einen blieb. Kummer und Sorge konnten zum Schlaganfall führen – oder auch nicht. Und was hatte Maud schon für Sorgen? Antikoagulantien galten ebenso als Vorbeugung gegen einen Schlaganfall wie viel Ruhe. Kein Experte hätte im Brustton der Überzeugung zu behaupten gewagt, daß es unweigerlich zu einem Schlaganfall kam, wenn jemand keine Antikoagulantien nahm und ein hektisches Leben führte. Mit dem, was die Ärzte über zerebrale Affekte nicht wissen, überlegte Stanley aufgebracht, könnte man Bände füllen.

Auch die Ungewißheit wegen des Testaments machte ihm schwer zu schaffen. Im Grunde war er davon überzeugt, daß kein Anwalt sich dazu hergegeben hätte, die von Maud gewünschte Klausel einzusetzen. Was war, wenn sie unter einen Bus geriet? Kriegte dann Vera nichts? Nein, die Klausel war unmöglich, war ausgesprochen blödsinnig. Wenn er nur wüßte, ob sie auch wirklich nicht in Mauds Testament stand ... Gewiß, er hätte bei einem beliebigen Anwalt aufkreuzen können, um sich von ihm schlau machen zu lassen. Wenn aber dann Maud starb – durch einen Unfall oder durch seine, Stanleys Hand –, mußte er damit rechnen, daß der Mann schnurstracks zur Polizei lief und auspackte. Sie war schon eine geriebene Person, seine Schwiegermutter. Im Augenblick saß sie deutlich am längeren Hebel.

Und Stanley wollte und wollte nichts einfallen, um diesen Zustand zu seinen Gunsten umzukehren. Es war April, in einer Woche war Ethel Carpenter im Haus, und dann konnte er sämtliche Hoffnungen begraben und sich auf ein Alter in Armut und Trübsal einrichten.

Nach wie vor praktizierte Stanley, wenn Maud ihren Mittagsschlaf hielt, Süßstoff in die Packungen, die Vera, mit Mollanoid gefüllt, aus der Apotheke holte. Aber viel Hoffnung hatte er nicht mehr. Ohne meine Kreuzworträtsel, dachte er manchmal, würde ich glatt den Verstand verlieren.

»Das Zimmer, in dem wir deine Tante Ethel unterbringen wollen, kann nicht so bleiben«, sagte Maud. »Eine neue Tagesdecke muß her, und Bettwäsche und Handtücher.«

»Schau mich nicht so an, Mutter«, sagte Vera. »Ich hab gerade erst das Geld für die Telefonrechnung zusammengekratzt.«

»Du sollst auch gar nichts zahlen, Liebchen«, sagte Maud rasch. »Wenn du nur so nett wärst, alles zu besorgen... Ich gebe dir einen Scheck.« Sie schenkte ihrer Tochter ein gewinnendes Lächeln und stand auf, um den Tisch abzuräumen. Um keinen Preis durfte sie im Moment Vera gegen sich aufbringen. Nicht auszudenken, wenn sie ihre Drohung wahrmachte und niederträchtig genug war, auf und davon zu gehen. Dann würde sie, Maud, hier mit Stanley allein bleiben, würde Stanley das Essen kochen und ihn bedienen müssen. »Und zu einem neuen Kleid für dich und für mich wird es auch noch reichen. Wenn du deinen freien Nachmittag hast, gehen wir zu Lucette und suchen uns was Hübsches aus.«

»Das ist ja, als ob sich ein gekröntes Haupt angesagt hat«, meinte Stanley.

Maud tat, als hätte sie nichts gehört. »Wie ich mich freue... Ich werde mir zu Hause eine Dauerwelle machen lassen, und du mußt in der Mittagspause zum Friseur. Und wir brauchen Blumen für Tantchens Zimmer. Tante Ethel liebt Blumen.«

Zufrieden rückte sie sich zurecht, nahm ihr Strickzeug zur Hand und wiederholte für sich, was sie heute vormittag an Ethel geschrieben hatte: »Erschrick nicht, wenn du das Haus siehst. Es ist eine ziemliche Bruchbude, und daß Vera so lange hier wohnen mußte, ist eine Sünde und Schande, aber nun ist ja ein Ende abzusehen. Wenn du kommst, zeige ich dir die Angebote, die der Makler mir geschickt hat. Ein Haus gefällt mir besonders, es hat eine Einbauküche, komplett mit sämtlichen Geräten, und ein Luxusbad mit eingelassener Wanne... Überleg doch mal, ob du nicht Lust hättest, das Haus in der Lanchester Road zu übernehmen. Natürlich würde ich vorher komplett renovieren und eine moderne Spüle einbauen lassen. Wir können darüber sprechen, wenn du kommst. Ich vertraue darauf, daß du mir hilfst, meine kleine Vera zu meiner Ansicht zu bekehren...« Maud lächelte. Stanley hatte es bemerkt und machte ein finsteres Gesicht. Wenn der wüßte...

»Zeit für die *Augustastraße*«, sagte sie selbstbewußt.

Stanley sagte nichts. Er legte das fertige Kreuzworträtsel zur Seite, riß die Glastür auf und verzog sich in den dunkel werdenden Garten.

»Wir kriegen Besuch«, sagte Stanley zu Mr. Blackmore. »Nur 'ne alte Freundin von meiner Schwiegermutter, aber die beiden Weiber machen ein Getue, als wenn uns die Königin höchstpersönlich ins Haus steht.«

»Na ja, Mrs. Kinaway hat wohl keinen allzu großen Bekanntenkreis.« Blackmore lehnte die Leiter an die Hauswand, griff sich Pinsel und Farbtopf und stieg hinauf.

»Aufregung ist nicht gut für sie.« Stanley senkte seine Grabgabel in die Erde. »Wenn sie so weitermacht, kriegt sie bald den nächsten Schlag.«

»Das wollen wir doch nicht hoffen.«

»Hm.« Stanley wandte sich ab und betrachtete seine Grube. Er hatte einen neuen Ballen Torf bestellt, den er in den nächsten Tagen erwartete. Jetzt galt es, Vera Geld für ein paar Erikapflanzen in dem neuen Magentarot abzuluchsen. Wenn sie welches hatte. Wer weiß, wieviel sie und die Alte verpulvert hatten, damit Ethel Carpenter nur ja nichts abging.

Ausnahmsweise hatte Maud sich an den Vorbereitungen für den Besuch ihrer Freundin auch selbst beteiligt, hatte die eine oder andere leichte Arbeit verrichtet, für die sich auch die Damen, in deren Diensten sie einst gestanden hatte, nicht zu gut gewesen wären.

Stanley sog mit wütendem Zischen die Luft ein, als sein Blick auf die zerstörte Narzissenpracht fiel. Jeder zweite Stengel war abgerupft – hätte sie die Blumen nicht wenigstens abschneiden können? – und zu einem kunstvollen Blumenarrangement für Ethel Carpenters Schlafzimmer verarbeitet worden.

Das Zimmer selbst war kaum wiederzuerkennen. Voll Sorge ob der sinnlosen Verschleuderung seines Erbteils hatte Stanley mit angesehen, wie Maud einen Scheck nach dem anderen ausschrieb. Einen für das Modehaus Lucette, wo sie und Vera sich neu eingekleidet hatten, einen für alle möglichen Leckerbissen, einen dritten für das Wäschegeschäft, das zitronengelbe Bettwäsche, passende Kissenbezüge mit gerüschtem Rand und zwei schwarzgelbe Handtücher geliefert hatte. Aber natürlich war es Vera gewesen, die geputzt und geschrubbt, die Matratze gewendet und die Spitzendeckchen gestärkt hatte, die Maud unbedingt für Ethels Frisierkommode hatte haben wollen.

Die Plünderung seines Narzissenbeets hatte Stanley derart deprimiert, daß er um elf die Gartenarbeit einstellte und trübsinnig ins Haus schlurfte. Ins Eßzimmer ging er gar nicht erst, dort saß Maud und ließ sich von der gehetzten jungen Hausfrau, die sich als Heimfriseuse noch ein bißchen was dazuverdiente, eine Dauerwelle machen. Die Tür war geschlossen, trotzdem kroch ein widerwärtiger Geruch nach Ammoniak und faulen Eiern durchs ganze Haus.

Die zweite Zustellung war gekommen, die Post aus

der näheren Umgebung brachte. Vor vierzehn Tagen hatte Stanley an die Redaktion einer überregionalen Zeitung geschrieben und sich als Kreuzworträtselautor empfohlen. Ein solcher Job hätte ihn ehrlich gereizt, er sah ihn als Herausforderung für seine kreativen Talente. Bisher hatte die Zeitung noch kein Interesse bekundet, und Stanley hatte inzwischen schon fast die Hoffnung aufgegeben. Er griff sich die Briefe vom Fußabstreifer und sah sie mißgelaunt durch. Ihm hatte wieder mal niemand geschrieben, dafür war die Gasrechnung gekommen und ein länglicher Umschlag, der an Maud adressiert war.

Er war nicht zugeklebt. Stanley nahm ihn mit in die Küche. Wer richtete wohl getippte Briefe an Maud? Vielleicht ihr Anwalt.

Durch die dünne Trennwand hörte er Maud sagen: »Wenn das der letzte Wickel ist, haben wir uns eigentlich beide einen Kaffee verdient. In der Küche steht alles bereit, machen Sie uns zwei Tassen?« Stanley griff sich den Brief und verzog sich damit nach oben.

In der Geborgenheit des Schlafzimmers, umgeben von seinen Kreuzworträtselzeitschriften, entnahm er dem Umschlag ein beschriebenes Blatt. Es war kein Anwaltsbrief, es war im Grunde überhaupt kein richtiger Brief. Stanley überlief es eiskalt.

Rosebank Close 64, Chigwell, Essex
Dieser reizvolle Bungalow mit schönem Grundstück und mit Blick auf den Grüngürtel ist mit 7600 Pfund ungewöhnlich preisgünstig. Er enthält ein sehr geräumiges Wohnzimmer mit Natursteinkamin, zwei Doppelschlafzimmer, Luxusküche mit Dunsthaube und Abfallzerkleinerer, großes Badezimmer und separates WC. Und nun zu den Einzelheiten...

Stanley schenkte sich die Einzelheiten. Was er gelesen hatte, reichte ihm vollauf. Maud mußte ihrer Sache sehr sicher sein, wenn sie schon so weit war, Makler anzusprechen. Wie der Oberbefehlshaber einer Armee hatte sie ihre Strategie festgelegt und rückte vor, alles niederwalzend, was sich ihr in den Weg stellte, während er und seine Mannen an allen Fronten zurückgedrängt wurden. Das Pulver war verschossen, die jämmerliche Flankenumgehung mißlungen. Bald würde er sich nach einer Freistatt umsehen müssen. Und das würde kein St. Helena sein, sondern ein möbliertes Zimmer oder – Schrecken aller Schrecken! – ein Arbeiterwohnheim.

Diesen reizvollen Bungalow jedenfalls würde sie nicht kriegen. Stanley hielt ein Streichholz an das Blatt und verbrannte es im Kamin. Aber die Tat gewährte ihm keine Befriedigung. Es war, als ginge eine Depesche in Flammen auf, die dem besiegten General mitteilt, daß die Schlacht vorbei, seine Armee in alle Winde zerstreut, die Kapitulation unumgänglich ist. Eine zweite Depesche wird folgen. Die Vernichtung der Hiobsbotschaft macht die Niederlage nicht ungeschehen.

Stanley ging nach unten und gönnte sich den einzigen Trost, der ihm geblieben war. Aber in einer Viertelstunde war er mit dem Kreuzworträtsel fertig. Nicht alle Lösungsworte fand er mehr unwiderstehlich witzig, er lachte nicht mehr ganz so herzlich wie einst über Geistesblitze wie: STANDARTEN – Marktbudentypen, auch landesherrliche Couleur bekennend, oder LÖSUNGSMITTEL – als dieses ziehen Rater Lexika zu Rate. Trotzdem sprach er sie leise vor sich hin, und die Wiederholung der Worte wirkte lindernd. Die Ellbogen auf den Küchentisch gestützt, flüsterte er: GLORIA – Wo Glanz ist, dient sie zur Ergänzung ... KABRIO – zeigt sich oben ohne auf der Straße, wenn's heiß hergeht. Von mir aus könnten sie jeden Tag zwei Rätsel bringen, dachte er seufzend. Ob ich mal hinschreibe und es vorschlage? Aber die antworten ja doch nicht. Neuerdings lief ihm wirklich alles verquer.

Die Friseuse hatte ihr Werk vollendet. Er hörte die Haustür zuschlagen. Maud kam in die Küche, das eisengraue Haar in wulstige Locken gelegt, nicht unähnlich jenen kissenförmigen Topfkratzern, die man im Dreierpack bekommt; sie wirkten ebenso hart, metallisch und haltbar. Aber er sagte nichts, sondern warf ihr nur einen waidwunden Blick zu.

Seit Veras Drohung gingen sie abends sehr vorsichtig miteinander um. Nicht direkt höflich, aber sehr distanziert und kaum je herausfordernd. Tagsüber allerdings tobte der Krieg mit unverminderter Härte, und Stanley rechnete damit, daß sie ihm die Zeitung entreißen und eine krötige Bemerkung machen würde. »Was Vernünftiges hast du wohl überhaupt nicht mehr zu tun...« oder etwas in der Richtung. Aber Maud sagte nur: »Hübsch hat sie mir die Haare gemacht, nicht? Ethel soll nicht denken, ich lasse mich gehen.«

Stanley hatte ein halbes Dutzend ebenso passender wie rüder Entgegnungen parat. Er überlegte, welche am härtesten treffen, Maud das Blut ins Gesicht jagen und ein erbittertes Wortgefecht auslösen würde. Aber dann sah er sie an und begriff, daß er sich gar keine Mühe zu geben brauchte. Maud hatte diese harmlos-friedliche Bemerkung über ihr Haar nicht etwa gemacht, weil sie mit zunehmendem Alter schwächer oder sanftmütiger geworden wäre oder weil so schönes Wetter war, sie hatte ihm keinen Waffenstillstand angeboten, sondern ihm zu verstehen gegeben, daß in ihren Augen der Krieg unnötig geworden war. Weshalb eine Fliege erschlagen, wenn man nur das Fenster aufzumachen und sie ins Freie zu scheuchen brauchte? Maud hatte gewonnen, und sie wußte es.

Stanley blieb stumm, während sie die Speisekammertür aufmachte und gelassen, vielleicht sogar leicht amüsiert die kalte Pastete betrachtete, die Vera ihnen zum Mittagessen hingestellt hatte.

6

Wenn Stanley arbeitslos war, ließen er und Maud sich selten vor halb zehn unten sehen. Maud blieb oft sogar bis elf auf ihrem Zimmer, manikürte sich die Nägel, räumte ihre Frisierkommode auf, ordnete ihre Medikamente oder schrieb einen ihrer Wochenbriefe an Ethel Carpenter. Am Freitag, dem 10. April aber, dem Tag, an dem Ethel erwartet wurde – E-Day, dachte Stanley bitter –, setzten beide Vera in Erstaunen, indem sie ihr unten beim Frühstück Gesellschaft leisteten.

Beide waren zeitig aufgewacht. Die Angst vor Ethels Besuch hatte Stanley den Spaß an seinem behaglichen Bett verdorben, und Maud hatte vor lauter Aufregung nicht mehr schlafen können.

Während sie sich an den Tisch setzte und sich eine große Portion Cornflakes nahm, überlegte Maud, wie erstaunlich bereitwillig die beiden neuerdings nach ihrer Pfeife tanzten. Seit gut zwei Wochen hatte Stanley sich ihr gegenüber keine Unverschämtheiten geleistet. Es war ein geschlagener Krieger, der da gebeugt, die Ellbogen auf den Tisch gestützt, beim Frühstück saß und stumpfsinnig in den Garten starrte. Ja, und was Vera betraf... Maud hätte am liebsten laut gejubelt, als sie Veras Gesicht beim Anblick der neuen Handtücher und der schönen Bettwäsche sah, ihr ungläubiges Staunen über das blauweiß gepunktete Modellkleid erlebte, das Maud ihr gekauft hatte. Ein Wort von Tante Ethel, und Vera war reif zur Kapitulation. Sie war ja schließlich auch nur ein Mensch..

»Ein oder zwei Eier?« rief Vera aus der Küche.

Maud atmete erleichtert auf. Zufrieden hatte sie vermerkt, daß Vera nicht mehr in dem quengelnden, leidgeprüften Ton mit ihrer Mutter sprach, der diese immer so aufgebracht hatte. Diese Tonart blieb jetzt Stanley vorbehalten.

»Zwei bitte, Kindchen.« Maud nahm ihre Tabletten und spülte sie mit einem großen Schluck Tee herunter. Schön stark und süß, wie sie es liebte. Zucker würde sie an diesem langen Tag bei Kräften halten. Zucker und reichlich Proteine.

Vera eilte mit Tellern voller Eier und Speck herbei und säbelte Maud eine dicke Scheibe Brot ab. Stanley trank seinen Tee schlückchenweise wie ein Kranker.

»Du kommst doch möglichst zeitig, Veralein?«

»Ich will versuchen, daß ich es bis fünf schaffe. Du hast ja gesagt, daß Tante Ethel erst gegen fünf kommt, nicht?«

Maud nickte huldvoll.

Sobald Vera aus dem Haus war, machte sie sich voller Schwung an die Arbeit. Sie fuhr mit Veras altem Staubsauger über die dünnen Teppiche, wachste den Dielenboden und bereitete schließlich das Festmahl vor, das Ethels Herz erfreuen sollte. Seit Jahren hatte sie nichts mehr im Haus getan, und früher hätte sie lieber alles um sich herum verkommen lassen, als sich Stanley Manning mit einem Staubtuch in der Hand zu zeigen. Aber jetzt war das nicht mehr wichtig. Bei der Arbeit summte sie leise ihre Lieblingschoräle vor sich hin (»Liebster Jesu, wir sind hier« und

»Wer weiß, wie nahe mir mein Ende«), wie damals in dem großen Haus, wenn der Herr und die Gnädige noch nicht auf waren.

Um zwölf setzten sie sich zum Mittagessen.

»Ich räume ab und kümmere mich um den Abwasch«, sagte Maud, als sie mit ihrem kalten Reispudding fertig waren. »Wenn Ethel kommt, soll es hier nicht aussehen wie in einer Räuberhöhle.«

»Ich begreif ja nicht, weshalb ihr euch so unnatürlich benehmen müßt, du und Vera.«

»Sauberkeit«, sagte Maud, Veras Abwesenheit nutzend, um ihm einen verbotenen Tritt vors Schienbein zu geben, »Sauberkeit ist nun mal für manche Leute ein durchaus natürlicher Zustand.« Mit raschen Bewegungen staubte sie die Möbel ab. Daß sie hinkte, war kaum mehr zu merken. »Jetzt ziehe ich mein neues Kleid an und mach mich fertig, und dann lege ich mich ein bißchen aufs Bett.«

»Warum nicht aufs Sofa?« Stanley zeigte mit dem Daumen in Richtung Eßzimmer.

»Weil dort alles fürs Abendessen gerichtet ist, und in den Salon kann ich auch nicht, weil wir dort Ethel empfangen wollen.«

»Ich glaub, mein Schwein pfeift«, sagte Stanley.

»Erspar mir deine unpassenden Bemerkungen.« Als die erwartete pampige Antwort ausblieb, sagte sie scharf: »Und laß nicht wieder alles rumliegen. Deine Rätselschwarten können wir hier nicht gebrauchen.«

Jetzt reagierte Stanley doch, aber nur mit einem Bruchteil seiner früheren Angriffslust. »Keine Sorge, ich verschwinde sowieso gleich. Am liebsten wär's euch wohl, wenn ich das ganze Wochenende wegbleiben würde.« Maud zog die Nase hoch. Sie wusch sich die Hände, trocknete sie ab und schritt majestätisch zur Tür. Stanleys letzter Schuß fiel recht zahm aus. »Paß nur auf, daß du nicht verschläfst. Gar nicht auszudenken, wenn die Gnädigste klingelt, und keiner macht auf.«

»Ich habe einen sehr leichten Schlaf«, sagte Maud heiter. »Von der kleinsten Kleinigkeit werde ich wach.«

Das Leben in den nächsten Tagen versprach die reinste Hölle zu werden. Von morgens bis abends, dachte Stanley, werden die Weiber mir in den Ohren liegen, mir die Füße abzutreten und die Hände zu waschen und Ethel Carpenter zu bedienen, bis ich nicht mehr weiß, ob ich Männchen oder Weibchen bin. Gewiß, am Sonntag oder Montag würde sie Leine ziehen, aber bis zur Green Lanes war es nicht weit, sie würde öfter, als ihm lieb war, hier aufkreuzen.

Stanley lehnte sich vor und stützte den Kopf in die Hand. Schon diese Aussicht war erschreckend genug, aber Ethel Carpenter ließ sich allenfalls noch ertragen. Eines Tages aber, wenn er aus dem Kino oder von der Arbeit kam – er brauchte wieder einen Job, schon um mal aus dem Haus zu kommen –, würden Vera und Maud weg sein, und auf dem Tisch würde ein Zettel liegen, auf den sie eine Telefonnummer in Chigwell geschrieben hatten und die knappe Aufforderung, sich eine andere Bleibe zu suchen.

Ethels Besuch, soviel stand fest, war der Anfang vom Ende. Stanley warf einen Blick auf die alte Küchenuhr. Halb zwei. In dreieinhalb Stunden war es soweit.

Er ging ins Eßzimmer, um sich eine bequemere Sitzgelegenheit zu suchen, aber dort war es kühl, und die peinliche Ordnung hatte etwas von Trauerhausatmosphäre. Über den gedeckten Tisch war ein zweites blütenweißes Tischtuch gebreitet. Die weiße Fläche sah aus wie eine mit frisch gefallenem Schnee bedeckte Hügellandschaft. Stanley trat an den Tisch heran, faßte das Tischtuch an einem Zipfel und zog es weg.

Den Mittelpunkt der Tafel bildete eine Säule aus rotem Lachs, noch in der Kegelform, in der er aus der Dose gekommen war, umlegt mit blütenförmig zugeschnittenen Gurken- und Tomatenscheiben. Diesen Aufbau flankierten Schüsseln mit eingelegten Roten Beten, Kartoffelsalat und Krautsalat. Drei verschiedene Sorten Schnittbrot standen bereit, die Butter in zwei Glasschälchen war mit einer Gabel dekoriert. Stanleys Blick wanderte über ein kaltes Brathuhn und Zunge aus der Dose bis zum Ende der Tafel, wo zwei Torten und ein Teekuchen aufgefahren waren. Auf einem Zierdeckchen waren Schokoladenkekse und Ingwerplätzchen zu einem Muster gelegt, daneben standen Glasschüsselchen mit Sardellenpaste, Honig, Zitronencreme und drei verschiedenen Konfitüren.

Um eine alte Schachtel, die bloß ein ganz gewöhnliches Dienstmädchen gewesen ist, machen sie einen Riesenzauber, dachte er, und ich darf noch froh sein, wenn ich Bratwurst und Fischstäbchen kriege. So gedachten sie wohl in Zukunft immer zu tafeln, wenn sie erst mal ihre hinterhältigen Pläne verwirklicht hatten. Er deckte die Pracht wieder mit dem Tischtuch zu und überlegte, was er mit dem angebrochenen Nachmittag anfangen sollte. Er konnte allenfalls in den Garten, Ausgehen war nicht drin. Er war total abgebrannt.

Dann fiel ihm ein, daß Vera am Vorabend eine Handvoll Hartgeld in die Tasche ihres Regenmantels gesteckt hatte. Heute früh hatte sie den Mantel nicht angezogen, weil der Tag freundlich und sommerlich-warm begonnen hatte. Stanley ging nach oben, machte den Kleiderschrank seiner Frau auf und griff in die Manteltaschen. Vielleicht fanden sich ja darin die fünf Shilling, die er für einen Kinobesuch brauchte. Beide Taschen waren leer. Er fluchte leise.

Es hatte angefangen zu nieseln. Vera würde naß werden. Geschah ihr recht. Fünf nach zwei. Der ganze graue, leere Nachmittag lag noch vor ihm, und an seinem Ende drohte eine Altweiber-Teeparty. Das Leben ist ein Jammertal, dachte er und warf sich aufs Bett.

Er verschränkte die Hände hinter dem Kopf und sah trostlos zu der rissigen, pockennarbigen Decke hoch, über die langsam und entschlossen eine Fliege krabbelte – wie ein einsamer Astronaut, der die kahle Oberfläche des Mondes überquert. Er griff nach dem *Telegraph*, den er heute früh auf dem Nachttisch abgelegt hatte. Nicht, um das Rätsel zu lösen – das hob er sich als Trost für die Schrecknisse des Abends auf –, sondern um die Todesanzeigen durchzugehen, die in der Spalte neben den Suchwörtern des Kreuzworträtsels standen.

Wie anders sähe sein Leben aus, wenn zwischen Keyes, Harold, und Konrad, Franz Wilhelm, der Name Kinaway, Maud, stünde, Witwe des George Kinaway, innig geliebte Mutter von Vera Manning... Die heute bekanntgemachten Sterbefälle waren nicht dazu angetan, seine Laune zu verbessern. Von wegen »Unser Leben währet siebzig Jahr...«, wie's so schön in der Bibel heißt... Bei den heutigen Anzeigen waren Achtzigjährige der Normalfall, und Stanley entdeckte drei liebe Mitmenschen, die erst mit weit über Neunzig das Zeitliche gesegnet hatten. Maud konnte es gut und gern noch zwanzig Jahre machen. In zwanzig Jahren war er fünfundsechzig. Herrgott, das mußte man sich mal vorstellen...

Er fuhr hoch, als es klingelte. Wohl nur die Gasableserin, dachte er und ließ es klingeln. Maud schnarchte so laut, daß er es durch die Wand hörte. Die und leichter Schlaf, dachte Stanley. Wie hat sie gesagt: »Ich wache von der kleinsten Kleinigkeit auf...«

Wahrscheinlich hatte sie sich mit all der ungewohnten Bewegung übernommen. Am Ende waren Arbeit und Vorfreude zuviel für sie gewesen? Ein winziger Hoffnungsfunke glomm in Stanley auf. Das viele Putzen, das Bücken und Hochrecken...

Es klingelte wieder.

Vielleicht der Mann mit dem Torf. Stanley stand auf. Es hatte aufgehört zu regnen. Er steckte den Kopf zum Fenster hinaus und wollte ihn, als draußen kein Lieferwagen stand, gerade wieder zurückziehen, als eine untersetzte Gestalt unter dem Vordach der Haustür hervorkam.

Stanley hatte Ethel Carpenter seit seiner Hochzeit nicht mehr gesehen, aber die Frau da unten konnte nur sie sein. Das krause Haar unter dem scharlachroten Filzhelm war jetzt grauweiß statt graubraun, aber ansonsten schien sie unverändert.

Sie winkte ihm mit ihrem Regenschirm zu. »Stanley, nicht? Ich hab schon gedacht, es ist niemand zu Hause.«

Stanley knallte wortlos das Fenster zu und fluchte. Sein erster Gedanke war, ins Nebenzimmer zu gehen und Maud zu schütteln, bis sie aufwachte, aber damit würde er sie derart in Rage bringen, daß sie ihn vor dieser fetten Kuh mit dem knallig-roten Hut fix und fertig machen würde. Vielleicht war es besser, wenn er den Besuch seiner Schwiegermutter selbst einließ. Ein zwei- oder dreistündiges Tête-à-tête mit Ethel Carpenter versprach zwar so etwas wie ein irdisches Fegefeuer zu werden, vielleicht aber konnte er die Zeit nutzen, um sich die Alte günstig zu stimmen.

Er sah rasch noch einmal bei Maud herein, aber die lag mit offenem Mund da und schnarchte selig. Langsam stieg er die Treppe hinunter und machte auf.

»Ich hab schon gedacht, du kommst überhaupt nicht mehr«, sagte Ethel.

»Du bist ein bißchen früh dran, wir haben dich erst um fünf erwartet.«

»Der neue Mieter ist eher gekommen, da hab ich mich einfach auf den Weg gemacht. Ich weiß, daß Maud um diese Zeit schläft, du brauchst sie nicht zu wecken. Also was ist? Willst du mich nicht hereinlassen?«

Stanley zuckte die Schultern. Diese Alte war in ihrer Art noch schriller und bösartiger als Maud. Das konnte heiter werden! Ethel Carpenter marschierte an ihm vorbei in die Diele. Die beiden Koffer hatte sie auf der Schwelle stehenlassen. Ich bin doch kein Gepäckträger, dachte Stanley erbittert, griff dann aber wohl oder übel nach dem Gepäck. Herrgott, das wog ja eine Tonne. Was hatte sie da bloß drin? Goldbarren?

»Schwer, nicht? Ich hab mich vom Bahnhof bis hierher ganz schön abgeschleppt. Eigentlich soll ich nichts Schweres tragen, wegen meines Blutdrucks, aber was sollte ich machen? Wo du doch keinen Wagen hast und dich nicht hast aufraffen können, mich abzuholen...«

Stanley stellte die Koffer in der vor Sauberkeit blitzenden Diele ab. »Ich hätt dich abgeholt«, schwindelte er. »Aber du wolltest doch erst um fünf kommen.«

»Schon gut, deswegen brauchst du kein Heckmeck zu machen. Hab schon gehört, nach welcher Devise du lebst: Nur keinen Streit vermeiden. Ach je, jetzt wird mir schon wieder schwindlig. Das ganze Haus dreht sich.«

Ethel Carpenter legte eine Hand an den Kopf und betrat leicht schwankend das selten benutzte Vorderzimmer, das Vera und Maud den Salon nannten.

»Auf dem Weg hierher hab ich schon zwei Schwindelanfälle gehabt«, sagte sie und fügte stolz hinzu: »Bei meinem letzten Arztbesuch hatte ich zweihundertfünfzig Blutdruck.«

Noch so eine, dachte Stanley, die, bloß um sich vor der Arbeit zu drücken, über Sachen stöhnt, die kein Mensch beweisen kann. Ungeachtet all des Fachwissens, das er sich angelesen hatte, neigte er allmählich zu dem Verdacht, daß Blutdruck eine böswillige Erfindung von Ärzten und alten Weibern war.

»Willst du nicht ablegen?« fragte er matt. Wenn er sie nach oben locken konnte, wachte vielleicht seine Schwiegermutter auf. Mit Agitation gegen Maud, das war ihm inzwischen klargeworden, konnte er bei Ethel keinen Blumentopf gewinnen.

»Warum nicht?« Ethel nahm die Hand vom Kopf und schüttelte sich. »Der Anfall ist vorbei, Gott sei Dank. Dann kannst du mir auch gleich die Koffer raufbringen. Vorwärts, Macduff!«

Stanley quälte sich hinter ihr die Treppe hoch. Dem Gewicht der Koffer nach hatte sie sich auf einen zweiwöchigen Aufenthalt eingerichtet. Der Person war alles zuzutrauen. Schöner Scheibenhonig.

Im Gästezimmer nahm Ethel ihren Hut ab, zog den Mantel aus und legte beides aufs Bett. Dann nahm sie die Nadel aus dem Schal. Jetzt hatte Stanley Gelegenheit, ihr eisvogelblaues Wollkleid in seiner ganzen Pracht zu bewundern. Sie war etwa so groß wie Maud, aber bedeutend dicker, und hatte ein sehr rotes Gesicht. Prüfend sah sie sich im Zimmer um und schnupperte an den Narzissen.

»Hier war ich schon mal«, sagte sie. »Da staunst du, was? Mit Maud und George, als sie überlegten, ob sie das Haus für Vera kaufen sollten.« Stanley knirschte mit den Zähnen. Der diskrete Hinweis darauf, wem das Haus gehörte, war bestimmt kein Zufall. »Ich dachte, ihr hättet euch vielleicht inzwischen verbessert.«

»Wieso verbessert? Mir gefällt's hier.«

»Die Geschmäcker sind verschieden.« Ethel rückte ihre Frisur zurecht. »Ich schau nur mal eben bei Maud herein, und dann gehen wir am besten wieder nach unten. Wir wollen sie ja nicht wecken.«

»Die weckst du so leicht nicht auf«, erwiderte Stanley resigniert. »Da müßte schon eine Bombe neben ihr einschlagen. Ihre drei Stunden pennt die gut und gern.«

Mit gerührtem Lächeln betrachtete Ethel einen Augenblick ihre Freundin. Dann machte sie die Tür zu. Das Lächeln verschwand.

»So redet man nicht über seine Schwiegermutter. Alles, was du hast, verdankst du ihr. Ich hab mir schon gedacht, daß ich dich im Haus antreffe, wenn ich komme, weil du doch arbeitslos bist. Um so besser, ich wollte sowieso mal mit dir reden.«

»So? Worüber denn?«

»Nicht auf der Treppe. Mir wird wieder schwindlig. Gehen wir nach unten.«

»Wenn dir so komisch ist«, meinte Stanley, »legst du dich vielleicht besser hin. Ich muß sowieso weg. Hab noch was zu erledigen.«

Im Salon ließ sie sich schwer in den Sessel sinken. Ihr Atem ging kurz und stoßweise. Für Stanley stand fest, daß sie bloß eine Schau für ihn abzog. Vielleicht wollte sie ihn dazu bringen, ihr eine Tasse Tee zu machen.

Nach einer Weile seufzte sie, machte ihre große schwarze Handtasche auf und holte ein Spitzentaschentuch hervor, mit dem sie sich das Gesicht abtupfte. Zunächst schien sie ihre Absicht, ihn ins Gebet zu nehmen, vergessen zu haben. Ihr Blick ruhte auf einem gerahmten Foto von Vera und Stanley, das auf dem marmornen Kaminsims stand. Es war ein Hochzeitsfoto, und da Vera sich an seinem Anblick nicht zu freuen vermochte, war es gewöhnlich in einer Schublade versteckt. Maud aber hatte, entschlossen, das düstere Vorderzimmer ein wenig heiterer zu gestalten, das Bild sowie zwei grüne Glasvasen, einen Figurenkrug aus Keramik und die Statuette einer nackten Maid – sämtlich Hochzeitsgeschenke – herausgekramt und aufgestellt.

»Das Bild habe ich auch«, sagte Ethel mit plötzlich zittrig-milder Stimme. »Es steht – oder stand – an meinem Bett. Jetzt ist es in dem großen Koffer, den ich mir hab nachschicken lassen.«

»In die Green Lanes?« fragte Stanley erwartungsvoll.

»Sehr richtig. Green Lanes 52, bei Mrs. Paterson.« Sie betrachtete das Bild genauer. »Nein, ich glaube, es ist nicht das gleiche. Auf meinem sind auch die Brautjungfern drauf, wenn ich mich recht erinnere. Ich müßte mal näher rangehen.« Sobald sie aufstand, wurde ihr wieder schwindlig. Stanley erhob sich, um sie zu stützen, obwohl es ihm gegen den Strich ging, aber Ethel machte eine abwehrende Bewegung, tat einen Schritt vorwärts, ihr Gesicht verzerrte sich, und sie stieß ein dumpfes Stöhnen aus, einen fast animalischen Laut, wie ihn Stanley noch nie von einem menschlichen Wesen gehört hatte.

Diesmal stürzte er mit ausgestreckten Armen auf sie zu, aber Ethel Carpenter stöhnte erneut auf, taumelte und fiel, ehe er sie erreicht hatte.

»Heiliger Bimbam«, sagte Stanley und kniete nieder. Er griff nach ihrem Handgelenk und fühlte den Puls. Die Hand sank schlaff in die seine. Er tastete nach ihrem Herzen. Ihre Augen standen weit offen und starrten ins Leere. Stanley erhob sich. Für ihn stand fest, daß sie tot war.

Es war fünf nach halb drei.

Stanleys erste Reaktion war, Mrs. Blackmore zu holen.

Er klopfte an der Tür von Nummer 59, aber es war niemand zu Hause. Bei Mrs. Macdonald brauchte er gar nicht erst zu klopfen. Unter der Hausnummer 63 steckte ein Zettel: »Bin einkaufen. Halb vier zurück.« Die Straße war menschenleer.

Als er wieder im Haus war, kam ihm ein Gedanke. Wer außer ihm wußte, daß Ethel Carpenter gekommen war? Und sogleich folgte diesem Einfall ein zweiter, ein schrecklicher, gewagter, wundervoll kühner Einfall.

Maud würde mindestens bis vier schlafen. Kühl kalkulierend und ohne Mitleid musterte er die tote Ethel Carpenter. Zweifellos war sie an einem Schlaganfall gestorben. Sie hatte sich übernommen. Bei ihrem gefährlich hohen Blutdruck hatte ihr die Schlepperei mit den beiden Koffern den Rest gegeben. Es war ausgesprochen ungerecht. Keiner zog Nutzen aus ihrem Tod, keinen machte sie glücklich damit, während Maud mit ihrem großen Vermögen ...

Ausgerechnet an einem Schlaganfall, ebenjener Todesart, die es ihm allein ermöglichen würde, an Mauds 20000 Pfund heranzukommen. Warum konnte nicht Maud da liegen? Stanley krampfte die Hände zusammen. Eben! Warum nicht? Es blieben ihm noch gut anderthalb Stunden.

Und wenn es schiefging? Wenn sie es spitzkriegten? Viel konnte ihm nicht passieren, wenn Maud oder Vera oder eine der Nachbarinnen, diese neugierigen Ziegen, ihn bei seinen Vorbereitungen überraschten. Allenfalls konnten sie ihn eine Weile einbuchten. Aber zwei Monate Knast waren besser als das Leben, das er jetzt führte. Und wenn es klappte, wenn er die anderthalb Stunden nutzte, würde er reich sein, frei und glücklich!

Mit fünfzehn, im letzten Schuljahr, hatte Stanley eine Rolle in dem alljährlichen Theaterstück gehabt. Keiner von den Jungs hatte kapiert, worum es darin eigentlich ging, und die Zuschauer auch nicht. Stanley hatte die ganze Sache total vergessen – bis zu diesem Augenblick, als ihm ein paar Zeilen aus dem Stück einfielen, nicht als irgendein Schwachsinn, den er hatte auswendig lernen müssen, ohne die Bedeutung der Worte zu begreifen, sondern als ein überaus beherzigenswerter Rat für sein Dilemma.

> Flut ist und Ebbe im Geschick der Menschen.
> Nimmt man die Flut wahr, führet sie zum Glück.
> Versäumt man sie, so ist des Lebens Reise
> Donnernd beengt durch Untiefen und Klippen.
> Wir sind nun flott auf solcher hohen See
> Und müssen, wenn der Strom uns hebt, ihn nützen,
> Den Einsatz sonst verlieren.

Wenn je ein Mann flott auf solch hoher See gewesen war, so war es Stanley Manning. Die jambischen Pentameter, bislang bloßes Wortgeklingel, erschienen ihm in diesem Moment wie ein Befehl. Wäre er ein gläubiger Mensch gewesen, hätte er gesagt, Gott habe sie ihm eingegeben.

Das Telefon stand im Salon, wo Ethel Carpenter lag. Stanley lief, immer zwei Stufen auf einmal nehmend, nach oben, um sich zu vergewissern, daß Maud noch schlief, dann schloß er sich im Salon ein, holte tief Atem und wählte Dr. Moxleys Nummer.

Wetten, daß der Arzt nicht da war und man ihm sagen würde, er solle den Rettungsdienst verständigen? Dann war alles vorbei.

Aber nein, Dr. Moxley war noch da, der letzte Patient für diesen Nachmittag hatte sein Sprechzimmer gerade verlassen.

So weit, so gut, dachte Stanley und zitterte am ganzen Leibe. Die Sprechstundenhilfe stellte ihn durch.

»Ich komme am besten noch vor meinen Krankenbesuchen vorbei. Mr. Manning, sagen Sie? Lanchester Road 61? Und wer soll gestorben sein?«

»Meine Schwiegermutter«, erwiderte Stanley mit Entschiedenheit. »Die Mutter meiner Frau, Mrs. Maud Kinaway.«

ZWEITER TEIL
Von links nach rechts

7

Als er den Hörer aufgelegt hatte, zitterte Stanley wie Espen-
laub. Er mußte den nächsten Schritt tun, ehe der Arzt ein-
traf, und um ein Haar hätte er das ganze Geschäft aufgegeben. Aus der Anrichte holte er sich, schlotternd und mit einem flauen Gefühl im Magen, eine noch halbvolle Flasche
Brandy und nahm einen tiefen Schluck. Die Fahne würde
Dr. Moxley ihm nicht verargen. Daß einer, dem die Schwiegermutter tot vor die Füße fällt, eine Stärkung braucht, ist
ja wohl einzusehen.

Vera würde die Leiche – oder zumindest *eine* Leiche –
sehen wollen, er mußte deshalb sehr umsichtig zu Werke
gehen. Nein, er würde es wohl doch nicht schaffen, er war
einfach zu schlapp, keine Fliege hätte er erschlagen können, geschweige denn – aber wenn nun Maud herunterkam,
während der Arzt im Haus war...

Stanley nahm noch einen Schluck und wischte sich den
Mund. Er ging in die Diele hinaus und horchte. Mauds
Schnarcher hallten durchs Haus wie die langsamen, re-
gelmäßigen Schläge eines großen Herzens. Stanleys Herz
hingegen raste. Als es klingelte, fiel er fast um vor Schreck.

Dr. Moxley? Nein, der konnte es noch nicht sein, das war
ausgeschlossen. Vera vielleicht, die ihren Schlüssel vergessen hatte? Er taumelte zur Tür.

»Guten Tag. Sie hatten einen Ballen Torf bestellt.«

Stanley sah den grünen Plastiksack an, sah den Lieferfahrer an, sah wieder den Sack an. Die Erleichterung hatte ihm die Sprache verschlagen.

»Is was? Sie sehn 'n bißken mitgenommen aus.«

»Nein, mir fehlt nichts«, brummelte Stanley.

»Na, wie Sie meinen. Bezahlt ist alles. Soll ich Ihnen den Apparat in den Schuppen tragen?«

»Nein, danke, das mach ich schon selber.«

Während Stanley den Sack am Haus entlangschleifte, hörte er auf der anderen Seite des Zauns Mrs. Blackmores Schritte. Er duckte sich. Als drüben die Haustür zugeschlagen war, kippte er den Torf im Schuppen aus und breitete den leeren Sack darüber.

Das Auftauchen zweier Menschen, die in ähnlichen Verhältnissen lebten wie er – von dem Lieferfahrer wußte er, daß er in einer armseligen Sozialwohnung hauste, Mrs. Blackmore war ein abgerackertes, mit ihren häuslichen Pflichten überfordertes Arbeitstier – brachte Stanley in die Wirklichkeit, die Welt der Fakten zurück. Schluß mit dem Zaudern, er mußte es tun. Hätte er seinen Hamlet so gut gekannt wie seinen Julius Caesar, hätte er sich gesagt, sein Zögern, seine momentanen Bedenken seien nur »die angeborene Farbe der Entschließung, von des Gedankens Blässe angekränkelt«.

Er machte die Haustür zu und stieg, die Hände ineinander verkrampfend, die Treppe hinauf. Von Maud war nichts mehr zu hören. Wenn sie nun auf war, sich angezogen hatte, jeden Augenblick herunterkommen konnte? Vor ihrer Tür kniete er sich hin und spähte durchs Schlüsselloch. Sie schlief noch immer.

Stanley hatte den Eindruck, daß es um ihn herum noch nie so still gewesen war. Der Verkehr draußen war fast eingeschlafen, kein Vogel sang, sein Herz schien zu stocken, bis die Tat vollbracht war. Die Stille war lastend und unnatürlich. Die Stille vor dem Sturm, so sagte man ja wohl. Oder vor einem Erdbeben. Sie ängstigte ihn. Er hätte gern laut gerufen, hätte viel darum gegeben, eine Menschenstimme zu hören, und sei es nur aus der Ferne. Es war, als seien er und Maud allein auf einer entvölkerten Erde.

Die Scharniere waren vor einer Woche geölt worden, weil Maud behauptet hatte, sie quietschten, und die Tür öffnete sich lautlos. Er trat ans Bett und sah auf sie herunter. Sie schlief wie ein zufriedenes Kind. Seine Gedanken waren so gewalttätig und von so verzweifelter Entschlossenheit, daß er meinte, sie müßten sich Maud mitteilen und sie wecken. Er holte tief Atem und streckte die Hand nach dem Kissen aus, auf dem ihr Kopf ruhte.

Dr. Moxley klingelte nicht, er benutzte den Türklopfer, der metallisch scheppernd durchs Haus lärmte. Maud drehte sich um und seufzte, als wüßte sie, daß sie noch einmal davongekommen war. Einen Augenblick dachte Stanley, nun sei alles aus. Sein Plan war fehlgeschlagen. Doch sie schlief weiter, noch immer hing ihre Hand schlaff über die Bettkante. Die Hand an sein schmerzhaft zuckendes Herz gepreßt, ging Stanley nach unten, um den Arzt ins Haus zu lassen.

Dr. Moxley hatte ein jungenhaftes Gesicht und zerzauste schwarze Haare. Um seinen Hals hing ein Stethoskop.

»Wo ist sie?«

»Hier drin«, sagte Stanley heiser. »Ich hielt es für besser, sie nicht von der Stelle zu bewegen.«

»So? Ich bin doch nicht von der Polizei.«

Das gefiel Stanley ganz und gar nicht. Ihm war regelrecht schlecht. Er schlurfte hinter dem Arzt her und merkte, daß sein Gesicht schweißnaß war.

Dr. Moxley kniete sich hin, untersuchte die tote Ethel Carpenter und tastete ihren Nacken ab.

»Meine Schwiegermutter hatte vor vier Jahren einen Schlaganfall«, sagte Stanley, »und –«

»Weiß ich alles, ich hab mir vorhin Dr. Blakes Akten angesehen. Fassen Sie mal mit an, wir wollen sie auf die Couch legen.«

Mit vereinten Kräften schafften sie es, und Dr. Moxley schloß der Toten die Augen.

»Haben Sie was zum Zudecken? Ein Laken?«

Stanley konnte nicht mehr an sich halten. »War es ein Schlaganfall, Herr Doktor?«

»Äh – ja. Ein apoplektischer Insult. Sie war vierundsiebzig, nicht?«

Stanley nickte. Ethel Carpenter war ein bißchen jünger gewesen. Nicht viel, drei oder vier Jahre vielleicht. Aber so was konnten Ärzte wohl nicht feststellen. Nicht aufs Jahr genau. Nein, auch Dr. Moxley konnte es offenbar nicht.

Jetzt tat der Arzt das, worauf Stanley schon sehnlichst gewartet hatte. Er holte einen Block aus seiner Aktenmappe und angelte einen Füller aus der Brusttasche.

»Was ist jetzt mit dem Laken?«

»Ich hol eins«, brummelte Stanley.

»Inzwischen stelle ich den Totenschein aus.«

Die Laken lagen im Badezimmer, im Wäscheschrank. Stanley zog eins heraus und wandte sich zum Gehen, aber da wurde ihm wieder speiübel, kalter Schweiß stand ihm auf der Stirn, und er übergab sich ins Waschbecken.

Das erste, was er sah, als er in den Salon zurückkam, war Ethel Carpenters ringlose linke Hand, die von der Couch herunterhing. Dabei war doch die Tote angeblich eine verheiratete Frau gewesen ... Der Arzt hatte ihm den Rücken gedreht und schrieb. Stanley schlug das Laken auseinander und legte es über die Tote. Die Hand versteckte er in den Falten.

»So ist's recht«, sagte Dr. Moxley bedeutend freundlicher. »Das alles ist sicher nicht so einfach für Sie, Mr. Manning. Wo steckt Ihre Frau?«

»Sie arbeitet.« Gib den Totenschein her, flehte Stanley lautlos. Gib das Ding her und hau ab.

»War vielleicht ganz gut so. Sie müssen sich damit trösten, daß sie lange gelebt hat und der Tod schnell und wahrscheinlich schmerzlos war.«

»Na ja, das ewige Leben haben wir alle nicht«, sagte Stanley.

»Jetzt hören Sie gut zu.« Dr. Moxley übergab ihm zwei verschlossene Umschläge. »Der eine ist für das Bestattungsunternehmen, den anderen nehmen Sie mit, wenn Sie den Sterbefall melden. Haben Sie das verstanden?«

Ich bin kein Idiot, bloß weil ich keine so gepflegte Aussprache hab wie du, hätte Stanley am liebsten gesagt, aber er nickte nur und legte die Umschläge auf den Kaminsims. Dr. Moxley sah noch einmal mit undeutbarem Blick auf die Tote unter dem Laken, dann wandte er sich mit wippendem Stethoskop zum Gehen. An der Haustür blieb er stehen. »Ach, noch eins ...«

Er hatte eine entsetzlich laute, hallende Stimme, es hörte sich an, als habe er eine ganze Versammlung vor sich und nicht einen einzigen Menschen. Stanley überlief es eiskalt, denn der Arzt machte plötzlich ein sehr nachdenkliches Gesicht. Wie jemand, dem eingefallen ist, daß er etwas äußerst Wichtiges nicht veranlaßt hat. Seine Hand lag schon auf dem Türknauf. »Ich habe Sie gar nicht gefragt, ob Sie Erd- oder Feuerbestattung wünschen.«

Ja, wenn das alles war ... Über diese Frage hatte sich Stanley bisher auch noch keine Gedanken gemacht. Er hätte gern den Arzt gebeten, seine Stimme zu dämpfen, traute sich aber nicht recht. Fast flüsternd entgegnete er: »Feuerbestattung. Das war ihr Wunsch. Das hat sie immer gesagt, daß man sie mal verbrennen soll.« Wenn Ethel verbrannt, spurlos beseitigt war, konnte niemand mehr Fragen stellen. »Warum wollen Sie das wissen?«

»Bei einer Feuerbestattung«, erwiderte Dr. Moxley, »müssen zwei Ärzte den Tod bescheinigen, das ist gesetzlich vorgeschrieben. Aber darum brauchen Sie sich nicht weiter zu kümmern. Sie gehen vermutlich zum Bestattungsinstitut Wood, nicht? Ich werde meinen Partner bitten –«

»Dr. Blake?« Die Frage war Stanley unwillkürlich herausgerutscht.

»Dr. Blake praktiziert nicht mehr«, sagte Moxley ein wenig kühl. Er warf Stanley einen durchdringenden Blick zu, der ihn an Mrs. Blackmore erinnerte, dann ging er endgültig. Mit lautem Knall schlug die Tür hinter ihm zu.

Ein Krach, um Tote aufzuwecken, dachte Stanley. Es war Viertel vor vier. Das Bestattungsinstitut würde er verständigen, wenn er Ethels Leiche versteckt und sich um Maud gekümmert hatte. Die Tote unter dem Laken mochte einen Arzt täuschen, der Maud noch nie zu Gesicht bekommen hatte. Vera aber mußte Maud sehen. Selbstredend eine tote Maud.

Er zog das Laken zurück und rollte es auf. Dann legte er die Hände unter Ethel Carpenters Achseln und zog sie halb auf den Boden. Er war klein und schmächtig und sie ein Schwergewicht. Keuchend richtete er sich auf. Sein Blick fiel auf die schwarze Handtasche neben dem Sessel, auf dem sie gesessen hatte. Die mußte auch weg.

Er machte die Tasche auf, und ein durchdringend-süßlicher Geruch stieg ihm in die Nase. Er kam aus einer halbleeren Packung Veilchencachous. Stanley erinnerte sich dunkel, daß er diese Dinger, die für frischen Atem sorgen sollten, als Junge vor dem Krieg in großen Bonbongläsern in den Kramläden gesehen hatte. Manchmal hatte seine Mutter welche im Dorf gekauft oder in Bures, wenn sie einen Ausflug gemacht hatten. Er hatte gedacht, daß so was heute überhaupt nicht mehr hergestellt würde – genausowenig wie Anisbonbons und die schönen dicken rotweißen Pfefferminzstangen –, und der ihm unerwartet entgegenwehende Duft brachte Erinnerungen an die Heimat, den grünen Fluß Stour, in dem er nach Schmerlen und Kaulköpfen gefischt hatte, an das Dorf im Tal zwischen den sanften Hügelketten, ein friedliches Bild.

Er nahm ein Veilchencachou heraus und hielt es zwischen Daumen und Zeigefinger. Es roch kräftig nach Veilchen und Zucker. Siebzehn war er gewesen, als er vor alldem davongelaufen war, vor den Eltern, den Brüdern, dem Fluß und dem Fischen. Ich geh fort, um mein Glück zu machen, hatte er erklärt, voll Neid und Groll auf seine Brüder, von denen der eine eine gute Lehrstelle hatte, der andere das Lehrerseminar besuchte. Und wenn ich wiederkomm, hatte er getönt, bin ich euch allen über. Aber aus dem Wiederkommen war nichts geworden, und zum letztenmal hatte er seinen Vater im Old Bailey gesehen, wohin man ihn zur Verhandlung gegen seinen Sohn zitiert hatte.

Jetzt sah das plötzlich alles anders aus. Fast dreißig Jahre hatte es gedauert, bis er sein Glück gemacht hatte. Endlich war es geschafft. Bis auf einen einzigen kleinen Schritt... Und wenn er das Geld hatte, nächste Woche vielleicht, würde er mit seinem neuen Wagen nach Bures fahren und sie alle überraschen. »Gehen wir ein bißchen an den Fluß?« würde er zu seinem Bruder, dem Drucker, sagen und sein blinkendes neues Angelzeug hervorholen. »Laß stecken«, würde er zu seinem Bruder, dem Realschullehrer, sagen, wenn der in seinen Taschen nach Hartgeld kramte. Und Neid und Groll würden diesmal die Brüder erfüllen, wenn seine Mutter ihn als den erfolgreichsten ihrer drei Söhne bei den Nachbarn herumzeigte ...

Stanley steckte das Cachou wieder in die Schachtel, und die Vision verblaßte. In der Tasche war sonst nichts, was ihn interessiert hätte – bis auf ein ziemlich dickes, mit einem Gummiband zusammengehaltenes Bündel Pfundnoten. Das waren wohl Ethels Ersparnisse. Wahrscheinlich hatte sie damit die Anzahlung in der neuen Bleibe leisten wollen. Wär schade drum, wenn die zusammen mit ihrer toten Besitzerin in Flammen aufgehen würden.

Er war dabei, die Scheine zu zählen, als er über sich einen leisen Laut hörte. Eine Treppenstufe knarrte. Seine Wunschträume hatten ihn vorübergehend in Sicherheit gewiegt, aber jetzt stand ihm erneut kalter Schweiß auf der Stirn. Er trat einen Schritt zurück und wartete zitternd neben seiner Beute, wie ein kleines Tier, das ein größeres Raubtier nahen sieht.

Die Tür ging auf, und Maud kam, auf ihren Stock gestützt, hereingehinkt.

8

Maud schrie.

Sie ließ sich gar nicht erst auf Argumente oder Erklärungen ein. Was sie vor sich sah, sprach für sich. Seit zwanzig Jahren rechnete sie mit einer Neuauflage der Gewalttat, die ihren Schwiegersohn ins Gefängnis gebracht hatte. Damals wie heute hatte Stanley eine alte Frau überfallen, um an ihr

Geld zu kommen. Nur war er diesmal noch einen Schritt weitergegangen: er hatte sie getötet.

Mit erhobenem Stock stürzte sie sich auf Stanley. Der ließ die Geldscheine fallen und wich bis an das geöffnete Klavier zurück. Seine Hände trafen die Tasten. Ein tiefer Akkord hallte durch den Raum. Maud zielte auf sein Gesicht, aber Stanley duckte sich, und der Schlag traf ihn schmerzhaft zwischen Nacken und Schulterblättern. Er ging in die Knie, kam aber gleich wieder taumelnd hoch und schleuderte eine der grünen Glasvasen nach Maud.

Die Vase zerschellte an der Wand hinter Mauds Kopf, und smaragdfarbene Glassplitter flogen durchs Zimmer.

»Dafür bring ich dich um«, kreischte Maud. »Mit meinen eigenen Händen bring ich dich um.«

Stanley suchte, sich zwischen Couch und Klavier durchschiebend, nach weiteren Wurfgeschossen, aber ehe er die zweite Vase zu fassen bekam, traf Mauds Stock ihn erneut, diesmal direkt auf den Kopf, und als er schwankte, folgte ein Hagel heftiger Hiebe auf den ganzen Körper. Einen Augenblick wurde es dunkel vor seinen Augen, und rote Quadrate, Dreiecke und Sternschnuppen wirbelten durch die Schwärze.

Maud würde ihn totschlagen. Entsetzen und Wut hatten ihr unerwartete Kraft verliehen. Wimmernd kauerte er in einer Ecke, drehte ihr eine Schulter zu, um den nächsten Schlag abzufangen, und griff nach der Stockspitze, die in seiner Hand zuckte wie etwas Lebendiges. Stanley hangelte sich an dem Stock hoch. Er war stärker als Maud, denn er war ein Mann und dreißig Jahre jünger, und er zog sich hoch, bis er Maud aufrecht gegenüberstand.

Noch immer herrschte Schweigen im Raum. Sie hatten sich nichts mehr zu sagen nach diesen vier Jahren. Jetzt gab es nur noch den gegenseitigen Haß, blank und unversöhnlich. Er schwang in Mauds keuchenden, in Stanleys zischenden Atemzügen. Wieder war es, als seien sie allein auf der Erde – oder außerhalb der Erde auf einem unbevölkerten, völlig leeren Stern, auf dem es keine Emotionen gab außer dem Haß und keinen Instinkt außer dem der Selbsterhaltung.

Beide waren nur noch darauf bedacht, den Stock in ihren Besitz zu bringen. Darauf konzentrierten sie sich in einem erbitterten, aber zunächst unentschiedenen Tauziehen. Dann gab Stanley unvermutet seine etwas günstigere Position auf und versetzte Maud einen heftigen Tritt vors Schienbein. Mit einem Aufschrei ließ sie den Stock fallen, der scheppernd zu Boden fiel.

Stanley griff ihn sich und warf ihn weit weg. Mit einem Satz ging er Maud an die Kehle. Sie keuchte heiser. Während Stanley mit hartem Griff nach ihrer Halsschlagader suchte, rammte sie ihm ein Knie in die Leiste. Sie schrien beide gleichzeitig auf, Stanley wimmernd vor Schmerz, und ließen voneinander ab.

Er rappelte sich wieder auf, bereit zum nächsten Angriff, aber Maud hatte ohne den Stock, an den sie seit Jahren gewöhnt war, keinen festen Stand. Sie fuchtelte, ihrer Stütze beraubt, mit den Armen, konnte sich aber nicht mehr halten. Im Fallen schlug sie mit dem Kopf auf den scharfkantigen marmornen Kaminsims.

Auf allen vieren kroch Stanley zu ihr hinüber und sah mit hämmerndem Herzen die Erfüllung all seiner Wünsche vor sich liegen.

Vera schrie nicht. Sie sagte kein Wort, als er es ihr beibrachte, aber sie wurde sehr blaß. Schicksalsergeben nickte sie, als er erzählte, Maud habe im Salon am Kaminsims gestanden und sich das Hochzeitsfoto angesehen, dann sei ihr plötzlich übel geworden, sie habe sich an die Stirn gegriffen und sei umgefallen.

»Irgendwann mußte es ja mal so kommen«, schloß er.

»Ich möchte zu ihr«, sagte Vera.

»Wenn es dich nicht zu sehr mitnimmt.« Stanley hatte damit gerechnet und seine Vorkehrungen getroffen. Er stieg hinter ihr die Treppe hinauf.

Vera weinte ein bißchen, als sie Maud sah.

»Wie friedlich sie aussieht.«

»Ja, nicht?« sagte Stanley eifrig. »Jetzt hat sie ihren Frieden, hab ich vorhin gedacht.«

Sie flüsterten, als könne Maud sie hören.

»Warum hast du mich nicht angerufen?«

»Ich wollte dich nicht aufregen. Du hättest ja doch nichts mehr tun können.«

»Es tut mir so leid, daß ich nicht da war.« Vera beugte sich vor und küßte Mauds kalte Stirn.

»Komm«, sagte Stanley, »ich mach dir eine Tasse Tee.« Er wollte sie möglichst schnell wieder aus dem Zimmer haben. Die Vorhänge waren vorgezogen, der Raum lag im Halbdunkel, nur mattes gefiltertes Licht fiel auf Mauds Züge und den Medikamentenvorrat am Bett. Wenn Vera aber das Kissen nur um ein paar Zentimeter verschob, würde sie die klaffende Wunde unter den grauen Locken sehen.

»Ich müßte wohl die Nacht an ihrem Bett wachen...«

»Wie bitte?« Vor lauter Schreck vergaß Stanley zu flüstern. »Was ist denn das für ein Unsinn?«

»Früher war das so Sitte. Arme Mutter! Sie hat mich wirklich lieb gehabt, sie wollte nur das Beste für mich. Und der Arzt meint, es war wieder ein Schlaganfall?«

Stanley nickte. »Komm nach unten, Veralein, hier kannst du doch nichts machen.«

Er brühte eine Kanne Tee. Vera sah ihm zu und murmelte all die Phrasen, an die wir uns halten, wenn wir einen uns nahestehenden Menschen verloren haben. Daß es unfaßlich sei, aber man habe damit rechnen müssen. Daß schließlich jedem von uns einmal das letzte Stündlein schlage, aber ein Schock sei es eben doch. Daß sie froh sein müßten, wie friedlich Mutter hinübergegangen sei ...

»Gehen wir ins Nebenzimmer. Es ist kalt hier.«

»Ist gut«, sagte Stanley. Wenn sie die Festtafel sah, würde ihr alles wieder einfallen, aber er war gewappnet. Er nahm die beiden Tassen und ging ihr nach.

»Mein Gott, Tante Ethel«, stieß Vera hervor, als sie die Tür zum Eßzimmer aufmachte. »Die habe ich ganz vergessen.« Sie sah auf die Uhr und ließ sich schwer auf einen Stuhl fallen. »Es ist fast sechs, und sie wollte doch um fünf hier sein. Das sieht ihr gar nicht ähnlich.«

»Wahrscheinlich kommt sie jetzt nicht mehr.«

»Natürlich kommt sie, sie hat doch fest zugesagt. Ich werde es ihr beibringen müssen, Stan. Es wird ihr sehr nahegehen, sie hing so an Mutter.«

»Vielleicht kommt sie doch nicht.«

»Rede nicht so, sie hat sich nur verspätet. Willst du was essen? Ich bringe keinen Bissen herunter.«

Stanley war halb verhungert, der Geruch nach Lachs und Huhn ließ ihm das Wasser im Mund zusammenlaufen. Aber er verneinte und setzte eine Trauermiene auf.

Er war nicht nur hungrig, sondern auch hundemüde, aber Ruhe durfte er sich erst gönnen, wenn die Gefahr gebannt war. Vera hatte ihre Mutter gesehen und keinen Verdacht geschöpft. Daß sie ins Gästezimmer gehen würde, wo Ethel Carpenters Leiche unter dem Bett lag, gut versteckt unter der überhängenden Tagesdecke, war nicht anzunehmen. So weit, so gut.

»Ich weiß wirklich nicht, was mit Tante Ethel ist«, sagte Vera besorgt. »Ob ich mal ihre Hauswirtin in Brixton anrufe?«

»Die hat doch kein Telefon.«

»Nein, aber ich könnte die Leute in dem Lokal an der Ecke bitten, ihr was auszurichten.«

»Wozu die Umstände?« wandte Stanley ein. »Du hast schon ohne Tante Ethel genug um die Ohren.«

»Ein bißchen können wir ja noch warten. Wann kommt das Bestattungsunternehmen morgen früh?«

»Um halb zehn.«

»Dann muß ich Doris anrufen und ihr Bescheid sagen, daß ich nicht kommen kann. Ausgerechnet jetzt, wo die andere Kollegin auf Urlaub ist... Es wird ihr gar nicht recht sein.«

Stanley hätte sich fast an seinem Tee verschluckt. »Um das Bestattungsinstitut kann ich mich doch kümmern, Vera. Legst du denn so großen Wert darauf, hier zu sein, wenn sie kommen?«

»Das nicht, aber... es war schließlich meine Mutter, Stan.«

»Geh ruhig ins Geschäft, wenn dir danach ist, ich kümmere mich schon um alles.«

In diesem Moment klingelte es an der Haustür. Vera kam mit Mrs. Blackmore zurück, die bereits bestens im Bilde war, obgleich Stanley noch niemanden eingeweiht hatte. Vielleicht hatte sie die letzten Worte des Arztes mitgekriegt. Sie hatte die »schreckliche Geschichte«, wie sie sich ausdrückte, bereits Mrs. Macdonald und anderen Bekannten aus der Nachbarschaft erzählt. In derlei Dingen verließ sie sich offenbar ganz auf ihre Intuition und hatte es nicht für nötig gehalten, noch eine Bestätigung einzuholen. Mrs. Blackmore hatte sich rasch einen schwarzen

Mantel über die geblümte Kittelschürze gezogen und erklärte, sie sei gekommen, um Mrs. Kinaway die letzte Ehre zu erweisen. Im Klartext: Sie wollte die Leiche sehen.

»Erst gestern hab ich mich noch so nett mit ihr am Zaun unterhalten«, sagte sie. »Jaja, wir welken alle dahin wie die Blumen.«

Stanley warf einen angewiderten Blick auf Mrs. Blackmores neugieriges Frettchengesicht und die Rattenschwänze und überlegte, daß die Gute ihn, wenn es denn unbedingt eine Blume sein mußte, allenfalls an eine Tollkirsche erinnerte. Aber sollte sie sich ruhig Maud hier im Haus ansehen, sonst versuchte sie am Ende noch, sich im Bestattungsinstitut den Sarg öffnen zu lassen, wo sie prompt an die falsche Leiche geraten würde. Er ging mit den beiden Frauen nach oben, ein treuer Wächter, allzeit bereit, einer liebevollen Hand Einhalt zu gebieten, die versuchen mochte, Maud das Haar aus der Stirn zu streichen.

Fünf Minuten, nachdem Mrs. Blackmore abgezogen war und weithin vernehmlich ihre Hilfsbereitschaft dargetan hatte: »Was ich für Sie tun kann, Liebste, das tu ich gern, Sie brauchen's nur zu sagen!«, erschienen die Macdonalds mit einem Strauß Veilchen für Vera.

»Süße Veilchen in Zeiten der Trauer«, sagte Macdonald gefühlvoll. Der Geruch erinnerte Stanley an Ethel Carpenters Handtasche. »Wir wollen sie nicht sehen, Mrs. Manning, wir möchten sie so in Erinnerung behalten, wie sie war.«

Danach hatten Vera und Stanley ihre Ruhe. Daß Vera noch immer auf Ethel Carpenter wartete, machte Stanley nervös, aber dagegen ließ sich nichts tun. Nach einer Weile nahm Vera kommentarlos das für ihre Mutter bestimmte Gedeck vom Tisch.

»Komm, iß was.«

Als um zehn Ethel Carpenter noch immer nicht da war, deckte sie ab, und sie gingen zu Bett. Noch einmal sah sie von der Schwelle aus zu Maud hinein, ging aber nicht näher heran. Sie machten das Licht aus und lagen, beide hellwach, nebeneinander, ohne sich zu berühren.

Vera schlief zuerst ein. Stanley fieberte vor Erregung. Was sollte er machen, wenn Vera am nächsten Morgen nicht zur Arbeit ging? Er mußte sie irgendwie aus dem Haus locken. Vielleicht konnte er sie bitten, den Sterbefall beim Standesamt zu melden... Viel Zeit blieb ihm dann nicht für all das, was noch zu tun war.

Bald nach Mitternacht schlief auch er ein, und gleich darauf – so schien es ihm – kamen die Träume. Er ging am Fluß entlang, Richtung Heimat, er hatte den ganzen Weg von London zu Fuß zurückgelegt wie ein Landstreicher, seine Habe hatte er in einem Bündel auf dem Rücken. Er hatte den Eindruck, als sei er seit Jahren unterwegs, aber jetzt hatte er es fast geschafft. Bald kam die Flußbiegung, und von dort aus würde er sein Dorf sehen können, erst den Kirchturm, dann die Bäume und Häuser. Ja, da lag es vor ihm, fast zum Greifen nah, und er beschleunigte den Schritt. Er wußte, daß er dort trotz seiner Armut, trotz des Bündels auf seinem Rücken und seiner abgetretenen Schuhe gern gesehen sein, daß man ihn mit Glückwünschen und Freudentränen willkommen heißen würde.

Die Sonne ging auf, es war sehr früh am Morgen, und Stanley nahm den Abkürzungsweg über die Wiese, seine Hosen wurden bis zu den Knien naß vom Tau. Im Dorf regte sich noch nichts. Aber seine Mutter würde schon auf den Beinen sein, sie hatte schon immer zu den Frühaufstehern gehört. Er stieß die Haustür auf, trat ein und rief nach ihr.

Er hörte sie die Treppe herunterkommen und sah hoch. Seine Mutter war alt geworden und stützte sich auf einen

Stock. Erst sah er ihre Beine und ihren Rock, denn in den langen Jahren seiner Abwesenheit war die Treppe hoch und steil geworden, und schließlich sah er ihr Gesicht. Mit einem Aufschrei fuhr er zurück. Es war nicht das Gesicht seiner Mutter, sondern Mauds Gesicht, wachsgelb, mit gefletschten Zähnen, aus einer Kopfwunde rann Blut...

Er schrie noch im Aufwachen, aber zu hören war nur ein ersticktes Stöhnen. Er brauchte mehrere Minuten, um zu begreifen, daß es ein Traum gewesen und daß Maud tot war. Danach konnte er nicht mehr einschlafen. Er stand auf und ging durchs Haus, sah erst bei Maud und dann im Gästezimmer herein. Die Narzissen, die Maud für Ethel gepflückt hatte, glänzten weiß im fahlen Mondlicht.

Er ging nach unten. Dort konnte er es riskieren, Licht zu machen. Im Haus roch es nach Essen, nach Büchsenfisch und kaltem Fleisch. Lebensmittel verdarben rasch bei ihnen, sie hatten keine geeignete Aufbewahrungsmöglichkeit. Inzwischen hatte er sich wieder gefangen, der Traum war verblaßt, und jetzt hatte er plötzlich das Gefühl, etwas Wichtiges übersehen zu haben. Was war es nur? Er setzte sich und stützte den Kopf in die Hände.

Dann fiel es ihm ein. Es war im Grunde nichts Weltbewegendes: Zum erstenmal seit zwanzig Jahren hatte er es versäumt, sein Kreuzworträtsel zu lösen.

Er holte sich den *Daily Telegraph* und einen Kugelschreiber. Ein kleiner Freudenschauer überlief ihn beim Anblick der weißen Felder. Merkwürdig, schon der Anblick des leeren Kreuzgitters, der köstlichen Symmetrie dieses Mosaiks, ließ ihn Frieden finden, brachte seine zitternden Hände zur Ruhe. Tausende von Rätseln muß ich schon gemacht haben, dachte er. Sechs pro Woche mal 52 mal 20. Herrgott, das waren 6240 Rätsel, die in seinen Zeitschriften und Taschenbüchern gar nicht mitgerechnet.

Stanley griff zum Kugelschreiber.

Eins waagerecht: »In ungeflügelter Ausführung wären es Holzbeine zum Überqueren schmaler Gewässer.« (Acht Buchstaben). Stanley überlegte nur sekundenlang, dann schrieb er hin: BACHSTELZEN. Sein Körper entspannte sich wie in einem warmen Bad, und er lächelte.

9

Der Wecker klingelte um sieben.

Vera war aus dem Bett und schon halb im Badezimmer, ehe ihr alles wieder einfiel. Sie ging zurück und überlegte, ob sie Stanley wecken sollte, aber er war schon wach und sah mit weit geöffneten Augen zur Decke.

»Jetzt bin ich schon auf«, sagte sie, »da kann ich ebensogut zur Arbeit gehen.«

»Recht hast du! Da kommst du wenigstens auf andere Gedanken.«

Sie trödelte so lange herum, daß er seiner Sache nicht sicher sein konnte, bis er sie tatsächlich zur Gartentür gehen sah. Sobald sie außer Sicht war, holte er sich einen leeren Torfsack und ging damit nach oben. Es war wohl das beste, Maud den Trauring abzuziehen und ihn Ethel anzustecken. Komisch, ihm wurde richtig flau dabei, und er war froh, daß er nicht auf Veras Angebot eingegangen war, die ihm Eier und Speck zum Frühstück hatte machen wollen.

Ethel hatte auch einen Ring, sie trug ihn am kleinen Finger der rechten Hand. Mit nicht ganz sicheren Bewegungen zog Stanley ihn ab. Es war ein dünner Goldreif mit zwei verschlungenen Händen statt eines Steins. Stanley steckte ihn Maud an, dann stopfte er die Leiche in den Sack.

Im Garten der Blackmores rührte sich nichts. Am Samstag schliefen die immer bis in die Puppen, und ihr Schlafzimmer ging nach vorn heraus. Unter seiner Last keuchend schleifte Stanley den Sack über den schmalen Betonstreifen vor der Hintertür bis in den Schuppen. Jetzt kamen Ethels Koffer an die Reihe. Sie waren nicht prall gefüllt, obgleich sie so schwer waren. Stanley machte den leichteren auf und bekam noch Ethels Mantel und Hut und den Schirm hinein. Zum Glück war es ein Taschenschirm. Er schleppte die Koffer nach unten und stellte sie in den Schuppen neben den Sack. Den Schuppen betrat außer ihm sonst kein Mensch, aber sicherheitshalber schaufelte er Torf über den Sack und die Koffer. Wer jetzt einen flüchtigen Blick hineinwarf, dachte allenfalls, daß Stanley Manning nicht zwei Zentner Torf eingelagert hatte, sondern gleich eine ganze Tonne.

Bisher flutschte alles nur so.

Um halb zehn lag Ethel dort, wo Maud gelegen hatte – auf der Couch im Salon, mit einem Laken zugedeckt. Wär doch eine nette Geste, überlegte er, wenn Blumenschmuck bei der Toten stehen würde. Damit könnt ich bei den Leichenträgern Eindruck schinden. Er holte die Vase mit den Narzissen und stellte sie zwischen Mauds Pillen auf den Nachttisch.

Punkt zehn kamen die Leute vom Bestattungsinstitut, ließen Stanley ein Formular ausfüllen, in dem er die Genehmigung zur Feuerbestattung gab, und zogen mit Ethel Carpenters Leiche ab.

In der Mittagspause meldete Vera den Sterbefall beim Standesamt, und dann rief sie in dem Lokal in Brixton an, das neben Ethels früherer Bleibe lag.

»Bitte entschuldigen Sie die Störung. Mein Vater hatte selbst ein Geschäft, ich weiß, daß Sie alle Hände voll zu tun haben, aber könnten Sie wohl Mrs. Huntley bitten, mich zurückzurufen?«

Zehn Minuten später – Vera hatte die Wartezeit damit ausgefüllt, gereinigte Decken in Plastikhüllen zu packen – läutete das Telefon.

»Ich wollte nur fragen, ob Miss Carpenter noch bei Ihnen ist«, sagte sie zu Mrs. Huntley. »Sie hat sich nämlich gestern nicht bei uns sehen lassen.«

»Nicht? Sie ist – warten Sie – etwa zwanzig vor eins hier weggegangen. Sie hatte zwei Koffer bei sich, einen großen Koffer hat sie hiergelassen, den sollte ich ihr an ihre neue Adresse nachschicken. Green Lanes 52, Croughton. Er ist gerade abgeholt worden.«

Vera wurden die Knie weich. Sie mußte sich setzen.

»Hat sie gesagt, daß sie zu uns wollte?«

»Sie werden mich dort nicht so früh erwarten, Mrs. Huntley, hat sie gesagt, aber ich mach mich schon mal auf den Weg. Mr. Manning ist bestimmt zu Hause. Sie würde sich Zeit lassen, hat sie gesagt, ihre Koffer waren ziemlich schwer.«

»Zwanzig vor eins, sagten Sie?«

»Höchstens Viertel vor eins«, meinte Mrs. Huntley.

»Dann müßte sie ja um zwei bei uns gewesen sein.«

»Vielleicht hat sie es sich anders überlegt und ist doch gleich in die Green Lanes gefahren.«

»Muß wohl so sein«, sagte Vera.

Aber es sah Ethel nicht ähnlich. Sich als Logierbesuch anzumelden, noch dazu schriftlich, und dann einfach wegzubleiben war doch recht rücksichtslos. Und Ethel mochte ihre Schrullen, sie mochte manchmal eine scharfe, boshafte Zunge haben, aber Flegeleien, Unpünktlichkeit oder Schlamperei – das kannte man nicht an ihr. Sie gehörte noch zur alten Schule. Vera begriff die Welt nicht mehr.

Als um fünf der Betrieb nachließ, überließ sie Doris die Bedienung und fuhr mit dem Bus in die Green Lanes.

Nummer 52 war viel hübscher als das Haus der Mannings in der Lanchester Road. Es war eine Doppelhaushälfte mit feudalen Giebeln, einem großen, gepflegten Vorgarten und einer Garage im Fachwerkstil. Eine magere Frau mittleren Alters machte Vera die Tür auf, hinter ihr tauchten ein Mädchen und ein Junge auf, die ebensogut ihre Kinder wie ihre Enkel hätten sein können.

»Treten Sie doch näher«, sagte sie, als Vera sich vorgestellt hatte.

»Nein danke, ich will mich nicht aufhalten. Mein Mann sorgt sich, wenn ich später komme.« Stanley hatte sich deswegen noch nie gesorgt, aber seit Mauds Tod war er so lieb und rücksichtsvoll, daß die Möglichkeit nicht so weit hergeholt schien wie früher. »Ich wollte nur fragen, ob Miss Carpenter hier ist.«

»Ich erwarte sie erst am Montag.« Mrs. Paterson wirkte atemlos und gehetzt. »Ganz bestimmt am Montag, hat sie gesagt. Ich könnte sie im Augenblick auch noch gar nicht gebrauchen.« In der Diele lag Spielzeug herum, und aus der Tiefe des Hauses drangen Laute, die an eine hungrige Hundemutter mit Jungen denken ließen. »Meine Tochter mußte ins Krankenhaus und hat mir die Kinder gebracht, und meine Hündin hat gerade geworfen... Hätt ich gewußt, was auf mich zukommt, ich hätte das Zimmer jetzt bestimmt nicht vermietet.«

Vera sah sie ratlos an. »Ich habe fest damit gerechnet, daß sie hier ist. Sie ist nämlich verschwunden.«

»Sie wird schon wieder auftauchen«, sagte Mrs. Paterson. »Tja, wenn Sie nicht hereinkommen wollen, entschuldigen Sie mich wohl, ich muß sehen, daß ich meine Bande satt kriege.«

Stanley hielt an der Haustür nach Vera Ausschau – jeder Zoll der zärtliche Ehemann, woran sie im Grunde nicht einmal bei dem Gespräch mit Mrs. Paterson geglaubt hatte.

»Wo bleibst du denn? Ich habe mir Sorgen um dich gemacht.«

Vera zog den Mantel aus. Daß er sich um sie gesorgt hatte, machte sie so glücklich, daß sie ihm am liebsten um den Hals gefallen wäre.

»Die Leute vom Bestattungsinstitut waren da«, sagte er. »Ich habe die Beerdigung für Donnerstag festgesetzt. Wir müssen schleunigst die Familie zusammentrommeln. Mit dem Abendessen können wir uns ja noch Zeit lassen. Das Formular hier mußt du noch unterschreiben.« Stanley hatte es interessiert, wenn auch ein wenig beklommen ausgefüllt. Besonders die Frage, ob der Antragsteller Anlaß hatte, ein Gewaltverbrechen oder Fahrlässigkeit zu vermuten, war ihm nicht recht geheuer gewesen. Es hatte ihn auch Überwindung gekostet, Dr. Moxley anzurufen, um ihn nach dem Namen des zweiten bescheinigenden Arztes zu fragen. Als Moxley zurückrief und ihm sagte, es sei alles erledigt, der Kollege sei ein gewisser Diplock, war ihm ein Stein vom Herzen gefallen. Von Dr. Blake war nicht mehr die Rede gewesen.

»Hier bitte«, sagte er und gab Vera den Kugelschreiber.

Vera unterschrieb.

»Du warst so wunderbar, Stan«, sagte sie. »Ich kann dir gar nicht sagen, wie erleichtert ich bin, daß du dich um alles kümmerst.«

»Ist schon recht«, sagte Stanley.

»Jetzt liegt mir nur noch Tante Ethel auf der Seele.«

Vera erzählte von ihrem Anruf und ihrem Besuch bei Mrs. Paterson. »Was meinst du, ob wir nicht die Polizei verständigen müßten?«

Stan wurde weiß wie ein Tuch. »Die Polizei?«

»Ich glaube, es wird uns gar nichts anderes übrigbleiben. Vielleicht liegt sie irgendwo und ist tot.«

Stanley hatte einen Kloß im Hals. Er räusperte sich. »Die Polizei denkt doch gar nicht daran, allen verschwundenen Frauen hinterherzulaufen.«

»Das gilt nur für junge Frauen, weil die vielleicht mit einem Mann durchgebrannt sind. Tante Ethel ist siebzig.«

»Ja, da hast du recht.« Stanley überlegte rasch. Ausgerechnet jetzt, wo alles so gut lief... »Ich an deiner Stelle würde bis zum Montag warten. Wenn sie bis dahin nicht bei Mrs. Paterson aufgetaucht ist, gehen wir zur Polizei. Einverstanden?«

»Wenn du meinst...«, sagte Vera zögernd.

Den ganzen Tag hatte John Blackmore auf der Leiter gestanden und seine Fassade gestrichen. Und als er endlich zum Abendessen ins Haus gegangen war, hatte Stanley schon wieder Vera am Hals. Er warf einen Blick in den Schuppen. Der Torfhaufen war unberührt. Er schloß die Tür ab und steckte den Schlüssel in die Hosentasche. Dann ging er zu seinem Moorbeet mit der fertig ausgehobenen Grube. In der kühlen Maidämmerung leuchteten die weißen Heideblüten vor dem kastanienfarbenen Torf. Weiße Heide bringt Glück, dachte er.

Der nächste Tag, ein Sonntag, war warm und wolkenlos. Vera holte das Roastbeef aus der Speisekammer und roch daran. Nicht mehr ganz einwandfrei. Es war immer dasselbe an den warmen Wochenenden: Der Sonntagsbraten war angegangen, noch ehe er im Kochtopf lag, und sie mußte ihn in Salzlake wässern, um den süßlich-fauligen Beigeschmack wegzubekommen.

»Jetzt kannst du ja einen Kühlschrank anschaffen«, sagte Stanley. Er merkte, daß sie nicht recht wußte, was sie darauf sagen sollte, und streichelte ihren Arm. Vera traten die Tränen in die Augen.

»Ich geh mal eben bis zur Ecke und hol mir eine Zeitung. Am Sonntag fehlt mir mein Kreuzworträtsel.«

Seit Jahren war er nicht mehr so glücklich und unbeschwert gewesen. Alles war reibungslos verlaufen. Und was hatte er denn eigentlich angestellt? Im Grunde gar nichts. Hätte er – ja, hätte er zum Beispiel Maud erwürgen müssen, wäre das recht unerfreulich gewesen, aber das war ihm ja zum Glück erspart geblieben. Maud war ohne sein Zutun zu Tode gekommen. Um alle peinlichen Fragen ein für allemal zu unterbinden, brauchte er nur noch Mrs. Paterson einen Besuch abzustatten.

Er schwang sich auf den Bus nach Green Lanes, der unmittelbar vor dem Haus hielt, zu dem er wollte. Minuten später stand Stanley vor einer sichtlich erschöpften Großmutter und vielbeschäftigten Frau, der er sein liebenswürdigstes Lächeln schenkte und die, so sagte er sich, heilfroh sein würde, wenn sie wenigstens eine ihrer Sorgen los war. »Smith ist mein Name«, sagte er. Ein Hund jaulte, und er hob die Stimme. »Miss Ethel Carpenter hat mich gebeten, mal bei Ihnen vorbeizuschauen.«

»Ach ja? Sperr den Hund im Garten ein, Gary«, rief Mrs. Paterson über die Schulter. »Man kann ja sein eigenes Wort nicht verstehen.« Dann wandte sie sich wieder an Stanley. »Eine Dame war hier und hat nach ihr gefragt.«

»Ja, wissen Sie, Miss Carpenter hat sich nämlich bei mir eingemietet. Ich hatte ein Zimmer frei, das hat sie sich letzte Woche angesehen, und nun konnte sie sich nicht entscheiden, welches sie nehmen sollte, Ihres oder meins.«

»Jaja, so sind sie, die alten Leutchen«, sagte Mrs. Paterson merklich erleichtert.

»Ist nett, daß Sie es so sehen. Am Freitag nachmittag ist

sie zu mir gekommen. Sie würde nun doch mein Zimmer nehmen. War ihr wohl unangenehm, es Ihnen selber zu sagen.« Stanley griff zögernd nach dem Geld, das er in Ethels Handtasche gefunden hatte. »Sie sollen keinen Verlust haben, hat sie gemeint, und fünf Pfund wären wohl angemessen.«

»Aber das wär doch nicht nötig gewesen«, sagte Mrs. Paterson und steckte rasch die Scheine ein. »Ich bin gar nicht böse, daß es so gekommen ist. Jetzt kann in dem Zimmer mein Enkel schlafen.«

»Sie hat einen Koffer zu Ihnen schicken lassen«, sagte Stanley. »Den hol ich demnächst ab.« Würde sie nach seiner Adresse fragen? Nein, tat sie nicht.

»Ist gut, ich stelle ihn solange unter. Schönen Dank, daß Sie vorbeigekommen sind.«

»Keine Ursache«, sagte Stanley.

Er kaufte sich in dem Kiosk an der Ecke eine Zeitung, und bis der Bus an der Ecke Lanchester Road hielt, hatte er im Kopf schon das halbe Rätsel gelöst. »Seine Rächer schlugen bei Philippi zu.« Caesar, dachte Stanley. Schade, daß ich keinen Kugelschreiber mitgenommen habe. Toll, was die sich so alles einfallen lassen. Gutes Gehirntraining, so ein Kreuzworträtsel. Pfeifend ging er zum Haus.

10

Den ganzen Sonntag stand John Blackmore auf seiner Leiter und verschönte sein Haus, und sobald Stanley sich an der Hintertür sehen ließ, winkte er ihm mit dem Pinsel zu oder sagte, manche Leute hätten eben Glück. Um acht war es noch hell, und Blackmore pinselte noch immer.

»Wenn ich morgen später nach Hause komme«, sagte Vera, als sie zu Bett gingen, »brauchst du dir keine Gedanken zu machen. Ich will nach der Arbeit gleich mal bei Mrs. Paterson vorbei und fragen, ob Tante Ethel dort aufgetaucht ist.«

»Irgendwann«, meinte Stanley beiläufig, »müssen wir wohl auch mit dem Anwalt deiner Mutter sprechen.«

»Das hat Zeit bis nach der Beerdigung.«

»Ja, natürlich«, sagte Stanley. »Sicher doch.«

In dieser Nacht schlief er gut, und als er aufstand, war Vera schon weg. Unten war alles sauber und aufgeräumt, Vera hatte ihm, wie gewöhnlich, auf einem Tablett sein Frühstück hingestellt. Eine Schale mit Cornflakes, die Milch schon in der Teetasse, Wasser im Kessel. Blackmores Wagen war nicht mehr da, er war offenbar zur Arbeit gefahren. Stanley atmete auf. Er hatte schon Angst gehabt, sein Nachbar habe Urlaub genommen, um sich vierzehn Tage lang ununterbrochen der Renovierung seines Heims zu widmen.

Mrs. Blackmores Montagswäsche flatterte auf der Leine, sie klammerte gerade noch ein paar kleine Stücke fest, rückte die Wäschestangen zurecht und entwirrte Laken, die sich in der frischen Brise um die straff gespannten Schnüre gewickelt hatten.

»Herrlicher Tag zum Trocknen.«

»Hm«, sagte Stanley.

»Bei Ihnen kehrt ja nun wohl auch langsam wieder Ruhe ein, was? Geht es Mrs. Manning leidlich?«

Stanley nickte und bemühte sich, nicht den Schuppen anzustarren.

»So, das sind die letzten Stücke, dann fahre ich zu meiner Schwester.«

Diese Mitteilung verbesserte Stanleys Stimmung beträchtlich. Er machte sich im Garten zu schaffen, zupfte eine Handvoll Vogelmiete und eine Gänsedistel aus dem Rosenbeet, ansonsten aber hatte er heute vormittag keine Lust zum Unkrautjäten. Ständig mußte er zu dem torfbedeckten Moorbeet mit der tiefen Grube in der Mitte hinübersehen. Als Mrs. Blackmore ihn ansprach, fuhr er zusammen.

»Was soll denn in das Riesenloch da?«

Stanley bekam eine feuchte Stirn. »Torf. Ein ganzer Sack voll.«

»Eben das hab ich auch gesagt«, meinte Mrs. Blackmore. »Wie wir die Grube gesehen haben, John und ich, hat John gemeint...« Sie kicherte verlegen und biß sich auf die Lippen. »Ach, ist ja auch egal. Ich hab schon gedacht, Sie graben neue Kartoffeln ein, in Blechdosen. So sollen sie sich ja bis Weihnachten frischhalten.«

»Da kommt Torf rein«, wiederholte Stanley stur. Er wußte genau, was Blackmore gesagt hatte, konnte sich das Getratsche und Gegicker der beiden lebhaft vorstellen und hörte förmlich Blackmores Stimme: »Vielleicht will er da Mrs. Kinaway einbuddeln, da spart er die Beerdigungskosten.«

Er ging an den Zaun zu den Macdonalds hinüber. Mrs. Macdonald, deren Mann einen besseren Job hatte als Blackmore, hängte ihre Wäsche auf eine metallene Wäschespinne mit Plastikschnüren. Auch sie sah erwartungsvoll auf, sichtlich zu einem Schwatz bereit, aber Stanley nickte ihr nur zu.

Die beiden Frauen begannen ein lautstarkes, aber durchaus freundschaftliches Gespräch über Stanleys Rasen hinweg. Er verzog sich ins Haus und nahm sich sein Kreuzworträtsel vor.

Er hatte Glück: Beide Nachbarinnen machten sich

schließlich gemeinsam auf den Weg. Stanley, der hinter dem Klavier im Salon Posten bezogen hatte, sah Mrs. Macdonald mit einem Einkaufsroller aus dem Haus kommen und vor Mrs. Blackmores Gartenpforte stehenbleiben. Bei den Blackmores fiel mit lautem Krach die Tür ins Schloß, und dann erschien Mrs. Blackmore ausgehfein in rosa Sommermantel und Blümchenhut und flüsterte ihrer Freundin etwas zu. Beide sahen zu Stanleys Haus hinüber. Die lassen mal wieder kein gutes Haar an mir, dachte er, während sie auf die Bushaltestelle zusteuerten.

Als sie außer Sicht waren, ging er nach oben und besah sich von Mauds einstigem Schlafzimmer aus die umliegenden Gärten. Überall wehte und flatterte Wäsche im Wind. Die Wäschestücke sahen weißer und ordentlicher aus als die zerfransten Wolken, die über den schwankenden Wäscheleinen dahinzogen. Das viele wirbelnde Weiß wirkte geradezu hypnotisch auf Stanley, er hätte ewig so dastehen und schauen mögen, bis ihm die Augen zufielen. Die Glieder wurden ihm schwer, als sträubten sie sich gegen die Aufgabe, die vor ihm lag. Bisher hatte er heimlich, im Schutz seiner vier Wände, arbeiten können. Jetzt mußte er hinaus ins Freie (auch wenn weit und breit keine Menschenseele zu entdecken war, die ihn hätte beobachten können), und was er vorhatte, war vielleicht das erste wirklich Verbotene und Strafbare an der ganzen Geschichte. Aber er mußte es tun. Noch ehe Mrs. Macdonald vom Einkaufen zurückkam.

Daß die beiden Nachbarhäuser leer waren, stand für Stanley fest. Die Blackmores hatten keine Kinder, und die beiden halbwüchsigen Sprößlinge der Macdonalds mußten um diese Zeit in der Schule sein. Trotzdem machte es ihn nervös, daß er bei der Arbeit ständig das Schlafzimmerfenster der Macdonalds im Blick hatte. Überhaupt war es eine Unverschämtheit von den Leuten, sich einen Anbau mit direktem Blick in seinen Garten zuzulegen. Er hätte sie schon längst verklagt, wegen Verletzung des Rechts auf ungehinderten Lichtzutritt oder wie man das nannte, wenn er nicht die Anwaltskosten gescheut hätte. Eine Zumutung, dieses blinde, geschlossene, vorhanglose Fenster! Reg dich nicht auf, es ist ja niemand zu Hause, tröstete er sich, während er den Schuppen aufschloß und mit beiden Händen den Torf beiseite schaufelte.

Der Wind fuhr in das leichte Zeug, und bald waren Stanleys Sachen und seine Hände mit einer pudrig-braunen Schicht bedeckt. Zuerst zerrte er die Koffer heraus und peilte kurz die Lage, dann schleppte er sie bis zur Grube und warf sie hinein. Sie brauchten mehr Platz, als er gedacht hatte. Für den Sack mit Mauds Leiche blieben nur noch etwa dreißig Zentimeter.

Mauds Leiche... Bis jetzt hatte sich Stanley – bis auf eine leichte Benommenheit und eine leise Angst – ganz wohl gefühlt. Jetzt kam die Übelkeit hoch und saß ihm wie ein Kloß in der Kehle. Er scharrte Torf über die Koffer und atmete tief durch. Die Übelkeit ließ ein wenig nach.

Stanley biß die Zähne zusammen, betrat erneut den Schuppen und packte den Sack. Seine schweißfeuchten Finger glitten an dem glatten grünen Plastik ab. Wer ihn jetzt bei seinem Tun beobachtete, würde ihm nie abnehmen, daß der Sack etwas so Weiches, Amorphes wie Torf enthielt. Aber abgesehen von einem Vogel auf dem Zweig der Spiräe und dem schwarzen, pupillenlosen Auge des Macdonald-Fensters beobachtete ihn niemand.

Wenn nur dieser Lärm nicht wäre... Die flatternde Wäsche gab klatschende, knallende Geräusche von sich, wenn sie sich mit Luft füllte oder der Wind die Luft aus den Wäschestücken herauspreßte. Stanley war umgeben von einem unablässigen, körperlosen Chor, aber die Wäsche schien ihm alles andere als körperlos. Ihm kam sie vor wie eine Versammlung schnatternder Idioten, weißer Voyeure, die sich über jede seiner Bewegungen lustig machten.

Mauds Leiche, in glänzendes, glitschiges Grün gehüllt, rutschte und rumpelte über den Beton. Stanley mußte sie hinter sich herschleifen, zum Tragen war sie zu schwer. Ein totes Gewicht, dachte er, und: Du darfst dich nicht übergeben, auf keinen Fall.

Es war ein schweres Stück Arbeit, die Leiche in die Grube und auf die Koffer zu bugsieren. Er hatte gehofft, daß er Maud nicht direkt würde berühren müssen, aber jetzt ließ es sich nicht mehr vermeiden. Eiskalt und steif spürte er das tote Fleisch durch die kühle, feuchte Plastikfolie hindurch. Die Oberseite des Sackes lag fast auf gleicher Höhe mit der sie umgebenden Erde. Stanley kauerte sich hin und drückte die Erde mit den Händen an. Danach hatte er fast keine Kraft mehr, um sich aufzurichten. Es dauerte eine ganze Weile, bis er wieder gerade dastand. Schweiß troff ihm von den Händen, als habe er sie gerade aus dem Wasser geholt. Er nahm den Spaten und füllte Eimer auf Eimer mit Torf.

Als er fertig war, hätte man sein Werk für eben das halten können, was es in Wirklichkeit war: ein Grab. Er versuchte, den Hügel so gut wie möglich einzuebnen, bedeckte ihn mit Heidekraut und Blumen – und dann überwältigte ihn die Übelkeit, und er mußte sich der Länge nach auf den Bauch legen und würgen.

»Um Himmels willen, Mr. Manning, was haben Sie denn?«

Es klang, als stünde Mrs. Macdonald direkt hinter ihm. Er fuhr hoch und rollte halb auf den Torfhügel hinauf. Sie stand in zehn Metern Entfernung auf der anderen Seite des

Zauns und starrte neugierig zu ihm hinüber. Die Sachen auf ihrer Wäschespinne wehten und knatterten, der metallene Pfahl knarrte. Gespenster auf einem Geisterkarussell, dachte Stanley verstört.

»Ich komme gerade vom Einkaufen, und da liegen Sie auf der Erde. Ist Ihnen nicht gut?«

»Hab was Unrechtes gegessen«, brummelte er und flüchtete schwankend ins Haus.

Der Besuch bei Mrs. Paterson hatte Vera eine Last von der Seele genommen. Aber in die Erleichterung mischte sich auch Ärger. Wie konnte Tante Ethel nur so rücksichtslos sein? Erst schrieb sie an Maud und meldete sich fürs Wochenende an, sogar mit Angabe der genauen Ankunftszeit, und dann blieb sie einfach weg, ja, schlimmer noch, sie ließ Mrs. Paterson auf dem fest gemieteten Zimmer sitzen und quartierte sich anderswo ein. Da hat sie noch Glück gehabt, dachte Vera, daß sie an eine so nette, verständnisvolle Frau wie Mrs. Paterson geraten ist. Andere Zimmervermieterinnen hätten sich nicht mit fünf Pfund abspeisen lassen. Nur schade, daß Mrs. Paterson nicht auf den Gedanken gekommen war, sich Mr. Smiths Adresse geben zu lassen.

Wenn sich allerdings Ethel so ruppig benahm, konnte man ja richtig froh sein, wenn man sie los war. Sie würde sich mächtig aufregen, weil niemand ihr gesagt hatte, daß Maud tot war, und weil sie nicht zur Beerdigung eingeladen worden war. Aber wie hätte man sie denn bei dieser albernen Versteckspielerei erreichen sollen?

Als Vera den Riegel des Gartentors zurückschob, erschien Mrs. Macdonald unter ihrer Haustür.

»Hat sich Ihr Mann wieder erholt?«

»Erholt?«

»Ach, Sie waren wohl gar nicht im Haus ... So was, jetzt hab ich Sie erschreckt. Das wollte ich nicht, ehrlich ...«

»Ja, was war denn los, Mrs. Macdonald?«

»Ach, gar nichts weiter. Nur – wie ich heute vormittag vom Einkaufen komme, liegt da der arme Mr. Manning in seinem Heidekraut und spuckt.«

»Und weshalb?«

»Hat was Unrechtes gegessen, sagt er. Mein Michael war heute nicht in der Schule, er hatte Halsschmerzen und hat vom Schlafzimmer aus Mr. Manning bei der Gartenarbeit zugeschaut, da hat er gesehen, wie Ihr Mann zusammengeklappt ist.«

Vera ging eilig ins Haus. Aber Stanley lag nicht etwa leidend auf dem Sofa, sondern saß, mit einer Rätselzeitschrift beschäftigt, am Tisch und schien gesund und munter, wenn auch etwas blaß, aber das war er ja meist. Am besten sagte sie gar nichts von der Sache, Stanley wurde immer fuchsteufelswild, wenn die Nachbarn ihm nachspionierten. Statt dessen erzählte sie von ihrem Gespräch mit Mrs. Paterson.

»Was hab ich dir gesagt? Wir haben uns völlig umsonst aufgeregt«, meinte Stanley.

»Ich weiß, Liebling, es war albern von mir. Am besten schlagen wir uns Tante Ethel und ihre Dummheiten aus dem Kopf. Ich hab schöne Steaks mitgebracht, hättest du darauf Appetit?«

»Jaja«, sagte Stanley und nahm weiter keine Notiz von ihr. Vera seufzte. Natürlich war er gestreßt, es war ja auch keine Kleinigkeit, wenn man mit ansehen muß, wie die Schwiegermutter tot umfällt, aber konnte er nicht wenigstens manchmal, zumindest hin und wieder, ein paar nette Worte mit ihr reden, mal Dankeschön sagen oder ihr durch einen Blick, ein Lächeln zu verstehen geben, daß er sie noch liebte? Vielleicht war das nach zwanzig Jahren einfach zu viel verlangt. Vera aß schweigend. Sie hätte gern das eine oder andere mit ihrem Mann besprochen, aber es ist nicht so einfach, ein Gespräch mit einem Menschen zu führen, der sich hinter einer dicken Rätselzeitschrift versteckt. Sie räumte ab. Stanley machte eine ungeduldige Bewegung, sah aber nicht auf, als sie seinen Teller wegnahm. Dann ging sie in Mauds ehemaliges Zimmer hinauf.

Als sie sich an die Frisierkommode setzte, um die Papiere herauszuholen, die ihre Mutter dort in einer Schublade aufbewahrte, sah sie ihr Bild im Spiegel und seufzte wieder. Nicht nur an Geld fehlte es ihr, sondern auch an Zeit... Was würde wohl Stanley sagen, wenn sie ihm gegenüber erwähnte, daß sie gern aufhören würde zu arbeiten? Dann wandte sie entschlossen den Blick ab, holte die mittlere Schublade heraus und kippte den Inhalt aufs Bett.

Obenauf lag ein Packen Briefe von Ethel Carpenter, darunter Mauds Scheckbuch, ihre Geburtsurkunde, Trauschein, Veras Taufschein. Es war eine schmerzliche Aufgabe, die aber erledigt werden mußte – je schneller, desto besser. Die Sonne sank rasch, Dämmerlicht stand im Raum, aber die Papiere in ihrer Hand leuchteten noch weiß im letzten Abglanz des Tages.

Hier war ein Brief der Anwaltsfirma Finbow & Craig, High Street, Croughton. »Unser Mr. Finbow hat einen Termin notiert, um die Frage Ihrer letztwilligen Verfügungen mit Ihnen zu besprechen...« Nach der Beerdigung, dachte Vera, würde auch sie Mr. Finbow bitten, einen Termin für sie zu notieren.

Zwischen den Papieren lag ein flacher Schmuckkasten mit vielen kleinen Broschen, Ketten und kleinen Andenken. Es war nichts dabei, worauf sie besonderen Wert legte – höchstens den Kameenanhänger mit dem Bild ihrer Eltern würde sie aufheben, die übrigen Sachen würde sie an die Verwandten verschenken, die sie am Donnerstag erwartete.

Jetzt hielt sie einen roten Lederband in der Hand – Mauds Fotoalbum. Auf der ersten Seite prangte das Hochzeitsbild ihrer Eltern. George wirkte groß und ungelenk in dem geliehenen Cut, Maud in kniekurzem weißen Crêpe-de-Chine-Kleid klammerte sich entschlossen an seinen Arm. Dann kamen Kinderbilder, darunter stand in Mauds gestochener Schreibschrift etwa: Vera ein Jahr alt. Vera macht die ersten Schritte. Dann, mit fünf oder sechs: Vera lernt ihre Tante Ethel kennen. Vera am Strand von Brayminster-on-Sea.

»Liebes altes Bray!« hatte Maud über die nächste Doppelseite geschrieben. So hatte sie den Badeort immer genannt und ihn sich damit liebevoll zu eigen gemacht. Liebes altes Bray! Auf der Postkarte des Strandfotografen ging Ethel Carpenter in Hut und Kleid aus Macclesfield-Seide – Mode 1938 – am Strand spazieren und hielt die zehnjährige Vera an der Hand. Auf dem nächsten Schnappschuß trug Maud eine Sonnenbrille und George ein an vier Ecken geknotetes Taschentuch als Sonnenschutz auf dem allmählich kahl werdenden Kopf.

Und immer wieder Fotos von Bray. 1946, Kriegsende: Vera als hübsche Achtzehnjährige mit langen Locken und rotgemaltem Mund, der auf dem Schnappschuß wie schwarzlackiert wirkte. Zwei Jahre später der New Look: Schößchenjacke, langer, ausgestellter Rock. Hatte sie wirklich mal Schuhe mit Fesselriemchen und zehn Zentimeter hohen Absätzen getragen? Da stand sie Hand in Hand mit James Horton in der strahlenden Sonne, hinter ihnen die glitzernde See, und James Horton flüsterte ihr etwas ins Ohr. Angenommen, er säße jetzt hier unten, wäre ihr Mann, der sich nicht wohl gefühlt hatte, von ihr bedient worden war ... Hätte er gelächelt, sich bei ihr bedankt, ihr sein Gesicht zum Kuß hingehalten?

Das Album enthielt keine einzige Aufnahme von Stanley, nicht einmal ein Hochzeitsfoto. Vera klappte den Band zu, es war jetzt so dunkel, daß man nichts mehr erkennen konnte. Sie senkte den Kopf und weinte leise, die Tränen tropften auf den alten roten Ledereinband.

»Was machst du denn hier oben im Dunkeln?«

Sie drehte sich um, als Stanley hereinkam, und weil sie das Gefühl hatte, daß in seiner Stimme eine ganz leise Andeutung von Zärtlichkeit oder Besorgnis schwang, griff sie nach seiner Hand und hielt sie sich an die Wange.

11

Stanley stand mit gesenktem Kopf zwischen George Kinaways Bruder Walter und Mauds Schwester Louisa und sah zu, wie der Sarg langsam hinter dem vergoldeten Schirm hervorglitt und zu dem wartenden Verbrennungsofen gerollt wurde. Ein letztes Mal forderte der Pfarrer die Trauergäste zum Gebet auf, und während Vera still vor sich hin weinte, senkte Stanley den Kopf noch tiefer und betrachtete seine Schuhspitzen.

»Nichts von Ethel Carpenter«, sagte Tante Louisa, als sie draußen auf dem gepflasterten Hof standen und die Blumengebinde besichtigten. »Eigentlich hätte ich ja erwartet, daß sie selbst kommt. Die hier sind von Onkel Tom und mir, Stanley. Kränze sind heutzutage so teuer und wandern ja doch nur auf den Müll. Ein Bankett, haben wir uns gedacht, macht sich genauso schön.«

»Bukett«, verbesserte Stanley unwirsch. Es sah diesen

Macdonalds ähnlich, daß sie ein riesiges Kreuz aus Lilien geschickt hatten. Das war bestimmt Absicht, damit im Vergleich dazu die Blumen der Verwandtschaft besonders poplig aussahen.

Die Mietwagen brachten sie zurück in die Lanchester Road. Stanley beherrschte sich nur mühsam, als er sah, wie Mrs. Blackmore sich auf den Sherry und die Schinkensandwiches stürzte. Dabei hatten sie nicht mal Blumen geschickt. Keine Spur von Lebensart, diese Leute. Mit traurig-frommer Miene wimmelte er Mrs. Blackmores bohrende Fragen nach der Höhe von Mauds Vermögen ab, aber als endlich alle weg waren, rief er bei Finbow and Craig an.

»Kommt mir ein bißchen früh vor«, sagte Vera, als Stanley verkündete, er habe einen Termin für den nächsten Tag gemacht.

»Morgen oder nächste Woche – wo ist da der Unterschied?«

»Ich will froh sein, wenn es überstanden ist. Eine schöne Beerdigung, nicht?«

»Sehr schön«, bestätigte Stanley aus ehrlichem Herzen. Er konnte sich nicht erinnern, jemals eine Familienfeier so genossen zu haben. Wenn er nur schon das Problem des Koffers gelöst hätte, der inzwischen bestimmt in der Green Lanes stand...

»Weißt du, Liebling«, sagte Vera, »wir haben doch schon seit Jahren keinen Urlaub mehr gemacht. Wollen wir nicht eine Woche ins liebe alte Bray fahren?«

»Fahr du«, erwiderte Stanley. »Ich hab zu tun.«

»Du hast also einen Job?«

»Ich hab was in Aussicht«, erwiderte Stanley abwehrend und ärgerte sich über den traurig-verständnisvollen Blick, mit dem Vera ihn bedachte. Ein Job! Was anderes fiel ihr nicht ein. Die Frau konnte einfach nicht unternehmerisch

113

denken. Er schenkte sich den Rest Sherry ein, den die Gäste übriggelassen hatten, und wandte sich in Gedanken dem Thema Pilbeam zu.

Daß er »was in Aussicht« hatte, entsprach nicht ganz den Tatsachen. Er hatte den Job schon in der Tasche, wenn es auch nicht gerade eine Tätigkeit war, auf die er besonders stolz sein konnte. Er hatte nur zugegriffen, weil ihm dadurch zeitlich mehr oder minder unbegrenzt ein Kombi zur Verfügung stand.

Ein Blumenhändler im Old Village von Croughton, dem Restbestand eines Dörfchens aus der Zeit, ehe das gefräßige London die grünen Felder und Wiesen verschlungen hatte, suchte einen Lieferfahrer. Am Tag vor der Beerdigung hatte Stanley sich vorgestellt und erfahren, daß er am kommenden Montag anfangen konnte.

Sehr zufrieden war er über den Dorfanger geschlendert, hatte sich auf die Stufen des Kriegerdenkmals gesetzt (»Dulce et decorum est pro patria mori«) und sich eine Zigarette angezündet.

Es gibt für einen Mann, der eine Erbschaft in Aussicht hat, vielleicht nichts Genußreicheres als die Überlegung, was er mit dem in Kürze zu erwartenden Geldsegen anfangen soll. Beglückende Visionen umgaukelten ihn, Visionen von Autos, Anzügen, anregenden Getränken und allem, was sonst noch zu den höheren Weihen des High Life gehört. Dabei gab sich Stanley aber nicht der Täuschung hin, daß 20 000 Pfund ihm für den Rest seines Lebens langen würden. Unter diesen Umständen war er sich zu gut, um für andere Leute zu arbeiten. Allenfalls einen Kreuzworträtselautor würde er als Chef anerkennen. Vielleicht ließ sich damit später was machen, als Nebenbeschäftigung. Jetzt aber spielte er mit dem Gedanken, sich selbständig zu machen, und das Bild, das sich ihm bot, als er die Straße überquerte, brachte ihn auf die Idee, daß es gewinnbringend und für ihn als Mann mit Privatvermögen durchaus vertretbar sein könnte, ein Geschäft zu eröffnen.

George Kinaway, dieser alte Spießer, hatte damit Geld gemacht, viel Geld sogar, und was George Kinaway konnte, das konnte er, Stanley, schon lange.

Vor ihm lag eine Ladenzeile mit malerisch schiefen Tudorgiebeln und einer Reihe bejahrter Bäume davor, die den Eindruck des Gediegen-Altertümlichen wirkungsvoll unterstrich. Da gab es eine Schickimicki-Kunstgalerie mit abstrakten Bildern im Fenster, eine Modeboutique und ein Schmuckgeschäft mit indischen Klunkern. Zwischen dem Indienladen und einem Buchantiquariat stand ein Geschäft leer. Die Ladentür war verbrettert, und auf einem Schild im Fenster war zu lesen: »Ladengeschäft in bester Lage zu vermieten.«

Vor dem Schaufenster hatte sich ein kleiner, dicker Mann aufgebaut und drückte sich an der schmutzigen, mit Fingerabdrücken übersäten Scheibe die Nase platt. Stanley stellte sich neben ihn und sah, leise vor sich hin pfeifend, in den düsteren, verstaubten Raum hinein, in dem ein paar Pappkartons herumstanden. Der andere seufzte schwer.

»Schöner Tag, nicht« sagte Stanley munter.

»Finden Sie?« Sein Nebenmann wandte sich zu ihm um, und Stanley erblickte ein stupsnasiges Babygesicht und darüber dünnes, farbloses Haar. Der Mann rauchte eine sichtlich selbstgedrehte Zigarette, und als er die Hand zum Mund hob, sah Stanley, daß das oberste Glied des Zeigefingers fehlte und der Finger nicht in einem Nagel, sondern in einem verhornten, würstchenartigen Knubbel endete. »Ansichtssache.«

Stanley lächelte sonnig.

»Was is'n los mit Ihnen? Im Lotto gewonnen?«

»So was Ähnliches«, erwiderte Stanley bescheiden.

Der Mann schwieg einen Augenblick. Dann sagte er düster: »Ich bin Schreiner von Beruf, Schreiner und Möbeltischler. Seit dreißig Jahren bei derselben Firma. Jetzt hat sie pleite gemacht.«

»Verdammtes Pech.«

»Dieser Laden hier...« Er schlug an die Scheibe. »In den richtigen Händen könnte der Laden 'ne kleine Goldgrube werden.«

»Goldgrube?« wiederholte Stanley bedächtig. »Wieso?«

»Antiquitäten«, zischte der Mann, und ein Speicheltropfen traf Stanleys Wange.

»In Antiquitäten...« – spuck, spuck – »...in Antiquitäten, da kenn ich mich aus, da macht mir keiner was vor.« Er trat einen Schritt zurück und nahm eine Volksrednerpose ein. »Das geht so. Sie kaufen zwei Stühle, echt Hepplewhite, sagen wir mal, und schreinern – oder ich schreinere – noch ein Dutzend dazu, in die ich Stücke von den beiden echten reinbaue. Alles klar? Und dann verkaufen Sie den ganzen Ramsch als echt Hepplewhite. Merkt kein Mensch, da müßte schon ein Topexperte her. Oder 'ne Tischplatte. Einlegearbeit, circa 1810. Beine untergeschraubt, und fertig ist die Laube.«

»Und woher kriegen Sie die Tischplatte?«

»Durch Klinkenputzen, alter Junge. Richtung Barnet und weiter rauf. Hadham ist günstig mit den umliegenden Dörfern. Von den alten Tanten da haben manche noch echte Schätze auf dem Speicher.«

»Und wer kauft so was?«

»Wolln Sie mich vergackeiern, Mann? Croughton hat noch kein einziges Antiquitätengeschäft, dafür gibt's hier massenweise Leute, die nicht wissen, was sie mit ihrer Kohle anfangen sollen. Noch nicht gewußt, daß Antiquitäten im Kommen sind? Bloß Kapital braucht man, wenn man einsteigen will.«

»Könnte sein, daß ich ein bißchen was aufbringen könnte«, sagte Stanley vorsichtig.

Die Stupsnase krauste sich. »Kommen Sie mit auf einen Drink, alter Freund und Spießgeselle. Pilbeam heiß ich. Harry Pilbeam.«

»Stanley Manning.«

Pilbeam spendierte die erste Runde, und sie kamen ins Reden. Als Stanley dran war, entschuldigte er sich, er müsse noch was erledigen, aber sie verabredeten sich für den kommenden Mittwoch, da wüßte er dann schon genauer, sagte Stanley, wie es weiterlaufen würde.

Noch war er sich nicht sicher, ob es sich lohnte, Geld in Pilbeam zu investieren, und Whisky war heutzutage sündhaft teuer. Zwar hatte er noch die Pfundnoten aus Ethel Carpenters Handtasche, aber das Kapital riß er nur ungern an.

Als er am Tag nach der Beerdigung vormittags allein im Haus war, nahm er die Scheine aus der Tasche. Sie rochen stark nach Veilchencachous. Im Vergleich zu dem, was er zu erwarten hatte, waren sie nur ein Tropfen auf den heißen Stein. Der Geruch beunruhigte ihn etwas. Im Grunde wußte er, daß es das Vernünftigste wäre, die Scheine zu verbrennen, aber gutes Geld in Flammen aufgehen zu lassen – das brachte er einfach nicht über das Herz. Ob er sie nun noch eine Woche oder zwei behielt, darauf kam es schließlich nicht an... Er ging nach oben, nahm das Kreuzworträtseljahrbuch 1954 aus dem Regal, verteilte Ethels Geld gleichmäßig zwischen den Seiten und stellte den Band wieder an seinen Platz zurück.

In diesem Augenblick, dachte er mit einem Blick auf den alten Blechwecker, sitzt Vera beim Anwalt. Sein Entschluß, sich mit Harry Pilbeam zusammenzutun, stand so gut wie fest. Es wäre aber bedeutend angenehmer, am Mittwoch als reicher Mann statt als Erbe im Wartestand in das Pub *Zum Schleusenwärter* gehen zu können.

»Das Testament Ihrer Mutter ist völlig eindeutig, Mrs. Manning«, sagte Mr. Finbow. »Eine Klausel, sagen Sie? Ich verstehe nicht recht...«

Vera wußte nicht, wie sie sich ausdrücken sollte, es klang so eigenartig. »Meine Mutter...«, stotterte sie, »äh... meine Mutter hat uns erzählt, daß sie ihr Testament geändert. Im... im März. Ich würde nur erben, hat sie gesagt... ich weiß, das klingt furchtbar... wenn sie an einem Schlaganfall stirbt.«

Mr. Finbow hob befremdet die Augenbrauen, was man ihm ja nicht verdenken konnte. »Nein, davon weiß ich nichts. Mrs. Kinaway hat ihr Testament am 14. März gemacht, es war, soweit ich weiß, ihr erstes und einziges.«

»Ja, dann muß sie... muß sie sich wohl einen Scherz erlaubt haben. Sie wollte uns einreden... eigentlich ist das ja eine schlimme Sache...«

»Eine solche Klausel wäre sehr unüblich, Mrs. Manning, und juristisch kaum haltbar.« Was mochte er von ihr denken? Daß Maud im Haus ihrer Tochter um ihr Leben gefürchtet hatte? Es war grausam von Mutter, die eigene Tochter solchen Peinlichkeiten auszusetzen.

»Ich habe das Testament hier.« Mr. Finbow holte einen Umschlag aus dem Aktenschrank. »Mrs. Kinaways gesamte Habe geht ohne Einschränkung an Sie als die Alleinerbin. Im Grunde hätte sie unter diesen Umständen gar kein Testament zu machen brauchen, es erspart Ihnen aber Probleme, die manchmal auftauchen, wenn kein Letzter Wille vorhanden ist, gerichtliche Bestätigungen und dergleichen. Wären Sie vor ihr gestorben, war vorgesehen, das Vermögen zu gleichen Teilen ihrer Schwester, Mrs. Louisa Bliss, und Miss Ethel Carpenter zuzusprechen. Das Vermögen beläuft sich auf etwa zwanzigtausend Pfund. Zur Zeit ist fast alles in Wertpapieren angelegt.«

»Und wann kann ich ...?«

»Sehr bald, Mrs. Manning, in ein, zwei Wochen. Sollten Sie den Verkauf der Wertpapiere wünschen, stelle ich Ihnen gern einen Scheck aus. Wenn Sie im Augenblick Bargeld brauchen, kann ich Ihnen ohne weiteres hundert oder zweihundert Pfund zur Verfügung stellen.«

»Nein, danke«, sagte Vera.

»In ein, zwei Wochen?« wiederholte Stanley nachdenklich, als sie zu Hause Bericht erstattete. »Freie Fahrt also, ganz wie ich dachte.« Er lächelte vor sich hin, als er überlegte, wie Maud sie mit dieser Klausel zum Narren – oder doch beinah zum Narren – gehalten hatte. Na, das war jetzt ausgestanden. Alles in allem konnten sie zufrieden sein.

12

Der Lieferwagen war auf der einen Seite einfarbig grün, auf der anderen mit einem Rosenkranz geziert. Stanley stellte ihn so, daß man von Mrs. Patersons Haus aus nur die neutrale Seite sah, und verfrachtete die Blumensträuße auf den Boden. Dann klopfte er.

Als Mrs. Paterson die Tür öffnete, sah er auf den ersten Blick den Koffer hinter ihr in der Diele stehen.

»Ich hab schon gedacht, Sie kommen überhaupt nicht mehr, Mr. Smith.«

»Hab's nicht eher geschafft«, sagte Stanley.

»Soll mein Schwiegersohn Ihnen helfen?«

Damit er sah, daß Mr. Smith Blumen ausfuhr? Nein, besten Dank...

»Das krieg ich schon allein hin«, sagte Stanley. Enorm, was er in letzter Zeit alles hatte schleppen müssen. Wenn das so weiterging, hob er sich noch einen Bruch.

»Rollen Sie das Ding doch mit der Sportkarre von meinem Enkel nach draußen.«

Stanley war sehr erleichtert, daß sie nicht mitkam, als er den schwankenden Koffer zu seinem Lieferwagen beförderte. Sie war offenbar auch nicht neugierig, denn sie ließ sich weder seine Adresse geben, noch blieb sie in der Tür stehen, nachdem er den Motor angelassen hatte.

Er fuhr die schmale kopfsteingepflasterte Gasse hinunter, die von der Old Village zur High Street von Croughton führte, und parkte den Wagen halb auf dem Gehsteig, halb auf der Fahrbahn. Nachdem er sich vergewissert hatte, daß niemand ihn beobachtete, kletterte er in den Laderaum und besah sich Ethel Carpenters Koffer.

Er war aus Holz, schwarz gestrichen und sehr alt, wahrscheinlich noch der »Kleiderkasten«, mit dem Ethel von einer Stellung zur nächsten gezogen war. Natürlich abgeschlossen – sein Pech! Ohne zu wissen, was drin war, konnte er ihn sich unmöglich vom Halse schaffen. Stanley holte sich einen Hammer und einen Schraubenschlüssel aus dem Werkzeugkasten und begann, das Schloß zu bearbeiten.

Nach zehnminütigem Gehämmer und Gezerre gab es endlich nach. Stanley hob den Deckel und sah in den Koffer hinein. Auf Ethel Carpenters Wintersachen lag eine Briefpapierkassette, die eine ansehnliche Briefsammlung enthielt. Mit böse zusammengekniffenen Augen las Stanley, was Maud im Lauf der Jahre an ihre beste Freundin geschrieben hatte. Wie er vermutet hatte, strotzten die Episteln nur so von wenig schmeichelhaften Bemerkungen über ihn. Wenn die nun in unrechte Hände gefallen wären? Gar nicht auszudenken! Stanley rollte sie zusammen und steckte sie in die Tasche.

Sonst fand er weiter nichts Interessantes – bis auf ein Hochzeitsfoto, das ihn und Vera zeigte, und ein Foto von George Kinaway. *Dies und dein Ring, das ist alles, was ich von dir habe* – stand auf der Rückseite. Stanley steckte das Bild zu den Briefen in seine Tasche. Dann sah er nach, ob die Kleider mit Ethels Namen gezeichnet waren. Nein. Er atmete erleichtert auf. Während er in den nach Kampfer riechenden Wollsachen herumkramte, stieß er auf etwas Hartes, Kaltes.

Am Boden des Koffers lagen mehrere in Seidenpapier gehüllte Päckchen. Das Harte, Kalte war der Ellbogen einer Porzellanfigur, die aus der Umhüllung herausschaute. Als er sie ganz auswickelte, kam eine Schäferin mit Hirtenstab und einem schwarzen Lamm zum Vorschein. Aufgeregt riß er das Papier auch von den anderen Päckchen, in denen eine Stutzuhr, eine Potpourri-Schale und ein silbernes Sahnekännchen steckten. Stanley warf einen nachdenklichen Blick auf das leerstehende Geschäft in der Tudor-Ladenzeile, dann wickelte er alles in den *Daily Telegraph* ein.

Die Kanalufer waren mit gelben Backsteinmauern befestigt, unter denen das Wasser in trüberem Gelb träge dahinfloß. Zwei Schleppkähne warteten am Schleusentor, auf dem Treidelpfad führte eine Frau einen Corgi spazieren, und im Garten des Schleusenwärters spielten zwei Kinder. Stanley begriff, daß er im Augenblick keine Chance hatte, den Koffer loszuwerden.

Er fuhr zurück in das Blumengeschäft und erfand einen

Kunden, der abends um zehn einen Frühlingsblumenstrauß auf die andere Seite von Croughton geliefert haben wollte. Sein Chef brummte und schimpfte, lenkte aber ein, als Stanley ihm sagte, er würde die Blumen selbst hinbringen. Er wollte vermeiden, daß der Blumenhändler eine Rechnung an Leute schickte, die es gar nicht gab. In diesem Fall würde er wohl in den sauren Apfel beißen und den Strauß selbst bezahlen müssen. Soviel hatte er von seinem Arbeitslosengeld gerade noch übrig.

Während des Abendessens stellte er den Kombi mit Ethels Koffer vor dem Haus ab, die Zeitungspapierpäckchen aber nahm er mit und versteckte sie ganz hinten in seinem Kleiderschrank. Die Briefe und das Foto verbrannte er im Schlafzimmerkamin.

Es hatte den ganzen Tag leicht genieselt, jetzt aber goß es, was das Zeug hielt, hart trommelte der Regen gegen die Scheiben. Vera zog die Vorhänge vor, machte Licht und holte sich Briefpapier und Umschläge. Dann setzte sie sich hin und sah ratlos auf den leeren Bogen. Was war sie doch für eine dumme Gans! Den ganzen Tag hatte sie sich in Gedanken mit ihrem Urlaub beschäftigt, ohne zu überlegen, wie sie eine Unterkunft in Brayminster finden sollte. Wie kam man an ein Hotelzimmer? Vera hatte noch nie im Hotel gewohnt. So was weiß jeder, überlegte sie unglücklich, nur ich nicht. Sie hatte ein schweres, aber auch ein behütetes Leben geführt, und jetzt wurde ihr klar, daß sie mit ihren zweiundvierzig Jahren nichts von dem wußte und konnte, was für andere Menschen völlig selbstverständlich zu sein schien. Wenn ich einen Tisch im Restaurant bestellen, Theaterkarten besorgen, einen Flug reservieren oder ein Auto kaufen müßte, dachte sie, wüßte ich nicht, wie man das anstellt. Ich bin wie ein Kind.

Andere Leute beschafften sich Reiseführer und Ortsprospekte, schrieben an die Häuser, die sie interessierten, oder riefen an. Vera wußte, daß sie nie den Mut aufbringen würde, in einem Hotel anzurufen. Es war alles so hoffnungslos, sie war alt und müde und würde nichts mehr dazulernen.

Es sei denn... Natürlich, warum hatte sie daran nicht gleich gedacht? Sie kannte ja eine Unterkunft in Bray – Mrs. Hortons Pension in der Seaview Crescent.

Vor zwanzig Jahren war sie zum letztenmal dort gewesen. Damals war ihr Mrs. Horton alt vorgekommen, aber vermutlich war sie damals jünger gewesen als Vera jetzt. Demnach war sie noch nicht sechzig. Gewiß wohnte James nicht mehr bei seiner Tante, sie brauchte also nicht zu befürchten, ihm zu begegnen oder ihm ins Gesicht sehen zu müssen, wenn er registrierte, wie verändert sie war. James war inzwischen bestimmt weit weg...

Erleichtert setzte Vera sich hin, um ihren Brief zu schreiben.

Wegen des Regens war nicht viel Verkehr auf den Straßen, aber Stanley fuhr verbissen weiter, auch wenn die Räder des Lieferwagens gewaltige Bugwellen auf die Gehsteige schwappen ließen. Allerdings kam er nur im Schneckentempo vorwärts, denn die Scheibenwischer konnten die Wasserfluten, die an dem Glas herunterrannen, nicht mehr bewältigen, und er sah kaum noch etwas.

Ein richtiger Wolkenbruch. Gutes Wort für ein Kreuzworträtsel. Und die Definition? »Bruch, den kein Arzt kurieren kann...?« Nicht schlecht. Das Erfinden von Kreuzworträtseln war ein Job, der ihn ehrlich reizen würde, und wenn das Geschäft erst angelaufen war und er reichlich Zeit hatte, würde er sich darum bemühen, und zwar bestimmt mit Erfolg, denn Geld hat seine eigene Sprache, es beeinflußt Leute und öffnet so manche Tür. Mit Geld ist alles möglich.

Das Wetter kam ihm wie gerufen. Die Menschen hatten sich in ihre Häuser verkrochen, als wollten sie dort das Ende der Welt abwarten. Er rollte langsam über die Zufahrtsstraße zur Schleuse. Im Haus des Schleusenwärters waren die Vorhänge vorgezogen. Der Regen, aus der Nähe eine wilde Naturgewalt, wirkte von weitem nur wie dichter, wirbelnder Nebel.

Heute waren keine alten Tanten mit ihren Kötern unterwegs. Zwei leere Schleppkähne hatten an der Schleuse festgemacht, die offenen Laderäume füllten sich rasch mit Wasser. Schon stieg der Pegel an. Die schäumenden gelben Fluten schienen sich dem Regen entgegenzuheben, der auf die Wasserfläche trommelte wie auf vibrierendes Blech.

So hatte Stanley den Kanal noch nie erlebt. Tagsüber herrschte dort ein lebhaftes Treiben, Schleppkähne fuhren auf und ab, Kinder angelten am Ufer, der Zug der Hundehalter an den Ufern schien kaum einmal abzureißen. Der Kanal floß zwischen freiem Feld dahin oder eigentlich zwischen wilden Müllkippen, auf denen hier und da ein kränklicher Baum stand, sprach aber im Grunde all dem Hohn, was man sich unter einer Wasserstraße vorstellte. Statt auf Wälder und Felder und unverdorbene Landschaft sah man auf die verkommenen Hinterfronten von zwei oder drei ineinander übergehenden Vororten, auf halbfertige Fabriken und verfallene Lagerhäuser.

All das aber war heute vom Regen verhüllt. Man sah keine Häuser – nicht einmal die Umrisse –, sondern nur unregelmäßige Ansammlungen von Licht zwischen den schwarzen Klumpen der Fabrikgebäude. Und plötzlich wirkte die Gegend im Regen und in der spärlichen Beleuchtung fast ländlich, so daß Stanley wieder lebhaft an seine Heimat erinnert wurde, wo nachts der Nebel vom Fluß aufstieg und die Dörfer als helle Lichtertrauben zwischen den sanften Hügelketten lagen.

Eine leise Sehnsucht ergriff ihn, eine Sehnsucht, die ihn gleichzeitig irritierte, während er langsam über den Treidelpfad rollte und jedesmal zusammenzuckte, wenn seine Reifen in die mit schmutzigem Wasser gefüllten Schloglöcher einsanken.

Als man ihn vom Haus des Schleusenwärters aus nicht mehr sehen konnte, schaltete er das schwache Scheinwerferlicht aus und fuhr noch ein paar Meter im Dunkeln weiter – mit der gebotenen Vorsicht, denn zu seiner Linken rauschte und gurgelte ja der Fluß – nein, Unsinn, der Kanal. Sein Fluß hätte hier eine Biegung nach links gemacht, und nach ein paar Meter wären die Hügel auseinandergerückt, und man hätte die Lichter des Dorfes blinken sehen. Aber er war nicht am Stour, sondern am Kanal bei Croughton. Hör auf zu phantasieren, rief er sich zur Ordnung. Das fehlte gerade noch, daß du mitsamt dem Kombi und Ethels Koffer baden gehst...

Er fuhr im Rückwärtsgang so nah wie möglich ans Wasser heran und machte die hintere Tür auf. Den Regen verfluchend, der ihm die Sicht nahm, kletterte er über den Fahrersitz in den Laderaum und schob den Koffer ziemlich mühsam auf dem Gummibelag nach vorn. Den Blumenstrauß legte er auf den Beifahrersitz. Noch eine letzte Kraftanstrengung... Er stemmte die Füße gegen das Spritzbrett und schob.

Plötzlich schoß der Koffer heraus, federte kurz auf der Kanalmauer und fiel klatschend ins Wasser. Stanley, der in der offenen Tür kniete, wich zurück, aber er war nicht schnell genug. Eine große Welle schwappte zu ihm hoch

und durchnäßte ihn bis auf die Haut. Er fluchte fürchter-
lich.

Große Strudel drehten sich auf der Wasserfläche. Stanley
ließ den Regenmantel im Wagen – nasser konnte er ohnehin nicht werden –, hockte sich auf die Brüstung und sah
in die Tiefe. Dann krempelte er die nassen Ärmel hoch,
steckte einen Arm ins Wasser und beugte sich vor, so weit
er konnte, ohne in den Kanal zu fallen. An den Koffer kam
er nicht heran. Wieder was abgehakt, dachte er und stand
auf.

Nachdem sie den Brief abgeschickt hatte, genierte Vera
sich ein bißchen. Zwanzig Jahre waren eine lange Zeit,
und Mrs. Horton wohnte wahrscheinlich überhaupt nicht
mehr da. Mitte der Woche aber kam ein Brief aus Brayminster. Insgeheim hatte Vera – wenn sie überhaupt zu hoffen
gewagt hatte – einen langen, redseligen, mit Erinnerungen
und neuesten Nachrichten gespickten Brief erwartet, aber
Mrs. Horton schrieb nur ganz sachlich, sie freue sich, Mrs.
Manning bei sich begrüßen zu können, und würde ihr ein
hübsches Zimmer mit Seeblick reservieren.

Der Preis war für Veras Verhältnisse durchaus erschwing-
lich. Sie erwartete in diesen Tagen ihr Urlaubsgeld und eine
kleine Jahresprämie, die den Filialleiterinnen im Sommer
ausgezahlt wurde. Um Stanley brauchte sie sich auch keine
Sorgen zu machen, er schien sich in seinem neuen Job erstaunlich gut eingewöhnt zu haben, und das, was er verdiente, reichte für ihn zum Leben, solange sie verreist war.

»Dann bist du ja nicht da, wenn wir den Scheck bei Finbow and Craig kassieren können«, nörgelte er, als sie ihm
sagte, daß ihr Urlaub jetzt feststand.

»Ein, zwei Wochen würde es dauern, hat Mr. Finbow gesagt, und wenn ich zurückkomme, sind gerade erst zwei

Wochen vorbei, Liebling.« Sie lächelte ihn zärtlich an und dachte an den wunderschönen Blumenstrauß, den er ihr an jenem regnerischen Abend mitgebracht hatte, als er Überstunden hatte machen müssen. Zu schade, daß er nicht mitkam.

»Ich fahr dich früh zum Bahnhof, wenn du willst.«

»Das ist lieb von dir.«

»Wenn du wieder da bist, kann ich mir selber einen Wagen leisten.«

»Natürlich, Stan, und ich werde mir eine Waschmaschine und einen Kühlschrank kaufen.«

»Du mußt nicht gleich das ganze Geld zum Fenster rausschmeißen«, sagte Stanley unwirsch und schrieb »Fersen«: Dieses Geld wird in keinem Laden angenommen. Damit war das Rätsel komplett.

»Hoffentlich kommst du auch ohne mich zurecht.«

»Aber klar«, sagte Stanley.

13

Als Stanley allein im Haus war, zog er Bilanz und beglückwünschte sich zu seiner Umsicht. Nichts war schiefgegangen. Maud war tot und unter der Erde, und das Heidekraut auf ihrem Grab gedieh prächtig. In ein paar Monaten würde er sich vielleicht dort eine Garage hinbauen lassen. Schließlich mußte er ja seinen Jaguar irgendwo unterbringen. Ethel Carpenter war ein Häufchen grauer Asche in einer Urne, die jetzt auf dem Kaminsims im Salon stand, zwischen dem Hochzeitsfoto und der nackten Maid. Ihre Koffer und Kleider lagen im Kanal, die paar hübschen alten Sachen, die sie besessen hatte, in seinem Schrank. Die würde er verkaufen, sobald er und Pilbeam das Geschäft aufgemacht hatten.

Er hatte sich, wie verabredet, mit Pilbeam im *Schleusenwärter* getroffen, und sie hatten auf ihre Partnerschaft angestoßen. Pilbeams Herzlichkeit kühlte etwas ab, als Stanley ihm gestand, sein Kapital sei zur Zeit festgelegt, aber schließlich war es ihm wohl doch gelungen, Pilbeams Zweifel zu zerstreuen. Wenn Vera erst wieder da war und Finbow das Geld ausgespuckt hatte, würde er ihm ja einen konkreten Beweis für seinen Wohlstand liefern können.

Alles in allem: Erfolg auf der ganzen Linie.

Stanley ging zu seinem Blumenhändler im Old Village, eröffnete ihm, der Job sei doch nicht das, was er sich vorgestellt habe, und ließ sich, ungerührt von Vorwürfen und handfesten Beschimpfungen, seinen Wochenlohn auszahlen. Dann überquerte er die Grünfläche, rauchte auf den Stufen des Kriegerdenkmals eine Zigarette und blickte zu dem Geschäft hinüber, das bald ihm gehören würde. Seine lebhafte Phantasie zeigte ihm keinen schmutzig-verkommenen Laden, sondern vergoldete gotische Lettern über dem Schaufenster, eine Ladentür mit Sprossenfenstern und einem Knauf aus getriebenem Kupfer, eine Auslage voller vorgeblich echter Sammlerstücke und einen Ladenraum voller Kunden, die es gar nicht erwarten konnten, ihr Geld loszuwerden.

Ach ja, das Leben war schön.

Er erstand im *Schleusenwärter* eine halbe Flasche Whisky und sechs Dosen Bier. Mit diesem flüssigen Mittagessen begab er sich nach Hause, wo er sich auf dem Sofa im Eßzimmer ausstreckte, das vier Jahre lang für ihn tabu und ausschließlich Maud vorbehalten gewesen war.

Stanley schenkte sich ein Glas Whisky ein und prostete Mauds gerahmter Fotografie zu, die Vera aufgehängt hatte.

»Auf abwesende Freunde«, sagte er und schaltete grinsend die Sportschau ein, die er sich meist hatte versagen müssen, weil sie Maud beim Mittagsschlaf störte.

Vera hatte nur einen Koffer und fuhr deshalb vom Bahnhof mit dem Bus zu Mrs. Horton. Es war ein grüner Eindecker. Mit solchen Bussen waren sie und James damals an die See gefahren. Die Strandpromenade hatte sich kein bißchen verändert. Der alte Musikpavillon war noch da und der hübsche kleine Pier. Auf den Klippen wuchsen noch immer Grasnelken und die orangefarbenen Gänseblümchen mit dem langen lateinischen Namen, den Vera nie hatte behalten können.

Sie sah keinen einzigen Spielsalon, keine Fish-and-Chips-Bude. Dafür gab es wie eh und je den Stand, an dem man Pfefferminzstangen und Zuckerwatte kaufen konnte und vor dem jetzt ein kleines Mädchen mit Eimer und Spaten stand, ein Kind mit hellen Haaren, wie sie es einst gewesen war, vor vielen, vielen Jahren.

An der Ecke Seaview Crescent stieg Vera aus. Sie kam sich vor wie in einem Traum. Es war doch nicht möglich, daß der Fortschritt, daß die irrwitzige Manie, Altes abzureißen und Neues dafür hochzuziehen, spurlos an Brayminster vorbeigegangen waren. Es war nicht möglich – und doch war es so. Es war ein Samstagnachmittag im Sommer an der Südküste, und es gab keine plärrende Lautsprechermusik, keine grölenden Menschenmassen, keine Reisebusse mit Pauschaltouristen, keine erschöpften Eselchen, die kreischende Kinder am Strand entlangtrugen. Vera horchte auf die Stille. In der Blutbuche, die noch immer in dem Garten der großen Villa an der Ecke stand, sang ein Vogel. Sie war an der See, in Südengland, im Juni – und die Stille unterbrach nur der Gesang eines Vogels.

Langsam ging sie die Straße entlang bis zu der Pension und klingelte, und als Mrs. Horton selbst öffnete, war Vera so gerührt, daß sie kaum sprechen konnte. Das Haus schien unverändert. Vera betrachtete mit großen Augen den Wasserball und den Spaten, von einem Kind neben dem Schirmständer abgelegt – genau wie früher von ihr.

»Jaja, da denkt man gleich an alte Zeiten, nicht?« sagte Mrs. Horton freundlich. »Sie sind ja ganz erledigt. Wollen Sie sich nicht ein bißchen hinlegen?«

Vera lächelte. »Ich bin nicht müde. Ich staune nur, daß sich hier so gar nichts geändert hat.«

»Wir in Bray sind nicht für das Neue.«

»Mag sein, aber wie kommen Sie darum herum? Nach dem Krieg ist doch sonst überall alles anders geworden.«

Mrs. Horton ging vor Vera her die Treppe hinauf. »Ja, wir bleiben hier eben gern unter uns. Das ist ein bißchen so wie in Frinton in Essex. Andere Orte lockt das große Geld, aber das ist uns nicht so wichtig. Wir lassen die Reisebusse nicht herein, und unser Komitee für Denkmalschutz paßt auf, daß nicht alles verbaut wird. Und wir haben einen guten Gemeinderat. Hoffentlich bleibt es so.«

»Das hoffe ich auch«, bekräftigte Vera, während Mrs. Horton sie in das Zimmer führte, das früher Maud und George bewohnt hatten.

»Ihre Mutter hatte dieses Zimmer so gern. Wie geht es ihr denn, Mrs. Manning?«

»Sie ist tot«, sagte Vera.

»Das tut mir aber leid.« Mrs. Horton sah Vera forschend an. Ehe sie sich zum Gehen wandte, sagte sie: »Es hat Sie wirklich hart getroffen. Ein Verlust nach dem anderen.«

Stanley lag den ganzen Samstagnachmittag auf dem Sofa. Er war Whisky nicht gewöhnt und schlief fest ein. Das

Telefon weckte ihn, aber ehe er abheben konnte, hörte es schon wieder auf. Zehn Minuten später läutete es wieder. Pilbeam fragte, ob Stanley Lust hätte, sich mit ihm um acht im *Schleusenwärter* einen unters Jackett zu brausen, wie er sich ausdrückte, und Geschäftliches zu bereden. Stanley sagte zu und wollte wissen, ob Pilbeam schon mal angerufen hatte.

»Ich, alter Freund und Spießgeselle? Nee, aber vielleicht war's dein Börsenmakler.«

Der nun gerade nicht, vielleicht aber der Anwalt. Am Ende war das Geld da? Aber am Samstag saß der doch bestimmt nicht in seiner Kanzlei... Stanley überlegte, ob er bei Finbow and Craig anrufen sollte, ließ es aber dann doch lieber bleiben. Es war noch ein bißchen früh.

Zum Abendessen machte er sich eine Dose Bohnen auf und wollte sich gerade einen Toast dazu rösten, als wieder das Telefon anfing zu lärmen. Vera wahrscheinlich. Um ihm mitzuteilen, daß sie heil angekommen war. Na wenn schon... Nicht einmal die Nachricht, ihr Zug sei entgleist, hätte ihn übermäßig bekümmert.

Er meldete sich mit seiner Nummer, und eine Frauenstimme fragte: »Mr. Manning? Mr. Stanley Manning?«

Na also! Bestimmt Finbows Sekretärin. »Am Apparat«, sagte Stanley verbindlich.

»Sie kennen mich nicht, Mr. Manning. Mein Name ist Caroline Snow. Eine gewisse Mrs. Huntley hat mir Ihre Nummer gegeben.«

Huntley, Huntley... Wo hatte er den Namen schon mal gehört? In irgendeinem unerfreulichen Zusammenhang. Stanley verspürte eine leise Unruhe, nicht direkt ein Frösteln, aber eine äußerst unbehagliche Vorahnung von Ereignissen, die ihre Schatten vorauswarfen. Er räusperte sich. »Was wünschen Sie?«

»Ich würde gern mit Ihnen oder mit Ihrer Frau sprechen. Wegen Miss Ethel Carpenter.«

Stanley ließ sich sehr vorsichtig auf dem Sessel nieder, auf dem Ethel Carpenter praktisch die letzten Minuten ihres Lebens verbracht hatte. Sein Kopf war sonderbar leer, und einen Augenblick brachte er kein Wort heraus.

»Könnte ich wohl bei Ihnen vorbeikommen?« fragte die Frauenstimme. »Gleich morgen abend, wenn es geht...«

Stanley hörte ein Quieksen, das er kaum als seine eigene Stimme erkannte: »Ja, aber... Hören Sie mal, was...«

»Ginge es um acht? Wunderbar. Um acht also, alles Weitere erkläre ich Ihnen dann.« Ein Klicken, dann war die Leitung tot.

Er zitterte, wie damals, als er auf ebendiesem Sessel gesessen hatte, den Hörer in der Hand, nachdem Dr. Moxley versprochen hatte, gleich vorbeizukommen. Damals hatten sich schier unüberwindliche Schwierigkeiten vor ihm aufgetürmt, aber die waren ja inzwischen alle ausgeräumt. Oder etwa nicht? Seine Handflächen waren feucht, und er wischte sie an der Hose ab.

Aus dieser Ecke hätte er Ärger am allerwenigsten erwartet. Das war ja – zumindest in seinen Augen – gerade das Schöne an Ethel Carpenter gewesen: daß sie alleinstehend war, daß sie außer Maud keine Freunde und Bekannte hatte und daß mit allergrößter Wahrscheinlichkeit kein Mensch sie vermissen würde. Wer dachte denn an so was... Er ging wieder ins Eßzimmer und trank den Whisky aus, aber der Appetit auf Bohnen war ihm vergangen, und er warf die Dose in den Küchenmülleimer.

Der Whisky beruhigte ihn ein wenig, verhalf ihm aber auch zu einem flauen Gefühl im Magen. Wenn die Frau nun von der Polizei war? Unwahrscheinlich. Es war eine junge Stimme gewesen. Jung, eifrig und aufgeregt. Wer zum Teu-

fel mochte diese Caroline Snow sein? Höchstens fünfundzwanzig, der Stimme nach. Keine von Mrs. Huntleys Bekannten, sonst hätte sie nicht »eine gewisse Mrs. Huntley«
gesagt. Ein Kind aus einer der Familien, bei denen Ethel in
Stellung gewesen war? Ja, das war vermutlich des Rätsels
Lösung. Es tat ihm jetzt leid, daß er nie hingehört hatte,
wenn Maud ihre endlosen Ethel-Geschichten zum besten
gegeben, ihnen lang und breit auseinandergesetzt hatte, wo
und bei wem Ethel in Stellung gewesen war und wie die
Kinder von Ethels jeweiliger Herrschaft hießen. Aber das
war nun nicht mehr zu ändern. Je länger er darüber nach-
dachte, desto wahrscheinlicher erschien ihm diese Erklärung: eine Tochter aus gutem Hause, die gekommen ist, um
nach ihrer alten Kinderfrau zu sehen. Eine Provinzpflanze,
die Ferien in London macht und partout dem alten Famili-
enfaktotum einen huldvollen Besuch abstatten will. Mrs.
Huntley hatte ihr wohl erzählt, daß die Mannings mit Ethel
befreundet waren und sie ihr dort am ehesten auf die Spur
kommen würde. Warum aber hatte Mrs. Huntley sie nicht
in die Green Lanes geschickt?

Bestimmt gab es auch dafür eine ganz simple Erklärung.
Stanley fühlte sich schon viel besser. Er würde ihr sagen,
daß Ethel bei Leuten wohnte, die Smith hießen, daß er aber
ihre Adresse nicht kannte.

Ein verwöhntes, unselbständiges Balg wie Caroline
Snow würde sehr rasch die Lust an dem Unternehmen
verlieren. Er rülpste laut und sah sich nach seinem Kreuzworträtsel um, aber dann fiel ihm ein, daß er es schon
gemacht hatte.

Noch immer mit einem ziemlich flauen Gefühl im Magen
stellte Stanley sich um acht im *Schleusenwärter* ein. Er
hatte nur eine Pfundnote mit, denn da Vera nicht greifbar

war, um ihm was zu pumpen, mußte er mit seinem Wochenlohn sieben Tage lang auskommen.

Pilbeam war schon da und sah aus, als habe er bereits mehrere Stunden fleißig getankt. Der Alkohol hatte ihn aggressiv und reizbar gemacht.

»Deine Runde, nicht?« sagte er zu Stanley. Der Mann hatte offenbar ein gutes Gedächtnis. Widerstrebend bestellte Stanley zwei doppelte Whisky.

»Und wann kommst du mit der ersten Rate rüber, alter Freund und Spießgeselle?«

»Mit was?« Stanley war mit seinen Gedanken noch immer bei Caroline Snow.

»Komm mir bloß nicht so«, sagte Pilbeam laut. »Du weißt ganz genau, was ich meine. Mit der ersten Rate von deinem berühmten Kapital.«

»Es hat da eine Verzögerung bei meinem Anwalt gegeben . . .«

»Dann trittst du dem alten Rechtsverdreher am besten mal auf die Hühneraugen.«

»Das Geld ist mir ja sicher. Spätestens in der nächsten oder übernächsten Woche können wir loslegen.«

»Okay. Aber denk dran, daß ich leicht ungeduldig werde. Der Mietvertrag ist unter Dach und Fach, die Kohle dafür hab ich meiner Alten aus dem Leib leiern müssen, und die will möglichst schnell wieder Bares sehn.«

»Alles klar«, sagte Stanley matt und setzte in festerem Ton hinzu: »Deine Runde.«

»Na schön, trinken wir auf eine herrliche Zukunft«, sagte Pilbeam schon wieder freundlicher und holte noch zwei Whisky.

»Übrigens«, sagte Stanley, der wieder an Caroline Snow denken mußte, die womöglich Polizistin war und womöglich mit einem Haussuchungsbefehl oder so was Ähnlichem bei ihm anrücken würde, »übrigens hab ich da ein paar Sachen, die ich dir zeigen wollte, Sachen, die wir versilbern können.«

»Ist ja riesig. Was für Sachen?«

»Eine Stutzuhr und Porzellan.«

»Und wo hast du den Plunder?«

»Bei mir zu Hause.«

»Paß mal auf«, sagte Pilbeam, »am besten gehen wir zwei beide jetzt zu dir und schauen uns das Zeug mal an. Deine Frau an Deck?«

»Meine Frau ist verreist.«

»Ehrlich? Dann nichts wie ab an die Theke, alter Freund und Spießgeselle, und 'ne Flasche Haig geholt. Heut abend machen wir mal tüchtig einen drauf.«

Als Stanley gestand, daß er kein Geld bei sich hatte, schnappte Pilbeam hörbar ein. Ausnahmsweise, sagte er in sehr unangenehmem Ton, würde er die Flasche kaufen, in der Lanchester Road aber würde Stanley seinen Anteil blechen müssen.

Unterwegs sagte Pilbeam so gut wie nichts, er maulte offenbar immer noch, und im Haus äußerte er sich recht abfällig über Stanleys Wohnverhältnisse.

»Sehr nobel hast du's hier ja nicht gerade.« Naserümpfend besah sich Pilbeam den abgetretenen Teppich und Veras gerahmte Fotos. »Kein Wunder, daß du was auf die Seite gelegt hast. Im Haus steckt dein Geld jedenfalls nicht.«

»Ich hol die Sachen, sie sind oben.«

»Tu das, alter Freund und Spießgeselle. Und du schuldest mir noch 29 Shilling und Ninepence.«

»Die sind auch oben«, brummelte Stanley.

Es half nichts, er würde Ethels Geld anreißen müssen. Stanley holte zwei Pfundnoten aus dem Kreuzworträt-

seljahrbuch 1954 und die Päckchen aus seinem Kleiderschrank. Pilbeam trank unten schon Whisky aus einem
von Veras Sherrygläsern.

»Komischer Geruch«, sagte er und hielt die Scheine an
die Nase. »Wo hast du die denn verbuddelt? In 'ner Puder-
dose? Du bist mir ein schöner Geizkopp, Stan.« Er steckte
die Scheine ein, machte aber keine Anstalten, ihm heraus-
zugeben.

»Soll ich dir jetzt die Sachen zeigen?«

Pilbeam besah sich die Schäferin, die Potpourri-Schale,
das Sahnekännchen und die Uhr, zog die Nase hoch und
befand, sie seien verkäuflich, aber ohne großen Wert. Dann
legte er die Füße aufs Sofa und erzählte Stanley unaufgefor-
dert seine Lebensgeschichte.

Pilbeams Geschichten über seine Scharmützel mit der
Polizei, über seine vielen Frauen und die zahlreichen Vermögen, die er um ein Haar verdient hätte, waren durchaus
unterhaltsam. Stanley aber ertappte sich ständig dabei, daß
er an Caroline Snow denken mußte. Wer war die Frau? Ob
sie allein kam? Was würde sie ihn fragen? Stanley suchte
Trost im Whisky, bis er einen dicken Kopf hatte, und mitten in Pilbeams Schilderung seiner Beinah-Heirat mit einer
Erbin, die dem Alter nach seine Mutter hätte sein können,
verfiel er in einen unruhigen beduselten Schlummer.

Seine letzten Erinnerungen an diese Nacht waren Pilbeams Abschiedsworte: »Ich ruf dich in ein, zwei Tagen
mal an.«

»Vor nächster Woche hat's keinen Zweck«, lallte Stanley.

»Das überlaß nur mir, alter Freund und Spießgeselle. Ich
setz dir so lange die Daumenschrauben an, bis du weißt,
wie du's bei deinem Paragraphenreiter machen mußt.«

Am nächsten Tag ging Stanley erst mittags nach unten.

Er hatte die Nacht über angezogen auf dem Bett gelegen. Pilbeam hatte ihm Ethels Nippes dagelassen, dafür hatte er die Flasche und Stanleys Wechselgeld mitgenommen.

Stanley, an alkoholische Exzesse nicht gewöhnt, hatte einen Brummschädel erster Güte. Es war, als stünde ein kleiner Mann in seinem Kopf und stemme sich mit aller Macht gegen knöcherne Gefängniswände, um sie zu sprengen und wieder seine Freiheit zu erlangen.

Beim Anblick von Eßbarem mußte er sofort spucken. Mit großer Überwindung packte er den Rinderbraten aus, den Vera ihm dagelassen hatte. Natürlich hatte er vergessen, ihn in Salzlake zu legen. Das Fleisch war angegangen. So mies, wie er sich fühlte, würde er keinen Bissen davon herunterbringen. Der Braten wanderte zu den Bohnen in den Mülleimer. Essen, soviel war klar, fiel erst mal aus. Ersatzweise nahm er zwei Aspirin und ging in den Garten.

Plötzlich merkte er, daß es ein sehr warmer Tag war, viel zu warm für die Jahreszeit, ein Tag, der alle Rekorde brechen und den Journalisten Schlagzeilen über Zusammenbrüche auf der Straße und schmelzenden Asphalt liefern würde. Im Garten fand sich nicht das kleinste schattige Plätzchen. Stanley, noch nie ein Sonnenanbeter, sah böse über den Zaun, wo sich die Macdonalds unter einer gestreiften Markise das Sonntagsessen schmecken ließen. Manche Leute schmeißen eben ihr Geld mit vollen Händen zum Fenster raus, dachte er, musterte abfällig die neuen Gartenmöbel und warf einen angewiderten Blick auf Mrs. Macdonalds Bikini. Die Frau war mindestens vierzig und hatte einen fünfzehnjährigen Sohn, die sollte es wahrhaftig besser wissen. Der Junge, der nur eine Badehose trug, gab Stanleys Blick feindselig zurück, und Stanley verzog sich ins Haus.

Seit dem vergangenen Abend war im Eßzimmer nicht gelüftet worden, und seit früh um sieben stand die Sonne auf dieser Seite des Hauses. Das Zimmer war wie ein Backofen und stank nach Pilbeams Zigarren. Stanley würgte wieder und torkelte in die Küche, wo es kühler war. Er hätte vielleicht einen Stuhl in den Schatten an der Hintertür gestellt, aber da hätte ihn John Blackmore gesehen, der noch immer auf seiner Leiter herumturnte und pinselte.

Schließlich machte er sich eine Tasse Tee und ging damit nach oben. Schweißüberströmt legte er sich auf das ungemachte Bett, aber er fand keine Ruhe. In sieben Stunden würde er sich mit Caroline Snow auseinandersetzen müssen.

Er sah dem Gespräch heute sehr viel weniger optimistisch entgegen als am vergangenen Abend. Erstaunlich, wie jäh eine Stimme am Telefon und eine genauere Kenntnis von Pilbeams Charakter sein Glück überschattet hatten. Seit er froh und unbeschwert auf den Stufen des Kriegerdenkmals gesessen hatte, waren schließlich nicht Jahre, sondern nur Stunden vergangen.

Nach einer Weile verfiel er in einen unruhigen Schlaf und träumte, er höre Mauds Schnarchen durch die Wand. Als er aufwachte, stellte sich heraus, daß es nur Blackmores Rasenmäher war, aber daß sein Unterbewußtsein ganz gewöhnliche Geräusche in akustische Halluzinationen über seine verewigte Schwiegermutter umsetzte, verunsicherte ihn. Seit der Nacht nach ihrem Tod hatte er nicht mehr von ihr geträumt.

Die Sonne hatte jetzt die Vorderseite des Hauses erreicht, sie schien direkt auf die dicken Vorhänge und füllte das Schlafzimmer mit heißem Glast. Stanley klebten die Kleider am Leibe. Gegen sechs stand er auf, zog ein sauberes Hemd an, ging nach unten, packte Ethels Vase, das Sahnekännchen, die Uhr und das Porzellan ein und stellte alles in die Anrichte. Er hatte den ganzen Tag nichts zu sich genommen, aber schon der Gedanke an Essen ließ wieder die Übelkeit in ihm hochkommen. Er konnte natürlich aus dem Haus gehen, ein bißchen mit dem Bus durch die Gegend fahren oder schauen, was es im Kino gab. Dann traf Caroline Snow auf ein leeres Nest, und das geschah ihr ganz recht. Doch Stanley wußte ganz genau, daß er nichts dergleichen tun würde. Noch einen Tag oder gar mehrere Tage rätseln zu müssen, wer Caroline Snow war und was sie wollte – das hielten seine Nerven nicht aus.

Um halb acht fing er an, unruhig auf und ab zu gehen. Es war jetzt etwas kühler, aber noch immer so warm, daß er die Glastür zum Garten geschlossen hielt. Die Macdonalds waren noch draußen, sie lachten, spielten mit einem Wasserball und verulkten John Blackmore auf seiner Leiter, ja, sie taten gerade so, als müßten alle Leute so vergnügt und guter Dinge sein wie sie. Stanley setzte sich, so schwer es ihm auch fiel. Ein Muskel in seinem Mundwinkel zuckte.

Wenn sie nun ihren Mann mitbrachte? Oder Mrs. Huntley oder – Gott behüte – die Polizei? Inzwischen ist sie am Bahnhof, dachte er und sah auf die Uhr, gleich steigt sie in den Bus. In zehn Minuten ist sie da. Stanley ging nach oben und sah aus sämtlichen Fenstern, die zur Straße hinausgingen. Bis auf einen unermüdlichen Zeitgenossen, der seinen Wagen wusch, war die Straße menschenleer. In ein, zwei Wochen bin ich das, sprach Stanley sich Trost zu, dann stehen da mein Jaguar und mein Kombi. Und bis dahin ist Caroline Snow Vergangenheit, ein böser Traum...

Was konnte man ihm denn anhaben? Ethel Carpenter war eine Handvoll Asche in einer Urne, und so weit war die Wissenschaft denn doch noch nicht, daß sie sagen konnte, *wer* da zu Asche geworden war. Und überhaupt – er hatte sie ja gar nicht angerührt. War es seine Schuld, daß sie in seinem Salon tot umgefallen war? Sie hatte eine schöne Beerdigung gehabt, viel schöner, als wenn Mrs. Huntley sie tot in ihrem möblierten Zimmer gefunden hätte. Im Grunde hatte er ihr einen Dienst erwiesen. Die Trauerfeier war sehr würdig und gediegen gewesen. Er war doch kein Mörder...

Fünf nach acht. Stanley wurde etwas leichter ums Herz, nachdem die kritische Zeit überschritten war. Er ging nach unten und öffnete die Glastür zum Garten. Die Macdonalds stellten ihre Möbel zusammen und räumten die albernen Spielsachen weg. Inzwischen hatte sich Stanley schon so weit erholt, daß er beschloß, seinen Rasen zu mähen. Blackmores Gruß mit einem umständlichen Gemurmel erwidernd, holte er den Rasenmäher aus dem Schuppen und mähte zwei Bahnen. Der Rasenschnitt sprühte in den Auffangkorb. Jetzt sollte er vielleicht doch mal schnell ins Haus gehen und nachsehen, ob sie auch wirklich nicht gekommen war.

Leise, eine Spur von Rasenschnitt hinter sich herziehend, lief Stanley die Treppe hinauf. Die Straße vor seinem Schlafzimmerfenster war leer. Auch der Autowäscher hatte inzwischen seine Tätigkeit eingestellt und war ins Haus gegangen. Ein wunderschöner, stiller Abend. Stanley war an sich kein Typ, dem die Versenkung in die Natur Ruhe und Frieden brachte, heute aber hatte er das Gefühl, daß an einem so sanften, lauen Abend nichts Schlimmes geschehen konnte. Der Himmel war wolkenlos und von zartfarbenem Violett, die Schatten lang und still. Schön würde sein Rasen aussehen, wenn er ihn kurz geschnitten und die Ränder mit der Kantenschere getrimmt hatte.

Fast heiter machte er sich wieder ans Werk.

Der Rasenmäher zog lange, saubere Bahnen durch das

Gras, Stanley arbeitete bedächtig und planmäßig, um seinem Rasen ein hübsches Rippenmuster zu verpassen, ein Muster wie Cordsamt oder Kunststickerei. Das Moorbeet lag im Schatten und schlummerte friedlich unter einer Decke aus Torf und Rasenschnitt. Hin und her, hin und her... Fünf vor halb neun. Verrückt, diese Aufregung um nichts und wieder nichts.

Er näherte sich mit dem Rasenmäher dem Haus. Was fuchtelte Blackmore denn da so wild mit den Armen?

»Bei Ihnen steht jemand vor der Tür, Kumpel.«

Stanley bekam einen trockenen Mund. »Was?«

»Eine junge Dame. Klingelt sich die Finger wund.«

»Schon gut«, sagte Stanley. Seine Handflächen waren triefend naß. Er wischte sie an der Hose ab und ging ins Eßzimmer. Das ganze Haus schien von den Schwingungen der Türglocke widerzuhallen. Unwillkürlich legte Stanley die nassen Hände über die Ohren. Am liebsten hätte er sich oben im Schlafzimmer verkrochen und sich die Ohren zugehalten, bis sie weg war. Aber Blackmore hatte sie gesehen, Blackmore würde ihr sagen, wo er steckte...

»Ogottogott«, jammerte Stanley. »Ja doch, ja, ich komm ja schon.«

Das Klingeln verstummte. Er machte auf.

»Mr. Manning? Guten Abend. Ich bin Caroline Snow. Tut mir leid, daß ich so spät dran bin, ich hab erst Ihr Haus nicht gefunden.«

Stanley machte große Augen. Vorübergehend hatte sich seine Angst verloren, und es war nicht der Schreck, der ihn sprachlos machte. Er hatte Mädchen wie sie natürlich schon gesehen – im Fernsehen, bei Schönheitskonkurrenzen oder auf den Titelseiten der Zeitschriften, die Vera manchmal kaufte, hin und wieder hatte so jemand – wenn auch bei weitem nicht so schön – auch mal an seiner Tankstelle gehalten. Aber in der Lanchester Road 61 hatte eine solche Erscheinung noch nicht vor der Tür gestanden.

»Furchtbar heiß heute, nicht? Darf ich reinkommen? Vielen Dank. Ich störe Sie, was?«

»Nicht der Rede wert«, brummelte Stanley.

Er ging ihr nach ins Eßzimmer. Von hinten sah sie fast so toll aus wie von vorn. Das lange hellblonde Haar lag wie ein dichter goldener Schleier um ihre Schultern. Stanley hatte den Eindruck, noch nie einen so geraden Rücken oder solche Beine gesehen zu haben, lange, glatte, makellose Beine, deren berückender Anblick fast weh tat.

Als sie sich ihm wieder zuwandte, korrigierte er sofort seine Ansicht, daß sie von hinten ebenso hübsch war wie von vorn. Ihre Haut war glatt und ebenmäßig gebräunt, viel dunkler als ihr Haar. Irgendwie schwedisch, dachte Stanley benommen. Er sah in meergrüne Augen, kühl und ruhig wie nördliche Gewässer, und eine Welle von Parfüm wehte ihn an, so daß er sich einer Ohnmacht nah fühlte.

»Kann ich Ihnen einen Tee machen?« fragte er.

»Danke, furchtbar gern.«

Er ging in die Küche und setzte den Kessel auf. Ihr Gesicht fesselte ihn nicht nur, weil es so schön war. Nein, er hatte auch das Gefühl, daß er es schon mal gesehen hatte. Dies oder ein ganz ähnliches, wenn auch irgendwie verändert und zerstört. In einem Film? In der Zeitung? Es wollte ihm nicht einfallen.

»Ich muß Ihnen wohl zuallererst erklären«, sagte Caroline Snow, als er wieder zu ihr kam, »warum ich gekommen bin.«

»Da bin ich tatsächlich gespannt«, sagte Stanley.

»Ja, das kann ich mir vorstellen. Ich mochte über etwas so ... so Persönliches und Privates nicht am Telefon reden. Übrigens – Ihr Wasser kocht.«

Stanley stand auf und stellte das Gas ab. Er hatte sich eigentlich weiterhin auf taktvolles Abwarten eingestellt, aber als er zurückkam, platzte er heraus: »Wer sind Sie?«

Sie lächelte. »Ja, das ist eben das Peinliche. Am besten sag ich's Ihnen gleich, dann hab ich's hinter mir. Ich bin Ethel Carpenters Enkelin.«

14

»Kann gar nicht sein«, sagte Stanley. »Sie war ja überhaupt nicht verheiratet.«

»Stimmt. Aber mit siebzehn hat sie trotzdem ein Kind gekriegt.«

Stanley, der seit Caroline Snows Enthüllung mit offenem Mund dagestanden hatte, klappte ihn zu und schluckte. Dann erwiderte er: »Ja, richtig, jetzt fällt's mir wieder ein. Meine Frau hat mal so was gesagt.«

»Am besten erzähle ich Ihnen die ganze Geschichte«, meinte Caroline Snow.

»Na schön«, sagte Stanley ergeben. Schlimmer konnte es ja nun wohl kaum mehr kommen. »Ich hol den Tee.« Die Enkelin, dachte er unglücklich, während er das kochende Wasser aufgoß. Fast so schlimm wie die Polizei.

Sie lächelte ihn an. Wenn sie lächelte, war sie nicht mehr so hübsch, fand Stanley, sie hatte unregelmäßige Zähne, und die Ähnlichkeit mit Ethel Carpenter trat deutlicher hervor. Jetzt wußte Stanley, an wen ihr Gesicht ihn erinnert hatte.

»Na, dann schießen Sie mal los«, sagte er.

»Meine Familie wohnt in Gloucester«, begann Caroline Snow, »und ich studiere das zweite Jahr in London, an einem Lehrerseminar. In diesem Trimester mußten wir uns für einen Studienschwerpunkt entscheiden, entweder griechische Mythologie oder Genealogie, und ich habe Genealogie genommen.«

Stanley beäugte sie mißtrauisch. Er wußte sehr wohl, was Genealogie war, seine Rätsel hatten ihm zu einem großen Wortschatz verholfen, und er hatte sich schon immer für Wörter interessiert. Aber was Genealogie damit zu schaffen hatte, Kindern das Lesen und Schreiben beizubringen, wollte ihm nicht in den Kopf. Schwindelte diese Caroline Snow ihm am Ende was vor? »Hätte ich gewußt, was auf mich zukommt, hätte ich mich für die Mythen entschieden, ehrlich. Wir mußten Stammbäume zeichnen, einen für die väterliche und einen für die mütterliche Seite. Können Sie mir folgen?«

»Klar, ich bin doch nicht blöd«, sagte Stanley beleidigt.

»So hab ich das auch nicht gemeint, nur – die Geschichte ist ein bißchen kompliziert. Der Stammbaum von Daddy war einfach, seine Leute stammen alle aus einem Dorf bei Gloucester, und ich hab im Kirchenbuch nachgesehen und all das, und bis zu den Ferien war ich damit fertig. Dann kam Mami an die Reihe. Sie hat sich sehr zurückgehalten und wollte mir überhaupt nicht helfen, was ihr gar nicht ähnlich sieht. Sie ist nämlich ganz lieb und süß, Sie wären bestimmt von ihr begeistert.«

»Kann schon sein«, sagte Stanley. Komm endlich zum Thema, Mädchen, dachte er. Das Gesabbel von der lieben, süßen Mami ödete ihn an, er war fest davon überzeugt, daß ihm die Frau auf Anhieb unsympathisch sein würde.

Caroline Snow schlug die langen Beine übereinander und zündete sich eine Zigarette an. Mit Stielaugen und Wut im Bauch sah Stanley zu, wie die Packung wieder in ihrer Handtasche verschwand. »Na ja, um es kurz zu machen, ich hab Mami schon so lange zugesetzt, bis sie mir alles erzählt hat. Sie war ein uneheliches Kind. Bis dahin hatte ich immer gedacht, daß ihre Eltern gestorben waren und sie deshalb in einem Waisenhaus aufgewachsen ist, aber das hatte sie nur so erzählt. In Wirklichkeit ist ihre Mutter noch am Leben, und wer ihr Vater ist, hat sie nie erfahren. Und schließlich hab ich alles aus ihr rausbekommen.

Ihre Mutter hieß Ethel Carpenter und war Dienstmädchen, und mit siebzehn hat sie Mami gekriegt. Ethels Tante hat Mami aufgezogen, bis sie siebzehn war, aber dann hat die Tante wieder geheiratet, und der neue Onkel hat Mami ins Waisenhaus gesteckt. Schrecklich, nicht? Mami hat ihre Mutter nie kennengelernt, und jahrelang hat sich von der Familie nur ein Vetter um sie gekümmert, eigentlich war er Ethels Vetter, der war sehr lieb zu Mami.

Zum Glück war Mami sehr intelligent, sie ging ans Lehrerseminar – dasselbe, an dem ich jetzt bin –, und als sie an einer Schule in Gloucester unterrichtete, hat sie Daddy kennengelernt und geheiratet, und wenn sie nicht gestorben sind... Ein richtiges Happy-End also. Aber trotzdem eine traurige Geschichte, nicht?«

»Hm.« Stanley sah zu, wie sie ihre Zigarette ausdrückte.

»Ich begreif bloß nicht ganz, was Sie damit zu tun haben.«

»Die Sache mit meiner Großmutter liegt mir auf der Seele«, sagte Caroline Snow. »Mami hat sie nie kennenlernen wollen, wahrscheinlich hat sie gedacht, es wäre für beide Teile zu traurig. Aber wo ich jetzt schon so weit bin, muß ich sie einfach finden. Stellen Sie sich vor, Mr. Manning, was es für die arme, einsame alte Frau bedeuten würde, plötzlich eine eigene Familie zu haben.«

Stanley konnte Mamis Reaktion gut verstehen, allerdings galt sein Mitgefühl hauptsächlich Mr. Snow, deren

Ehemann. Eine schöne Bescherung, dachte er, da hat man das Glück, eine Waise ohne Anhang zu heiraten, und in der Lebensmitte kriegt man plötzlich eine alte Schwiegermutter aufgehalst, für die man höchstwahrscheinlich auch noch blechen muß. Ich an seiner Stelle, sagte sich Stanley, würde dem Mädel mit seiner blöden Humanitätsduselei den Hintern versohlen.

»Also, ich glaube ja fast, Sie sollten die Sache aufstecken«, sagte er laut. »Hätte sie Wert auf eine Familie gelegt, hätte sie sich schon längst gemeldet.« Das ist ein gutes Argument, dachte er, dem armen Mr. Snow tu ich damit einen Gefallen und zieh mich gleichzeitig geschickt aus der Schlinge. Er redete sich in Schwung. »Kaum anzunehmen, daß sie Wert darauf legt, an ihre Vergangenheit erinnert zu werden. An die Schande und all das. Nein, nein, da lassen Sie man lieber die Finger davon. Ihr Vater wäre bestimmt derselben Meinung. Es ist immer verkehrt, so altes Zeug wieder aufzuwärmen. Schlafende Hunde soll man nicht wecken.«

»Da kann ich Ihnen nicht zustimmen«, sagte Caroline Snow eigensinnig. »Sie lesen doch sicher auch Zeitung, Sie wissen, welche Probleme es bei uns mit alten Menschen gibt, wie einsam sie zuweilen sind und wie verlassen. Wenn ich jetzt aufgäbe, würde ich mir nie verzeihen.« Sie schenkte ihm ein nachsichtiges Lächeln. »Und es ist Ihnen auch sicher nicht ernst mit dem, was Sie sagen. Von Mrs. Huntley weiß ich, daß Sie jahrelang Ihre pflegebedürftige Schwiegermutter im Haus hatten. Die haben Sie doch auch nicht so einfach ihrem Schicksal überlassen. Jetzt, nach ihrem Tod, brauchen Sie sich keine Vorwürfe zu machen. Und das möchte ich auch nicht.«

Die wohlgesetzte kleine Rede verschlug Stanley die Sprache. Hilflos starrte er Caroline Snow an. Ihr Eifer, ihre

Unschuld gingen über seinen Horizont. Er räusperte sich. »Wie sind Sie denn an Mrs. Huntley geraten?«

Caroline war schon wieder vergnügt. »Der Vetter, der Mami im Waisenhaus besucht hat, ist noch am Leben, ein ganz alter Herr, den hab ich besucht, und er hat gesagt, daß er keinen Kontakt mehr mit meiner Großmutter hat, aber er wußte, daß sie zuletzt bei einer Familie Kilbridge in Stellung war, und von der hab ich dann erfahren, daß sie bei Mrs. Huntley zur Untermiete wohnte.«

»Und die hat Sie zu uns geschickt?«

»Sie hat gesagt, daß Sie wohl wüßten, wo meine Großmutter ist, weil sie und Mrs. Kinaway so befreundet waren. Und sie hat erzählt, daß meine Großmutter Sie hatte besuchen wollen, aber dann hat sie es sich anders überlegt, und jetzt hat sie ein Zimmer in Croughton, bei einer Mrs. Paterson, aber Mrs. Huntley hatte die Adresse vergessen. Wenn Sie so nett wären, mir die Adresse zu geben, könnte ich gleich mal vorbeigehen und mich vorstellen und... Ich habe ja solches Lampenfieber, mir ist ganz schlecht vor Aufregung. Stellen Sie sich vor, Mr. Manning, wie ihr zumute sein muß, wenn sie mich sieht. Ich werde ihr sagen, daß sie nie wieder allein zu sein braucht. Wir haben in Gloucester ein ziemlich großes Haus, Daddy kann das Dachgeschoß für sie ausbauen. Ich möchte sie gleich mit heimnehmen und bin furchtbar gespannt auf ihr Gesicht.«

Und ich wär gespannt auf Daddys Gesicht, dachte Stanley. Der Ärmste! Das dumme kleine Ding da tut sich leicht, anderer Leute Leben zu organisieren. Sie kriegt es ja nicht mit, wenn Ethel mit ihrem Stock auf den Boden stampft, zu jeder Tages- und Nachtzeit was essen will und den Fernseher mit Beschlag belegt. Armer Teufel, dachte er empört. Es war seine, Stanleys, Pflicht und Schuldigkeit, dafür zu sorgen, daß es so weit nicht kam. In seiner Entrüstung hatte er vorübergehend vergessen, daß Snow gar nicht Gefahr lief, von einer Schwiegermutter heimgesucht zu werden. Dann fiel es ihm wieder ein: Ethel war tot, alles, was von ihr geblieben war, stand in einer Urne auf dem Kaminsims, nur wenige Meter von ihnen entfernt. Da mochte Caroline sich abstrampeln, soviel sie wollte – Ethel war vom Erdboden verschwunden.

»Mrs. Paterson wohnt Green Lanes 52«, sagte er. »Ich glaube aber kaum, daß Miss Carpenter dort ist. Meine Frau sagt, sie hätte sich woanders ein Zimmer genommen.«

Caroline Snow notierte sich die Adresse. »Vielen, vielen Dank«, sagte sie herzlich. »Bestimmt komme ich ihr jetzt auf die Spur. Aber war es nicht sonderbar, daß sie Mrs. Huntley gesagt hat, sie wollte hierher, und daß sie es sich dann plötzlich anders überlegt hat?«

Stanley runzelte die Stirn. »Wenn Sie so viele Erfahrungen mit alten Menschen hätten wie ich, würden Sie sich über gar nichts mehr wundern. Die benehmen sich manchmal sehr sonderbar.«

Sie stand auf und machte ein etwas beklommenes Gesicht. Mit seinen letzten Worten hatte er ihrer Begeisterung wohl einen kleinen Dämpfer versetzt. Dann besah sie sich kritisch im Spiegel. »Ob ich ihr ähnlich sehe? Ich bin Mami wie aus dem Gesicht geschnitten, und Mami soll ihr ja ähnlich sein.«

»Ja, ein bißchen schon«, sagte Stanley.

Caroline Snow fuhr herum. »Sie kennen Ethel Carpenter also? Haben Sie sie persönlich gesehen?«

Stanley hätte sich am liebsten die Zunge abgebissen. »Sie war auf unserer Hochzeit«, brummelte er.

»Ach so.« Sie griff nach ihrer Handtasche, und Stanley brachte sie zur Tür. »Ich sage Ihnen Bescheid, wenn ich etwas erfahre«, versprach sie.

Vom Schlafzimmerfenster aus sah Stanley ihr nach, wie sie eilig in Richtung Green Lanes ging. Irgendwo hatte er mal gelesen, daß die meisten Ereignisse, vor denen wir Angst haben, nie eintreten. Wie wahr! Als die junge Frau nicht mehr zu sehen war, mähte er in der Dämmerung seinen Rasen zu Ende und pfiff eine alte Melodie. Erst später fiel ihm ein, daß es Tennysons *Maud* war.

Vera genoß ihren Urlaub. Sie hatte nette Leute kennengelernt, ein Ehepaar, das etwa in ihrem Alter war und auch bei Mrs. Horton wohnte. Die beiden nahmen sie mit, wenn sie mit ihrem Wagen an der Küste entlang nach Beachy Head und landeinwärts zur Burg Arundel fuhren, und wenn Vera sich zierte und sagte, sie wolle nicht stören, lachten sie nur und fragten, ob Vera meinte, sie seien noch in den Flitterwochen. Sie hätten es gern gesehen, wenn sie sich an ihren Tisch gesetzt hätte, aber das wollte Vera nicht. Sie aß allein an ihrem Tisch im Erker und beobachtete die Urlauber, die vom Strand kamen. Und sie genoß ihr Essen, Bissen für Bissen, weil sie es nicht selbst hatte kochen müssen.

Nur eins bedrückte sie ein wenig, daß nämlich sowohl ihre neuen Freunde, die Goodwins, als auch Mrs. Horton sich nie nach Stanley erkundigten, nie wissen wollten, wo er steckte und warum er nicht mitgekommen war. Vera war ein wenig pikiert. Wahrscheinlich, dachte sie, hat Maud zu Beginn meiner Ehe, als sie noch in Bray Urlaub gemacht hat, Mrs. Horton gegen Stanley eingenommen. Wenn sie nicht wollen, spreche ich nicht über ihn, sagte sich Vera. Sie empfand auch gar nicht das Bedürfnis, über ihn zu sprechen, ja, jetzt, wo er weit weg war, dachte sie kaum an ihn, und um ihr Gewissen zu beschwichtigen, schickte sie ihm jeden Tag eine Ansichtskarte.

An einem regnerischen Nachmittag, an dem sie sonst

nichts weiter unternehmen konnten, nahm Mrs. Goodwin Vera mit auf ihr Zimmer, wusch und legte ihr das Haar, verpaßte ihr ein neues Make-up und kürzte, während das Haar trocknete, Veras blauweiß gepunktetes Kleid um fünf Zentimeter.

»Sie haben sehr hübsche Beine, die sollten Sie auch zeigen.«

»In meinem Alter?« wandte Vera ein.

»Das Leben beginnt mit vierzig. Wenn ich mit Ihnen fertig bin, sehen Sie sowieso zehn Jahre jünger aus, passen Sie nur auf.«

Das stimmte. Vera musterte erstaunt und ein wenig befangen ihr neues Ich, das duftig fallende goldbraune Haar, den hellblauen Lidschatten, den Mund, den Mrs. Goodwin mit pastellfarbenem Lippenpinsel nachgezogen hatte. Das Kleid ging ihr knapp bis zu den Knien. Sie kam sich halbnackt vor, als sie zum Essen ging und sich in ihrem Erker versteckte.

Sie wartete gerade auf den zweiten Gang, als ein Mann den Speisesaal betrat und sich suchend umsah. Vera betrachtete sein Spiegelbild in der Scheibe und war in den Anblick so vertieft, daß sie heftig zusammenfuhr, als sich eine Hand auf ihre Schulter legte. Sie wandte sich um und sah errötend auf.

Es war ein Fremder, ein Mann von etwa fünfzig Jahren mit hageren Zügen und graumeliertem Haar, ein großer, magerer Mann mit besorgtem, ja abweisendem Gesicht. Vera erhob sich ein wenig. Sie mußte etwas falsch gemacht haben, vielleicht hatte sie vergessen, ihren Liegestuhl zu bezahlen...

»Entschuldigen Sie«, stotterte sie. »Was...«

Als er lächelte, sah er plötzlich viel jünger aus.

»Hallo, Vera.«

»Ich weiß nicht... Kennen wir uns denn?«

»Früher hast du mich gekannt. Ich weiß, daß ich mich verändert habe. Du nicht, nicht sehr jedenfalls. Ich hätte dich überall wiedererkannt. Darf ich mich setzen?«

»Ja, natürlich.«

Er nahm sich einen Stuhl und bot ihr eine Zigarette an. Vera schüttelte den Kopf.

»Meine Tante hat mir erzählt, daß du hier bist. Ich wollte eigentlich gestern kommen, aber... Ich habe mich nicht recht getraut. Es ist so lange her. Wie geht es dir?«

»Mir geht es gut, James«, sagte Vera mit einer Selbstsicherheit, die sie selbst überraschte. »Es ist schön, dich wiederzusehen.«

»Oh, Vera, du kannst dir nicht vorstellen, wie sehr ich mich freue, dich zu sehen«, sagte James Horton.

15

Im Lauf der Woche legte sich die leichte Panik, die Stanley erfaßt hatte. An den ersten Abenden hatte er sich, das Kreuzworträtsel auf den Knien, in der Nähe des Telefons postiert, jeden Augenblick auf einen Anruf von Caroline Snow gefaßt. Doch der Anruf kam nicht. Nichts kam von draußen – bis auf Veras tägliche Postkarte. Daß sie sich sehr wohl fühlte, schrieb sie. Und daß sie nette Leute kennengelernt hatte, mit denen sie jeden Tag spazierenfuhr. In Stanley wühlten Bitterkeit und Groll auf Vera.

Sobald sie wieder da war, würde er sie zu diesem Finbow schicken, der sollte endlich das Geld herausrücken. Unerhört, daß diese Anwälte sich wochenlang an dem rechtmäßigen Erbe anderer Leute festhalten durften.

»Was macht der Kopf, Stan?« fragte Pilbeam, als er am Donnerstag anrief.

»Wieso? Ich hab nichts am Kopf.«

»Am Sonntag morgen sah's aber ganz danach aus. Warst 'ne bildschöne Schnapsleiche, alter Freund.«

»Es hat keinen Sinn, mich diese Woche anzurufen, das weißt du ganz genau. Wie gesagt: Am Dienstag hab ich das Geld.«

»Gesagt hattest du's zwar nicht, alter Freund, aber wenn's stimmt, soll's mich freuen. Am Dienstag?«

»Ehrenwort.«

»Na, dann ist ja alles paletti, Stan. Ich bin heut ein bißchen rumgefahren, hab einen Kombi von 'nem Kumpel gekriegt, leihweise, und Sachen hab ich ergattert, da gehen dir die Augen auf und über.« Es war schon eigenartig mit Pilbeam, dachte Stanley. Allein der Klang seiner Stimme ließ ihn leibhaftig vor seinem geistigen Auge erstehen – mit Knopfnase, Wurstfingern und allem Drum und Dran. »Was ist, gießen wir uns morgen abend im *Schleusenwärter* einen hinter die Binde? Dann kann ich mir auch gleich ein genaueres Bild von deiner Finanzlage machen.«

Stanley blieb nichts anderes übrig, als ja zu sagen. Pilbeam würde sich ein sehr genaues Bild von seiner Finanzlage machen können, wenn er mit dem Rest seines Wochenlohns, lumpigen zehn Shilling, *im Schleusenwärter* aufkreuzte.

Als Stanley das Haus verließ, um zu seiner Verabredung zu gehen, standen die ganze Familie Macdonald und die beiden Blackmores vor dem Gartentor der Macdonalds und bewunderten Fred Macdonalds neuen Wagen. Stanley wäre wortlos an der Versammlung vorbeigestiefelt, wenn Michael, der Sohn der Macdonalds, ihm nicht mit ausgebreiteten Armen den Weg verstellt hätte.

»Sehn Sie mal, was mein Paps mitgebracht hat, Mr. Manning.«

»Sehr schön«, sagte Stanley, aber so billig kam er nicht davon. Macdonald stieg aus und forderte Stanley auf, sich ans Steuer zu setzen und die Automatikschaltung zu bewundern. Da Stanley keine passende Ausrede einfallen wollte, stieg er brummig ein und starrte aufs Armaturenbrett.

»Jetzt brauch ich im Stau nicht mehr meinen linken Fuß zu strapazieren«, freute sich Macdonald. »Enorm bequem, der Schlitten. Er hat nur einen Fehler. Ich sitz so weich, daß ich glatt am Steuer einschlafen könnte.

Die Frauen quasselten, was das Zeug hielt, rannten um den Wagen herum, bewunderten den spiegelnden Lack der Karosserie, den großen Kofferraum und die hervorragende Qualität der blitzenden Chromleisten. Mrs. Macdonald platzte fast vor Stolz. Wartet nur, bis mein Jaguar neben eurer Sardinenbüchse steht, dachte Stanley, dann seht ihr alle ganz schön alt aus.

»Wenn man den Spiegel verstellen will, braucht man ihn bloß anzutippen«, sagte Macdonald und steckte den Kopf durchs Fenster.

Stanley probierte es aus. Er bewegte den Spiegel zwei Zentimeter nach unten und sah hinein. Es überlief ihn heiß. Aus der Richtung High Street kam Caroline Snow die Lanchester Road entlang. Sie trug eine große Sonnenbrille mit runden, mauvefarbenen Gläsern und einen Rock, der noch um etliche Zentimeter kürzer war als der vom Sonntag. Stanley senkte den Blick und fummelte an diversen Knöpfchen und Hebelchen herum. Einer löste die Scheibenwaschanlage aus, und eine kleine Fontäne sprühte über die Windschutzscheibe.

»He, was machen Sie denn«, sagte Mrs. Macdonald, »da

muß ich jetzt mit dem Fensterleder ran.« Sie warf Stanley einen bösen Blick zu und machte die Wagentür auf. »Im übrigen wird Ihr Typ verlangt. Sie kriegen Besuch.«

Sehr langsam und ohne sich umzusehen stieg Stanley aus. Macdonald schlug ihm auf die Schulter. »Jaja, wenn die Katze aus dem Haus ist, tanzen die Mäuse! Guten Geschmack haben Sie, alter Junge, das muß Ihnen der Neid lassen.«

»Ich weiß gar nicht, was ihr wollt«, brummelte Stanley. Sechs Gesichter waren ihm zugewandt, die der Kinder voller Neugier, die der Frauen empört, die der Männer unverhohlen lüstern. John Blackmore griente schief und zwinkerte ihm zu. »'tschuldigung«, sagte Stanley. »Ich muß rein.«

Er lief eilig zum Haus, wo Caroline Snow ihn auf der Schwelle erwartete. Hinter sich hörte er Mrs. Blackmores Stimme: »Also wirklich! Da hört sich doch alles auf!«

»Ich mußte einfach noch mal mit Ihnen sprechen, Mr. Manning. Hoffentlich komme ich nicht ungelegen.«

Die Luft im Haus war abgestanden. Stanley machte die Tür zum Garten auf. Caroline Snow folgte ihm.

»Vielleicht können wir uns nach draußen setzen. Es ist so heiß, und Ihr Garten ist wunderschön.«

»Ich hab keine Zeit zum Rumsitzen«, sagte Stanley eilig. Er sah auf die Uhr. »Ich bin um halb sieben verabredet.«

»Ich bin gekommen«, sagte Caroline, ohne auf seine Worte zu achten, »weil... Sie waren am Sonntag so nett zu mir, und Sie sind im Grunde der einzige vernünftige Mensch, mit dem ich reden kann. Mein Leben lang hab ich mich auf Daddy verlassen, aber Daddy ist so weit weg.«

Dann laß mich bei dir Daddy spielen, dachte Stanley bereitwillig. Seine Verabredung mit Pilbeam war vergessen. »Worum geht es denn, Miss Snow?«

»Ja, wissen Sie, ich war bei Mrs. Paterson«, erläuterte Caroline Snow mit ernstem Gesicht. »Und sie hat gesagt, Miss... äh, meine Großmutter... hätte sich ein Zimmer bei einem Mr. Smith genommen, aber wo der wohnt, wußte sie nicht. Am Dienstag fangen die Semesterferien an, und ich muß nach Hause. Und da hab ich gedacht... Meine Großmutter wird bestimmt irgendwann zu Ihnen und zu Ihrer Frau kommen, und wenn Sie so nett wären, ihr von mir zu erzählen und... und mir zu schreiben, könnte ich sie besuchen, wenn ich wieder in London bin.«

»Ja, das ginge natürlich«, sagte Stanley nachdenklich. – Klar ging das. Er konnte ihr erzählen, er habe mit Ethel gesprochen, und Ethel sei wieder umgezogen, oder er konnte sogar sagen, Ethel wünsche keinen Kontakt zu ihren Angehörigen. Plötzlich kam ihm eine Idee. Größtmögliche Überzeugungskraft und einen Hauch väterlicher Fürsorge in seine Stimme legend, sagte er: »Warum bitten Sie nicht Ihren Vater um Rat? Haben Sie ihm von der Sache denn überhaupt schon erzählt?«

»N-nein, bis jetzt noch nicht. Er und Mami denken, daß ich den Namen meiner Großmutter nur für den Stammbaum brauche.«

Großartig, genauso hatte er sich das gedacht. Er konnte sich Snows Entsetzen vorstellen, wenn er von der Suche nach seiner Schwiegermutter hörte, und seine Erleichterung, daß sie nicht aufzufinden war. »Ihr Vater ist ein Mann mit Lebenserfahrung, der wird schon wissen, was da zu tun ist.« Los, Snow, zeig, daß du weißt, wo's langgeht... »Es könnte ihn verletzen, wenn Sie jetzt über seinen Kopf hinweg irgendwas unternehmen. Immerhin ist sie ja seine Schwiegermutter. Es könnte ja sein, daß er...«

»Aber Daddy ist ein so wunderbarer Mensch, er hat ein stark ausgeprägtes soziales Gewissen. Er würde nie...«

»Wissen Sie das so genau, Miss Snow?« Stanley beugte sich eifrig zu ihr hinüber. »Ich möchte annehmen, daß auch Ihr Vater das, was Sie mir erzählt haben, in allen Einzelheiten erfahren möchte, aber ich könnte mir auch vorstellen, daß er bei den weiteren Ermittlungen gern selbst tätig werden will. Es wäre ja auch möglich, daß er und Ihre Mutter sich sagen, daß Ihre Großmutter ein Recht auf ihre Privatsphäre hat. Nein, er würde es bestimmt nicht gern sehen, wenn Sie Unruhe stiften und die Polizei auf eine falsche Fährte setzen.«

»Vielleicht haben Sie recht...« Caroline war schon fast überzeugt. »Sie haben das Problem für mich in die richtige Perspektive gerückt, Mr. Manning. Da ist mir übrigens was eingefallen. Vor Jahren, ich war noch sehr jung, kam eine Zigeunerin an die Tür, als Mami nicht da war. Ich hab ihr ein paar Sachen gegeben und ihr eine Tasse Tee gemacht, und als Daddy das erfuhr, war er schrecklich böse. Für solche Leute muß der Staat sorgen, hat er gesagt, ich hab genug damit zutun, meine eigene Familie durchzubringen.«

Der Mann mit dem ausgeprägten sozialen Gewissen! Stanley hätte am liebsten laut herausgelacht.

»Vergleichbar ist das natürlich nicht, aber ich glaube jetzt auch, daß ich erst mit Daddy sprechen muß, ehe ich weitermache.« Sie stand auf. »Ich bin Ihnen sehr dankbar, Mr. Manning, Sie haben mich gut beraten. Ich werde nichts unternehmen, ohne Daddy zu fragen.« Sie streckte ihm die Hand hin. »Jetzt kommen Sie meinetwegen zu spät zu Ihrer Verabredung.«

»Besser spät als nie«, sagte Stanley aufgeräumt. »Ich komme gleich mit, wir haben denselben Weg.«

Zusammen verließen sie das Haus. John Blackmore, der seine Hecke schnitt, zwinkerte Stanley erneut zu, und Stanley sprach, um Caroline Snow von Ethel Carpenter abzulenken, über das Wetter, den Wagen, den er kaufen und das Geschäft, in das er einsteigen wollte.

»Ich kann gar nicht mehr begreifen, wie ich auf die Idee gekommen bin, ihr sei vielleicht etwas zugestoßen. Es kam wohl daher, daß Mrs. Huntley gesagt hat, daß sie fünfzig Pfund mit sich herumtrug.«

»Mit denen macht sie sich jetzt gerade irgendwo einen schönen Lenz«, tröstete Stanley.

Caroline Snow lächelte ihm zu, und in diesem Lächeln sah er Ethel, wie sie ihm mit dem Schirm zugewinkt hatte. Sie gab ihm noch die Adresse ihres Vaters und verabschiedete sich herzlich von ihm.

Und damit, dachte Stanley, bin ich sie endgültig los. Er ging zu Fuß zum *Schleusenwärter*, weil er kein Geld für den Bus hatte. Das Geschäft war noch mit Brettern vernagelt, aber das Schild des Grundstücksmaklers war weg.

Pilbeam war nicht allein, sondern von einer Gruppe von Freunden umringt, die alle auffallend groß und kräftig waren. Er machte sie nicht mit Stanley bekannt, sondern ließ sie wortlos stehen, was bei Stanley irgendwie ein ungemütliches Gefühl auslöste.

Ohne nach Pilbeams Wünschen zu fragen – er kannte inzwischen seinen Geschmack –, bestellte Stanley zwei Halbe Bitter und begann seinem neuen Partner stotternd und stammelnd seine Finanzlage darzulegen.

»Nächste Woche, alter Junge«, sagte Pilbeam. »Gleich Anfang nächster Woche, ist das klar?«

Veras Vorstellungen über James Horton waren teils richtig, teils falsch gewesen. Er war Filialleiter der Barclay's Bank in Brayminster. Er war wohlhabend, denn er hatte seinen Vater und seinen Onkel beerbt. Er wohnte in einem schönen Haus. Aber er war nicht mit einer hübschen Frau Anfang Vierzig verheiratet und hatte keine Schar halbwüchsiger Kinder. Seine Frau war vor fünf Jahren an Krebs gestorben, sein einziger Sohn studierte auswärts.

»Ein einsames Leben, James«, sagte Vera, als sie an ihrem letzten Abend in der Bar des Hotels *Metropole* saßen.

»Ja, manchmal kann es schon einsam werden.«

»Hast du nie daran gedacht, wieder zu heiraten?«

»Erst neuerdings«, sagte James. »Weißt du übrigens, daß du mir überhaupt nichts von dir erzählt hast, Vera? Fast jeden Abend waren wir zusammen weg – ja, meist mit den Goodwins, ich weiß –, aber die ganze Zeit habe ich dir ständig von meinem Leben erzählt und nicht danach gefragt, wie es dir ergangen ist. Ich war wohl recht egoistisch.«

»Aber nein, das war doch alles sehr interessant.«

»Wenn man allein lebt, redet man eben gern. Aber du mußt ja ebenso einsam gewesen sein wie ich.«

Vera sah ihn erstaunt an. »Wie kommst du darauf?«

»Sitzen wir nicht sozusagen im gleichen Boot, Vera? Ich bin Witwer, du eine kinderlose Witwe…«

»Witwe? Ich bitte dich, James, wie kommst du denn darauf?«

»Aber meine Tante sagte…«, stotterte er und wurde ganz blaß, »daß du… weil du doch allein hier warst und nie…«

»Da muß Mrs. Horton etwas mißverstanden haben. Ich bin nicht verwitwet. Mein Mann hat nur keinen Urlaub bekommen. Ach je, jetzt wird mir so manches klar…«

»Du lebst mit deinem Mann zusammen? Du und dein Mann…«

»Aber natürlich. Ich fahre morgen wieder zu ihm.«

»So ist das also«, sagte James Horton. »Da war ich wohl sehr töricht und vernagelt.«

16

Veras Ansichtskarten lagen auf dem Kaminsims, aber nicht gefällig zur Schau gestellt, sondern in einem Packen hinter einer Vase versteckt. Mit keinem Wort hatte Stanley sich nach ihrem Urlaub erkundigt, und das tat ihr weh.

»Was macht dein Job?« fragte sie gedrückt.

»Wenn du's ganz genau wissen willst – den hab ich aufgesteckt. Ich mach jetzt in Antiquitäten, damit ist heutzutage das große Geld zu holen. Wir eröffnen ein Geschäft im Old Village, mein Teilhaber und ich.«

»Teilhaber?« fragte Vera. »Was für ein Teilhaber? Wer ist der Mann, Stan? Woher kennst du ihn?«

Was hätte sie, wo sie jetzt schon so entsetzt war, erst gesagt, wenn er ihr gestanden hätte, daß er Pilbeam auf der Straße kennengelernt und die Teilhaberschaft in einem Pub besiegelt hatte? Doch Stanley gehörte zu jenen Männern, die ihren Frauen nie die Wahrheit sagen, wenn sie auch mit einer Lüge durchkommen. »Über einen gemeinsamen Freund«, sagte er verschwommen. »Ein Kunde von der Tankstelle hat mich empfohlen.« Es war klar, daß Vera ihm das nicht abnehmen würde, aber im Augenblick war ihm das ziemlich egal. Mürrisch wandte er den Blick ab. Zwei Stunden vor ihrer Heimkehr hatte er bei Finbow and Craig angerufen und von einer Sekretärin erfahren, daß Mr. Finbow dringend etwas mit Mrs. Manning besprechen wollte. Ein Brief in dieser Angelegenheit sei unterwegs. Noch eine Verzögerung. Er durfte gar nicht daran denken, was Pilbeam sagen würde, wenn er am Dienstag im *Schleusenwärter* nicht mit dem Geld rüberkam.

Vera brachte das Problem auf den Punkt. »Hat der Mann Kapital?«

»Dumme Frage. Er schwimmt in Geld. Hätt ich mich sonst mit ihm eingelassen?«

»Das weiß ich nicht, Stan. Ich weiß nur, daß du in geschäftlichen Dingen wie ein Kind bist, da hab ich ja sogar noch mehr Ahnung. Versprich mir, daß du nichts Unbesonnenes tust.«

Stanley gab keine Antwort. Der angekündigte Brief ging ihm nicht aus dem Kopf, und um seine Augen zuckte es. Am Sonntag schlief er schlecht, böse Träume über Maud suchten ihn heim. In einem sprachen sie über ihr Testament, und Maud sagte zu Stanley, sie würde es ihm noch besorgen, Mr. Finbow habe in seinem Brief etwas von einer Klausel im Testament geschrieben, die ihm einen gründlichen Strich durch seine schönen Pläne machen würde.

Er war deshalb gewissermaßen schon vorbereitet, als Vera ihm eine Tasse Tee ans Bett brachte und ihm den soeben eingegangenen Brief vorlas.

> *Sehr geehrte Mrs. Manning,*
> *ich habe mich wegen des Ihnen von der verstorbenen Mrs. Maud Kinaway hinterlassenen Vermögens mit der zuständigen Vermögensverwaltung in Verbindung gesetzt. Im Hinblick auf die derzeitige Baisse auf dem Aktienmarkt halte ich es für meine Pflicht, Sie darauf hinzuweisen, daß meiner Ansicht nach ein Verkauf der Wertpapiere zur Zeit nicht ratsam ist. Allerdings weiß ich aus zuverlässiger Quelle, daß in absehbarer Zeit mit einer Erholung der Börse zu rechnen ist, es wäre also zweckmäßiger, noch einige Wochen an den in Frage stehenden Wertpapieren festzuhalten.*
>
> *Sicher werden Sie die Frage möglichst bald mit mir besprechen wollen. Sollten Sie allerdings den sofortigen Verkauf der Wertpapiere wünschen, werde ich*

selbstverständlich alles Erforderliche in die Wege lei-
ten. Dürfte ich Sie bitten, mich Anfang der Woche in
meiner Kanzlei aufzusuchen.

Mit vorzüglicher Hochachtung
Charles H. Finbow

»Hoffentlich ist der alte Knabe sauber«, sagte Stanley
grämlich, »und schmeißt nicht unser Geld zum Fenster
raus. Sag ihm, er soll sofort verkaufen.«

»Sei nicht albern, Liebling«, widersprach Vera nachsichtig. »Mr. Finbow handelt in unserem Interesse. Wenn er die
Wertpapiere jetzt verkauft, statt noch ein paar Wochen zu
warten, haben wir vielleicht einen Verlust von mehreren
hundert Pfund. So hat er das gemeint.«

Stanley setzte sich auf, der Tee war ihm in die falsche
Kehle gekommen. »Ich hör wohl nicht richtig. Wir brauchen das Geld. Wir warten schließlich schon lange genug.«
Ihm war ganz schlecht vor Schreck. Er konnte sich lebhaft
vorstellen, was für ein Gesicht Pilbeam machen würde,
wenn er hörte, Stanley müsse noch ein paar Wochen warten. Er würde das Geschäft glatt platzen lassen.

»Du gehst heute in der Mittagspause hin«, verlangte er
kategorisch, »und ich komme mit.«

»Das geht nicht, Stan. Doris hat frei, ich kann über Mittag nicht weg.«

»Dann geh ich allein.« Stanley schlug die Bettdecke zurück. »Ich geh hin und hol mir das Geld, und wenn ich ihm
in die Fresse schlagen muß.«

»Na schön, ich werde mein Möglichstes tun«, seufzte
Vera.

Als er allein war, rannte Stanley schwitzend auf und
ab. Am Freitag im Pub hatte er in Erwartung der Reich-
tümer, die ja nun bald anrollen mußten, Pilbeam Geld

161

zur Anschaffung eines Lieferwagens, zur Renovierung und Möblierung des Ladens und zum Einkauf erster Warenbestände versprochen. Sie waren darauf angewiesen, daß Finbow mit der Kohle rüberkam. Stanleys Auge zuckte schmerzhaft, und um sich zu beruhigen, setzte er sich an sein Kreuzworträtsel. Er schrieb gerade 26 waagerecht hin – »Loch« (vier Buchstaben): Nichts, ohne das der Knopf nicht knöpft –, als es anhaltend an der Tür klingelte.

Stanley ging nie völlig selbstverständlich und harmlos an die Haustür wie andere Leute, sondern überlegte stets, ob es ratsam war, überhaupt zu öffnen. Jetzt schlich er sich ins Vorderzimmer und spähte durch die Gardine. Auf der Schwelle stand Pilbeam, neben ihm ein großer, schwergewichtiger Mann, nicht älter als achtundzwanzig, in dem Stanley einen von Pilbeams Trinkkumpanen vom Freitag erkannte.

Stanley ließ die Gardine zurückfallen, aber Pilbeam hatte ihn schon entdeckt. Es half nichts, er würde aufmachen müssen. Pilbeam schob sogleich den Fuß in den Türspalt wie ein aufdringlicher Handelsvertreter.

Den Namen seines Begleiters nannte er nicht, und das hatte Stanley auch nicht erwartet. Sie wußten alle drei, wozu Pilbeam ihn mitgebracht hatte, heuchlerische Formalitäten erübrigten sich.

»Ich hab doch Dienstag gesagt«, fuhr Stanley auf die beiden los.

»Weiß ich, weiß ich, und auf einen Tag mehr oder weniger kommt's ja auch nicht an. Aber weil morgen doch das Geldschiff einlaufen soll, hätt ich gern heut schon fünfzig Pfund von dir.«

Machtlos mußte Stanley mit ansehen, wie die beiden das Haus betraten. »Ich hab keine fünfzig Pfund«, sagte er, Größe und Jugend von Pilbeams Freund registrierend.

»Dann dreißig«, sagte Pilbeam. »In deinem eigenen Interesse, Stan. Wir haben da unser Auge auf einen Satz Rosenvasen geworfen, mein Kumpel und ich, wär jammerschade, sie sausen zu lassen.«

»Ich will mal sehen«, sagte Stanley matt. Die breiten Schultern des Freundes berührten die seinen. »Setzt euch, macht's euch gemütlich. Das Geld ist oben.«

Er rannte die Treppe hinauf und ging ans Bücherregal. Während er dreißig Scheine aus dem Rätselband fingerte, hörte er Schritte hinter sich, und als er sich umdrehte, sah er Pilbeam in der Tür stehen, der diese Tätigkeit interessiert und ein wenig verblüfft beobachtete.

»Das ist also deine Sparbüchse? Pfui Deibel, ist ja widerlich, dieser Veilchengestank.«

Stumm reichte ihm Stanley die dreißig Pfund. In dem Jahrbuch steckten jetzt nur noch dreizehn Scheine.

»Das ist mein Mann«, sagte Vera, als sie in Mr. Finbows Büro standen. Es klang ungewohnt. In den Kreisen, in denen sie und Stanley verkehrten, waren förmliche Vorstellungen meist überflüssig. Wenn sie aber doch einmal genötigt war, diesen Satz auszusprechen, regte sich immer leise Scham in ihr. Heute, beim Anblick von Stanleys angriffslustig vorgeschobenem Kinn und seiner argwöhnisch glitzernden Augen, war dieses Gefühl besonders ausgeprägt. »Er wollte gern mitkommen.«

»Guten Tag, Mr. Manning«, sagte Mr. Finbow. »Bitte nehmen Sie doch beide Platz. Nach meinem Brief dürfte die derzeitige Situation wohl klar sein, aber selbstverständlich bin ich gern bereit, Ihnen zusätzliche Erläuterungen zu geben, wenn Sie es wünschen.«

»Wünschen wir«, sagte Stanley. »Deshalb sind wir ja hier.«

Mr. Finbow hob leicht die Augenbrauen und wandte sich betont an Vera. »Die Sache ist so, Mrs. Manning. Das Geld Ihrer verstorbenen Frau Mutter ist zum allergrößten Teil in den Aktien zweier Gesellschaften festgelegt, der Euro-American Tobacco und der Universal Incorporated Tin. Beides sehr sichere Anlagen, bombensicher, wie man so sagt. Bekanntlich ist aber die arabisch-israelische Krise an den Aktienmärkten nicht spurlos vorübergegangen...«

Er machte eine Pause, vielleicht erwartete er von Vera einen sachkundigen Kommentar. Vera wußte nur, daß das Fernsehen im April und Mai sehr viel über den Nahen Osten gebracht hatte, ihre persönliche Krise aber hatte ihr keine Zeit gelassen, sich um Einzelheiten zu kümmern. Sie nickte ein wenig hilflos.

»Wie ich mir habe sagen lassen«, fuhr Mr. Finbow fort, »müßten wir bei einem sofortigen Verkauf der Effekten einen Verlust von mehreren hundert Pfund hinnehmen.«

Vera nickte wieder. »Aber diese... Effekten werden einmal wieder soviel wert sein wie früher?«

»Das hat man mir glaubhaft versichert, Mrs. Manning. Die beiden von mir genannten Firmen sind internationale Konzerne, ihre Aktienkurse sind sehr konstant, ein definitiver Wertverfall ist nicht zu erwarten. Es ist nur so, daß der derzeitige Verkaufspreis nicht zufriedenstellend ist. Jeder Fachmann würde Ihnen bestätigen, daß ein Verkauf zum jetzigen Zeitpunkt nicht klug wäre. In etwa sechs Wochen dürfte sich eine spürbare Erholung...«

»Sechs Wochen«, fuhr Stanley dazwischen. »Und was ist mit den Zinsen? Was wird aus denen?«

»Der Kurs«, erläuterte der Anwalt nicht mehr ganz so geduldig, »ist wie gesagt zur Zeit gefallen – der Kurs der einzelnen Aktien, meine ich. Davon wird aber das Einkommen Ihrer Frau als solches nicht berührt, da die

Firmen keine Änderung ihrer Dividendenpolitik vorgenommen haben.«

»Das sagen Sie so«, meinte Stanley. »Aber wer garantiert uns, daß es bei dieser einen Krise bleibt, daß Sie uns nicht von einem Monat auf den nächsten vertrösten? Schließlich ist das unser Geld.«

»Ich darf doch bitten...«

»Na, stimmt das etwa nicht? Schon vor Wochen hat meine Frau gesagt, Sie sollen verkaufen. Und bloß weil Sie so rumgetrödelt haben, ist nicht so viel Geld da, wie Sie zuerst gesagt haben. Soviel versteht wohl auch der Dümmste von der Sache.«

Mr. Finbow stand auf, drehte Stanley den Rücken und wandte sich demonstrativ an Vera, klirrende Höflichkeit in der Stimme. »Wenn Sie nicht mit mir zufrieden sind, Mrs. Manning, würde ich Ihnen dringend raten, eine andere Anwaltsfirma mit der Wahrung Ihrer Interessen zu betrauen.«

Vera war dunkelrot geworden und wagte es nicht, Stanley anzusehen. »Aber nein«, stotterte sie. »Das dürfen Sie nicht denken. Ich glaube, mein Mann übersieht nicht ganz...«

»Hat sich was«, sagte Stanley ungerührt. »Das ganze Gesabbel bringt uns nicht weiter. Wir haben gesagt, Sie sollen verkaufen, und dabei bleibt's. Verkaufen Sie den ganzen Kitt sofort, heute nachmittag noch. Es ist schließlich unser Geld. Alles klar?«

Mr. Finbow sah aus, als könne ihn jeden Augenblick der Schlag treffen. Dann sagte er frostig: »Ich bin kein billiger Jakob, ich bin Anwalt und Seniorpartner in einer Firma von untadeligem Ruf. In diesem Ton hat in meinem ganzen Leben noch niemand mit mir gesprochen. Und das in meinem eigenen Büro.« Er schloß einen Augenblick gepeinigt die Augen, dann wandte er sich an Vera und sagte sehr förmlich: »Darf ich um Ihre Instruktionen bitten, Mrs. Manning?«

Vera schlug die Augen nieder. Ihre Hände zitterten. »Es tut mir leid, Mr. Finbow, wirklich, es tut mir sehr leid.« Sie sah unglücklich zu ihm auf. »Bitte tun Sie, was Sie für richtig halten. Es ist nur so, daß wir ein, zwei Dinge –«

»Beim Tod Ihrer Mutter sind auch einige Versicherungen fällig geworden«, sagte Mr. Finbow ein wenig freundlicher. »Einen Scheck über fünfhundert Pfund könnte ich Ihnen gleich mitgeben, wenn Ihnen das etwas nützt.«

»Fünfhundert Pfund? Das wäre sehr schön«, sagte Vera erleichtert. Sie wartete, ohne Stanley anzusehen, bis Mr. Finbow den Scheck ausgeschrieben hatte. »Und bitte verkaufen Sie die Aktien erst, wenn Sie und der Börsenmakler meinen, daß die Lage sich gebessert hat.«

Stanley geflissentlich übersehend, schüttelte Mr. Finbow ihr die Hand. »Einverstanden, Mrs. Manning. Ich denke, das war eine kluge Entscheidung. Guten Tag.«

»Wie konntest du nur, Stan«, sagte Vera, während sie die Treppe hinuntergingen. »Was muß Mr. Finbow von dir denken.«

»Der kann mich mal gern haben, der aufgeblasene alte Fatzke. Jetzt schreib deinen Namen hinten auf den Scheck, ich bring ihn zu Barclay's und eröffne ein Konto. Mach's gleich hier auf dem Tisch. Und dann mußt du zurück ins Geschäft, sonst kommst du zu spät.«

Vera war stehengeblieben, aber ihre Handtasche machte sie nicht auf. »Ins Geschäft brauch ich erst wieder um zwei. Ich wollte das Mittagessen ausfallen lassen und mir bei den Stadtwerken Kühlschränke ansehen.«

»Gute Idee. Schieb ab.« Stanley streckte ihr erwartungsvoll die Hand hin.

»Mit ›ansehen‹ hab ich kaufen gemeint. Du weißt ja, wie

gern ich schon immer einen Kühlschrank haben wollte. Ohne Geld bekomm ich keinen, und dazu brauch ich ein Scheckbuch. Wir können zusammen zur Bank gehen. Findest du es nicht auch netter, ein gemeinschaftliches Konto zu haben?«

Nett war nicht der Ausdruck, den Stanley gewählt hätte. Aber da war wohl nichts zu machen. Seite an Seite betraten sie die Filiale von Barclay's Bank in Croughton.

Der Filialleiter, ein kleiner, fülliger Mann, sah James Horton äußerlich überhaupt nicht ähnlich, aber er erinnerte Vera an James – vielleicht, weil er bei derselben Bank arbeitete. Seit sie zurück war, hatte sie nicht oft an James gedacht, aber jetzt stand er ihr deutlich vor Augen – ein sanfter, höflicher, rücksichtsvoller Mann. Unwillkürlich verglich sie seine gepflegten Umgangsformen mit Stanleys Auftritt bei Finbow and Craig.

»Hier bitte, Mrs. Manning«, sagte der Kassierer und beugte sich über den Schreibtisch seines Chefs. »Ihr Scheckbuch, und hier das Ihre, Mr. Manning. Und ein Einzahlungsbuch für Sie beide. Sobald die Scheckbücher mit eingedrucktem Namen kommen, schicken wir sie Ihnen zu.«

Der Filialleiter brachte sie zur Tür.

»Das nenne ich einen Gentleman«, sagte Stanley.

Er hatte das letzte Suchwort des Kreuzworträtsels gelöst – »Senn«: Enzian verschönt seinen Arbeitsplatz –, als Vera zurückkam, rosig angehaucht vor freudiger Erregung.

»Ich hab ihn gekauft, Liebling, ein Prachtstück von Kühlschrank mit einem Gemüsefach und so was. Und dann – ich weiß, es ist furchtbar verschwenderisch – hab ich mir auch noch eine vollautomatische Waschmaschine ausgesucht. Beides wird morgen geliefert.«

»Und was hat das alles gekostet?« fragte Stanley und steckte die Kappe auf den Füller.

»Knapp hundert Pfund. Das viele Geld ist mir wohl zu Kopf gestiegen. Aber bis Mr. Finbow den Rest schickt, wird kein Penny mehr ausgegeben, das hab ich mir fest vorgenommen.«

»Es ist dein Geld«, sagte Stanley huldvoll. »Schließlich hat deine Mutter es dir vermacht.«

»Aber nein, Liebling, es ist unser Geld. Kauf dir einen Anzug oder sonst eine Kleinigkeit, wenn es dir Spaß macht, du hast ja jetzt dein eigenes Scheckbuch.«

Stanley steckte die Hand in die Tasche und tastete nach dem nagelneuen grünen Büchlein in der Plastikhülle. Anständig von Vera, ihm sozusagen freie Hand zu lassen. Er hätte sich ohnehin nach Belieben bedient, aber mit vorheriger Erlaubnis arbeitete es sich entschieden freizügiger.

Waschmaschine und Kühlschrank kamen am nächsten Tag um halb zehn. Stanley lag noch im Bett und maulte, weil er die Leute hereinlassen mußte. Dann fiel ihm ein, daß heute Dienstag und in zweierlei Hinsicht ein guter Tag für ihn war. Pilbeam würde zufrieden sein, und Caroline Snow war auf dem Weg nach Gloucester. Um eins schaltete er die Nachrichten ein. Am schönsten wäre es ja, wenn ein Zugunglück auf der Strecke Paddington-Gloucester ihm das Problem ein für allemal vom Halse schaffen würde. Erstaunlich, wie oft man neuerdings von entgleisten Zügen hörte. Eisenbahnfahren war mittlerweile schon so gefährlich wie Fliegen. Aber in den Nachrichten war hauptsächlich von der Nahostkrise die Rede, von Zügen wurde nichts gemeldet.

Vera beschäftigte sich, restlos glücklich, mit ihrem neuen Spielzeug in der Küche, so daß sie keine unbequemen Fragen stellte, als er um Viertel vor acht das Haus verließ. Er sagte beiläufig etwas von einer geschäftlichen Besprechung. Daß sie in einem Pub stattfand, sagte er nicht. Einer gewöhnlichen Gastwirtschaft fehlte nun mal leider der Anstrich von Gediegenheit, den Stanley für seine neueste Unternehmung anstrebte.

Pilbeam war vor ihm da. Er war immer vor ihm da.

»Tut mir leid, wenn ich dich gestern ein bißchen gegen den Strich gebürstet habe, Stan, aber was sein muß, muß sein. Ich habe die Vasen gekriegt und einen Haufen wirklich schönes Silber. Wird Zeit, daß du mal kommst und dir das Zeug im Laden anschaust. Ein Kumpel hat mir einen flotten Kombi angeboten. Wenn er uns gefällt, können wir ihn morgen haben. Nur 250 Pfund.«

»Das müßte sich machen lassen«, sagte Stanley.

»Will ich stark hoffen, alter Freund und Spießgeselle, wo du mir sozusagen das Blaue vom Himmel versprochen hast... Meine Alte wartet auf ihr Geld, und wenn wir morgen mit dem Kombi nach Barnet fahren –«

»Wir werden das Kind schon schaukeln«, sagte Stanley.

Am nächsten Morgen kauften sie den Kombi. Stanley gab Pilbeams Freund einen Scheck und stellte noch einen Barscheck aus. Sehr flott konnte er den Kombi nicht finden, die Kotflügel waren verbeult, und der Lack war zerkratzt, aber der Motor sprang sofort an. Wenig später rollten sie in Richtung Old Village.

Während der Fahrt war Pilbeam auffallend schweigsam. Vielleicht nimmt er noch übel, dachte Stanley. Aber als sie vor dem Geschäft hielten, ging ihm auf, daß Pilbeam nicht übelnahm, sondern vor lauter Aufregung nicht hatte sprechen können. Jetzt verkündete er stolz:

»Na, was sagst du, alter Freund und Spießgeselle? Da staunst du, was? Wie du siehst, hab ich nicht auf der faulen Haut gelegen.«

Stanley traute seinen Augen kaum. Als er das Geschäft zuletzt gesehen hatte, war das Erkerfenster schmutzig gewesen und hatte einen Sprung gehabt, die Tür war mit Brettern vernagelt gewesen. Jetzt war die Scheibe repariert und spiegelte vor Sauberkeit, dahinter kamen die Schätze des Ladens aufs vorteilhafteste zur Geltung. Über dem Schaufenster prangte in goldenen Lettern ein Name – »Das Raritätenkabinett« –, und auch an der Tür aus Glas und Schmiedeeisen mit dem geschnörkelten Messinggriff leuchteten goldene Buchstaben.

Pilbeam schloß auf und ließ ihn ein.

Die Wände des Ladenraums zierte eine gestreifte Biedermeiertapete, auf dem Boden lag ein dunkelroter Teppich. Auf einem ovalen Tisch standen zwei Kandelaber und eine große Rosenschale. Mit großen Augen ging Stanley herum, besah sich die gerahmten Jagdszenen, die Teller aus Crown-Derby-Porzellan und einen Haufen undefinierbaren Schnickschnacks. Seine Stimmung hob sich. Daß Pilbeam gestern in der Absicht gekommen war, ihm eine größere Geldsumme notfalls mit Gewalt abzunehmen, hatte seinen Glauben an den Teilhaber schwer erschüttert, und der klapprige alte Kombi hatte ihm fast den Rest gegeben. Jetzt, umgeben von auf Hochglanz poliertem Holz und sanft glänzendem Porzellan, zog wieder Zuversicht in sein Herz ein.

»Wer hat denn hier renoviert?« fragte er.

»Zwei Kumpel von mir.« Pilbeam hatte offenbar einen sehr ausgedehnten Freundeskreis. »Haben den Auftrag zwischengeschoben, um mir einen Gefallen zu tun. Gut, nicht?«

»Ganz toll«, sagte Stanley.

»Sie sollen die Rechnung an dich schicken, hab ich gesagt. War doch richtig, oder?«

»Ja, sicher«, sagte Stanley schon etwas weniger begeistert. »Wieviel – äh – macht es denn?«

»Mehr als fünfzig Pfund können's eigentlich nicht sein, alter Freund und Spießgeselle, davon wirst du schon nicht pleite gehen, was? Und schau dir den Teppich an, ein besonders schöner Wilton. Aber bis du für den die Rechnung kriegst, wird's bestimmt Herbst. Wir könnten eigentlich morgen aufmachen, was meinst du?«

»Warum nicht?«

Sie feierten mit einem Drink im *Schleusenwärter*, dann klapperten sie mit dem Kombi die Dörfer in Hertfordshire ab. Dabei war Pilbeam der Wortführer. Am liebsten waren ihm offenbar etwas heruntergekommene alte Häuser und solche, in denen alleinstehende Frauen mittleren Alters oder ältere Frauen wohnten, deren Mann bei der Arbeit war.

Seine Taktik bestand darin, die Hausfrau zu fragen, ob sie altes Porzellan oder Silber abzugeben hatte. Meist ging sie auch bereitwillig auf den Speicher, um das Zeug zusammenzusuchen, und inzwischen sah sich Pilbeam unten um. Wenn sie wieder herunterkam, nannte er für alles, was sie ihm vorlegte, gute Preise, bis sie ganz benommen von dem plötzlichen Geldsegen war, den sie für ihren alten Trödel kassieren konnte. Schon im Gehen, bot ihr dann Pilbeam zehn oder zwanzig Pfund für ein Stück, auf das er von Anfang an sein Auge geworfen hatte, einen Ohrensessel etwa oder einen Schreibsekretär, und in ihrer Freude und Habgier ging sie meist darauf ein. Pilbeam behauptete, daß er auf das bewußte Stück gar keinen Wert legte, daß er es nur mitnahm, um ihr einen Gefallen zu tun.

»Ich gebe Ihnen zwanzig dafür, Lady«, sagte er, »noch mal zwanzig kostet es mich, das Ding wieder herzurichten, und von meinem Kunden bekomm ich dann fünfundvierzig. Ich bin da ganz ehrlich, schließlich will ich ja was dran verdienen.«

»Aber dann hätte ich es ja selber herrichten lassen und was dran verdienen können.«

»*Mich* kostet es zwanzig, das gute Stück wieder in Schuß zu bringen, Lady. Ein Möbeltischler nimmt da ganz andere Preise. Dreißig oder vierzig mindestens.«

»Na ja, Sie müssen's ja wissen«, sagte die Kundin. »Ich kann das alte Ding sowieso nicht mehr gebrauchen, bin froh, wenn ich es los werde. Beim letzten Entrümpeln mußte ich fürs Abholen sogar noch was zahlen.«

Die Scheine für diese Transaktionen kamen aus Stanleys Tasche.

»Das Geld ist gut angelegt, alter Junge«, sagte Pilbeam. »Wenn du mir jetzt noch die fünfundzwanzig für meine Alte gibst, sind wir quitt.«

Stanley mußte für Mrs. Pilbeam einen Scheck schreiben, das Bargeld war ihm ausgegangen. »Schreib einfach H. Pilbeam drauf«, sagte ihr Mann. »Hilda heißt sie, die alte Zanktippe.«

Damit sind die vierhundert weg, die noch auf dem Konto waren, dachte Stanley, die Tapezierer werden sich gedulden müssen. Danach war aber dann erst mal Schluß, und Vera hatte gesagt, sie würde keinen Penny mehr anrühren. Und Ende der Woche konnten sie ja sicher schon was aus dem Geschäft mit nach Hause nehmen.

Am nächsten Tag brachte er Ethel Carpenters Schätze in das »Raritätenkabinett« und arrangierte sie gefällig auf dem ovalen Tisch.

17

Stanley mit dem Kombi loszuschicken war sinnlos. Er konnte, wie sein Teilhaber es ausdrückte, eine Meißner Vase nicht von einem Nachtgeschirr unterscheiden. Deshalb übernahm Pilbeam die Trödeltour, und Stanley hütete den Laden. Die Sachen waren alle auf der Unterseite oder an einem Bein ausgepreist, und Pilbeam hatte ihm eingeschärft, nichts nachzulassen, auf keinen Handel einzugehen. Wenn die Leute nicht kaufen wollten, sollten sie's bleiben lassen.

Sie ließen es bleiben. An seinem ersten Tag machte Stanley nur ein einziges Geschäft – er verkaufte einer mutmaßlichen Patentante einen silbernen Löffel für fünfzehn Shilling. Als er recht niedergeschlagen heimkam, empfing Vera ihn mit schmalen Lippen und roten Augen. Auf den Bericht von seinem Tagesverlauf reagierte sie ausgesprochen einsilbig.

»Sag mal, was ist denn in dich gefahren?«

»Das weißt du ganz genau.«

»Keine Ahnung. Heute morgen war doch alles in Ordnung.« Daß er das Geld abgehoben hatte, konnte sie doch wohl nicht spitzgekriegt haben... Nein, das Scheckbuch steckte wohlverwahrt in seiner Tasche. »Ich kann schließlich nicht Gedanken lesen.«

Vera setzte sich, stocherte in ihrem Essen herum und brach in Tränen aus.

»Herrgott noch mal«, sagte Stanley. »Was hast du denn bloß?«

»Da fragst du noch? Wo du dir in meiner Abwesenheit Frauen ins Haus geholt hast?« Sie sah ihn aus rotgeweinten Augen vorwurfsvoll an. »Wie konntest du nur, Stan?«

»Frauen? Ich hab keine Frauen hiergehabt. Du tickst wohl nicht mehr richtig.«

»Gut, eine Frau also. Aber davon wird's auch nicht besser. Sämtliche Nachbarn reden drüber und lachen sich über mich kaputt. Es heißt ja immer, daß die Ehefrau es als letzte erfährt.«

Caroline Snow. Dieses Weib wuchs sich nachgerade zu seinem bösen Geist aus. Ständig machte sie ihm Ärger.

»Das hast du wohl von Mrs. Macdonald«, sagte er.

»Nein, von Mrs. Blackmore, aber sie wissen es alle und erzählen es genüßlich herum. Daß am Sonntag dieses große blonde Mädchen hier war, einen Tag, nachdem du mich glücklich losgeworden warst, und daß sie am Freitag noch mal wiedergekommen ist. Stundenlang ist sie geblieben, hat Mrs. Blackmore gesagt, und ihr seid zusammen weggegangen.«

»Das war ganz harmlos«, sagte Stanley – die klassische Formel. »Wir ... wir wollen sie vielleicht als Buchhalterin einstellen, mein Partner und ich, da mußte ich sie mir doch ansehen.«

»Warum hast du dann gesagt, daß während meines Urlaubs niemand hier war? Das hast du ganz von selbst gesagt, ich hatte dich nicht danach gefragt. Niemand war hier, hast du gesagt.«

»Ich hab's vergessen.«

»Zu uns kommt nie jemand«, sagte Vera müde. »Wir haben keine Freunde – falls dir das noch nicht aufgefallen sein sollte. Jahrelang besucht uns außer den Nachbarn kein Mensch, und dann taucht dieses Mädchen auf, und du vergißt, mir davon zu erzählen. Das soll ich dir abnehmen?«

»Als gute Ehefrau müßtest du mir glauben«, sagte Stanley. »Und nicht den Nachbarn, diesen Klatschmäulern. Ich sage die Wahrheit, Vera.«

»Erzähl mir nichts, Stan. Du weißt ja gar nicht, was das Wort bedeutet. Lüge oder Wahrheit – das ist für dich Jacke wie Hose. Soll ich deinen Partner Pilbeam anrufen und ihn fragen, ob ihr vorhabt, eine Buchhalterin einzustellen?«

»Er hat kein Telefon«, brummelte Stanley. Vorsichtshalber aber würde er gleich morgen früh Pilbeam impfen. »Ich finde, du solltest Vertrauen zu mir haben, Vera.«

»Warum? Hast du mir während unserer Ehe jemals Grund gegeben, dir zu vertrauen?«

In dieser Nacht schlief Vera in dem Bett, das sie für Ethel Carpenter zurechtgemacht hatte.

Allmählich belebte sich das Geschäft. Weil sie kein Geld für weitere Ankäufe hatten, blieb Pilbeam am Donnerstag und Freitag im Laden und bediente. Das kam ihrem Umsatz zugute. Stanley merkte bald, daß Pilbeam ein geschickter, hartnäckiger Verkäufer mit überzeugendem Mundwerk war. Er verkaufte den ovalen Tisch und die vier Stühle mit den Hepplewhite-Fragmenten als echtes Hepplewhite an eine Kundin, die erzählte, ihr Haus sei ganz mit skandinavischen Möbeln eingerichtet, und die Kandelaber als Geschenk für einen Teenager, der nur Rockmusik im Kopf hatte. Er könne Negern im schwärzesten Afrika Zentralheizung verkaufen, behauptete Pilbeam von sich, und Stanley glaubte ihm aufs Wort. Als er aber einen Anteil vom Umsatz verlangte, sagte Pilbeam, sie müßten vorläufig noch jeden Penny ins Geschäft stecken. Stanley kam mit leeren Händen heim.

Das Verhältnis zu Vera besserte sich, aber ganz in Ordnung war es noch nicht wieder. Eines Abends hatte er in einem Anflug guter Laune den Arm leicht um ihre Schulter gelegt, als sie am Herd stand, und sie war zurückgezuckt, als habe er sie mit einem rotglühenden Eisen berührt.

»Ist es nicht Zeit, daß wir Gras über diese dumme Geschichte wachsen lassen?« fragte er.

»Kannst du schwören, daß diese Frau dir nichts bedeutet hat, daß sie nur auf einen Job aus war? Gibst du mir dein Wort, daß du sie nicht angerührt hast?«

»Ich kann die dumme Pute nicht ausstehen«, versicherte Stanley wahrheitsgemäß, und danach war Vera netter zu ihm. Sie erkundigte sich, wie es ihm im Geschäft ergangen war, und überlegte, was sie mit dem Geld anstellen würden, wenn es kam. Doch wenn sie vor dem Fernseher saßen oder er an seinen Rätseln knobelte, ertappte er sie, wenn er aufsah, hin und wieder dabei, daß sie ihn mit undeutbarem Ausdruck betrachtete und rasch die Augen niederschlug, sobald sie seinem Blick begegnete.

Inzwischen freute sie sich auf das Geld, und wenn Stanley sich das Rätsel im *Daily Telegraph* vornahm, erbat sie sich den Wirtschaftsteil, studierte die Börsenkurse und vermerkte zufrieden, daß Euro-American Tobacco und International Tin sich stetig erholten. Maud hätte gewollt, daß ich das Geld bekomme, dachte sie. Vor allem hätte sie gewollt, daß ich all die Dinge bekomme, die man mit Geld kaufen kann. Sie hatte ein Amateurfoto von Maud vergrößern lassen und im Eßzimmer aufgehängt, und wenn sie es betrachtete, dachte sie oft an Mauds Scharfblick, an ihren gesunden Menschenverstand. Ihre Mutter hatte Stanley von Anfang an durchschaut. Sie hatte immer gewußt, daß mit Geld der Ehe ihrer Tochter nicht aufzuhelfen war, daß es ihr aber das Leben als Frau – nicht unbedingt als Stanleys Frau – erleichtern würde. Unglück war leichter zu ertragen, wenn man keine materiellen Sorgen hatte.

Wie angenehm war es, am Tisch zu sitzen, während Stanley in sein Rätsel vertieft war, und für die Gas- und Elektrizitätswerke Schecks auszuschreiben, statt in eine der Büchsen im Küchenbüffet zu greifen und mit dem Kleingeld in die Stadt zu gehen. Wie schön war es, in einem Zug »acht Pfund neun Shilling und Threepence« hinzuschreiben und die Unterschrift darunterzusetzen, ohne überlegen zu müssen, ob man nicht beim nächstenmal etwas sparen konnte, wenn man jedesmal das Licht ausmachte, sobald man ein Zimmer verließ . . .

In dieser Woche brachte Stanley zehn Pfund heim.

»Es könnte fünfmal soviel sein, alter Freund und Spießgeselle«, sagte Pilbeam, »wenn wir nicht das Geld für Ware brauchen würden. Bis du mit deiner Kohle rüberkommst, können wir uns einfach nicht rühren.«

Und Stanley, der bis zur Eröffnung des Geschäfts seinem Teilhaber gegenüber sehr skeptisch gewesen war, erkannte jetzt, daß Pilbeams Voraussagen sämtlich eingetroffen waren. Der Mann wußte, wovon er redete, er war ein Fachmann für Antiquitäten, und der Laden war die versprochene Goldgrube, deren reiche Adern sich nur dann richtig erschließen ließen, wenn ein tüchtiger Batzen Geld investiert wurde. Es ist schon ärgerlich, dachte Stanley, daß mein Kapital, eine Summe, die mir rechtmäßig zusteht, anderswo festgelegt ist, in lächerlichen Zinn- und Tabakaktien, und nicht angezapft werden kann, bis Finbow sie freigibt.

Mit seinen Nerven stand es nicht zum besten. Seine Hände zitterten nicht mehr, und auch die Übelkeit hatte sich gelegt, aber dafür hatte sich etwas noch Peinlicheres eingestellt: Das Zucken um die Augen war zum Dauerzustand geworden.

Begonnen hatte es im rechten Auge, als Vera ihn wegen Caroline Snow zur Rede gestellt hatte. Das Lid hob und senkte sich ohne sein Zutun, besonders wenn er müde war. Stanley schlug seine Symptome in dem medizinischen Lexikon nach, das er zu Rate gezogen hatte, als er nach Möglichkeiten gesucht hatte, Maud aus dem Weg zu räumen. Es handele sich um einen sogenannten Tic, erfuhr er dort, gewöhnlich ausgelöst durch Erschöpfung und nervliche Belastungen, der sich aber meist nach kurzer Zeit wieder legte. Sollte dies nicht der Fall sein, war darin ein Frühsymptom für eine Störung des Zentralnervensystems zu sehen. Was heißt hier kurze Zeit, dachte Stanley. Stunden, Tage, Wochen? Der Tic tat ihm nicht den Gefallen, sich wieder zu legen. Seit vierzehn Tagen ging das schon. Ruhe hatte er nur noch bei seinen Rätseln. Allerdings waren die als Therapie nicht recht zu gebrauchen, weil er inzwischen für ein Kreuzworträtsel nur noch zehn Minuten benötigte. Vielleicht sollte er mal den Spieß umdrehen und selbst Kreuzworträtsel erfinden.

Vor zwei, drei Jahren hatte er dazu schon einmal einen Anlauf gemacht, aber damals hatte abends ständig Maud herumgesessen und ihn gestört. Jetzt lagen die Dinge anders. Wenn er im Geschäft saß und auf Kundschaft wartete, zeichnete er Kreuzgitter auf den Block, den Pilbeam und er zum Ausschreiben der Rechnungen benutzten. Manchmal war Pilbeam auf Tour, manchmal hämmerte er in der kleinen Werkstatt im Hinterzimmer herum. Während Stanley Suchwörter ersann und die Lösungen in die Kästchen schrieb, verhielt sich sein Auge still und friedlich, die Aufgabe forderte seine intellektuellen Fähigkeiten. Oft war er so vertieft, daß alles um ihn herum versank. Stundenlang konnte er sich mit dem Problem beschäftigen, ein Wort zu finden, das zu »Ein Buchstabe ROG zwei Buchstaben S zwei Buchstaben« paßte, und war selig, wenn er schließlich auf PROGNOSE verfallen war.

Allmählich war die Rätselei schon fast zur Obsession geworden, aber Stanley wußte, daß sie sich ebenso legen würde wie das Zucken, sobald das Geld da war. Mit Feuereifer würde er sich dann dem Geschäft widmen, befreit von den Nachstellungen Pilbeams, der jetzt alle paar Minuten aus dem Hinterzimmer auftauchte und sich abfällig über Leute äußerte, die es nicht nötig hatten, ihren Verpflichtungen nachzukommen. Seine Rätsel taten schließlich niemandem weh, sie lenkten seine Gedanken von dem Geld und sein Auge vom Zucken ab.

Fast einen Monat nach Eröffnung des gemeinschaftlichen Kontos kam ein Brief von der Bank. Stanley war schon ins Geschäft gegangen, leise »M zwei Buchstaben CH ein Buchstabe« vor sich hin murmelnd. Es wollte und wollte ihm nicht gelingen, ein entsprechendes Wort dafür zu finden. Er begegnete dem Briefträger, war aber mit seiner bisher unlösbaren Aufgabe derart beschäftigt, daß er nicht einmal auf den Gedanken kam, er könne eine Nachricht von Finbow and Craig mitgebracht haben.

Der Umschlag war an Mr. und Mrs. Manning gerichtet, und Vera zögerte einen Augenblick, aber dann gab sie sich einen Ruck und machte den Brief auf. Ungläubig staunend las sie:

Sehr geehrte Mrs. Manning, sehr geehrter Mr. Manning, zu meinem Bedauern muß ich Ihnen mitteilen, daß Ihr gemeinschaftliches Girokonto um 35 Pfund überzogen ist. Ich nehme an, daß Ihnen daran liegt, diese Angelegenheit baldmöglichst zu regeln, und erwarte daher in den nächsten Tagen eine Überweisung in Höhe des ausstehenden Betrages.

Hochachtungsvoll
Arthur Frazer, Filialleiter

Aber das war doch unmöglich. Sie hatte nur Schecks für den Kühlschrank und die Waschmaschine und die Strom- und Gasrechnung ausgeschrieben. Bei Eröffnung des Kontos hatten sie ein Guthaben von fünfhundert Pfund gehabt, davon mußten jetzt noch mindestens dreihundertsiebzig da sein. Sie hatte Stanley gesagt, er solle sich einen Anzug kaufen, aber das hatte er nicht getan. Ob da ein Irrtum vorlag? Sicher doch... Aber unterliefen Banken Irrtümer? Warum nicht, da arbeiteten auch nur Menschen.

Wieder wurde Vera ihre Unwissenheit auf so vielen Gebieten, auf denen sich andere Leute ganz selbstverständlich auskannten, schmerzlich bewußt. Vielleicht hatte sie einen Scheck falsch ausgeschrieben, womöglich eine zusätzliche Null angehängt. Aber hätte man das bei den Stadtwerken nicht bemerkt? Oder rührten sie sich nicht, wenn man ihnen zuviel bezahlte, wie Stanley, als der Gemüsehändler ihm auf fünf statt auf ein Pfund herausgegeben hatte?

Schlimmer noch – konnte die Bank sie gerichtlich belangen? Sie erinnerte sich dunkel, irgendwo gehört zu haben, daß es strafbar sei, ungedeckte Schecks auszuschreiben. Wenn sie nur jemanden um Rat fragen könnte...

Maud hätte sich ausgekannt. Wehmütig betrachtete Vera das Bild ihrer Mutter an der Wand. Maud war eine gute Geschäftsfrau gewesen, sie hätte einen ausgezeichneten Buchhalter abgegeben, aber Maud war tot. Wen kannte sie noch? Doris von der Reinigung, Mrs. Blackmore, Mrs. Macdonald... Aber die mochte sie nicht mit ihren Problemen behelligen. Schlimm genug, daß sie untereinander über Veras Ehe und Stanleys Seitensprung tratschten.

Nein, sie hatte niemanden bis auf... Ja warum eigentlich nicht? James hatte gesagt, er sei ihr Freund. »Wir wollen den Kontakt nicht wieder abreißen lassen, Vera«, hatte er gesagt. Da hatte er allerdings noch nicht gewußt, daß ihr Mann lebte, daß sie eine ganz normale Ehe führte. Seit Vera aus Bray zurück war, hatten sie nichts mehr voneinander gehört.

Wenn sie sich nicht dazu aufraffte, James um Rat zu fragen, würde sie dreihundertsiebzig Pfund verlieren. Mehr als das, denn das Konto war ja um fünfunddreißig Pfund überzogen. Ganz aufgelöst rief Vera in der Reinigung an und sagte Doris, sie könne nicht kommen, sie fühle sich nicht wohl, und das stimmte ja auch. Es war sinnlos, das Problem ständig vor sich herzuschieben, rastlos hin- und herzulaufen und immer wieder den ominösen Brief zu lesen. Vera holte ihr Adreßbuch hervor und wählte die lange Durchwahlnummer nach Bray.

Die Bank war noch nicht geöffnet, sie erreichte James zu Hause. Er schien sich sehr über ihren Anruf zu freuen, seine Stimme klang nicht traurig oder enttäuscht wie bei ihrer letzten Begegnung.

»Du störst mich überhaupt nicht, Vera. Wenn ich kann, will ich dir gern raten.«

Stockend und sich immer wieder entschuldigend legte Vera ihren Fall dar.

»Aha. Was sagt dein Mann dazu?«

Auf den Gedanken, sich mit Stanley in Verbindung zu setzen, war Vera überhaupt nicht gekommen. »Ich habe es ihm noch nicht erzählt.«

Nach kurzem Schweigen fragte James: »Und es ist ein gemeinschaftliches Konto, sagst du?«

»Ja. Aber Stanley braucht kein Geld, er ist Teilhaber in einem gutgehenden Geschäft.«

Warum sprach James plötzlich so sanft und rücksichtsvoll? »Du solltest unbedingt mit deinem Mann reden, Vera. Aber paß auf, ich rufe jetzt Mr. Frazer an – ich kenne ihn ein bißchen – und sage ihm, daß du eine Bekannte von mir bist und daß du gegen elf bei ihm vorbeikommen wirst. Wäre dir das recht? Dann hast du noch Zeit, dich mit deinem Mann in Verbindung zu setzen.«

»Du bist sehr lieb, James.«

»Für dich würde ich alles tun, Vera, das weißt du ja. Soll ich dir 35 Pfund leihen, bis du wieder flüssig bist?«

»Auf gar keinen Fall«, sagte Vera heftig. »Deswegen habe ich dich nicht angerufen.«

»Ich geb dir das Geld gern, wenn du es brauchst. Jetzt mach dir keine Sorgen, Vera. Die Bank hat die Schecks honoriert, sie gehen also nicht zurück. Mit Mr. Frazer läßt sich bestimmt reden. Bitte ihn einfach, dir den Kontoauszug und die Schecks zu zeigen, die von deinem Konto abgebucht worden sind. Verstehst du das?«

»Ja, natürlich.«

»Gut. Niemand wird dir eine Strafpredigt halten, niemand wird dich einschüchtern. Tausende von Leuten überziehen jeden Monat ihr Konto, ohne mit der Wimper zu zucken. Rufst du mich morgen an?«

»Nein, ich –«

»Dann melde ich mich«, sagte James in aller Ruhe. »Doch, bestimmt. Es war eine große Freude, mit dir zu sprechen, Vera, die solltest du mir morgen wieder gönnen.«

Vera war recht erleichtert und fast ein bißchen stolz, daß sie sich dazu durchgerungen hatte, James anzurufen. Allerdings konnte sie vor ihrem Besuch in der Bank nicht mehr mit Stanley sprechen, sie wußte, daß er bis zum Mittag mit dem Kombi unterwegs war.

Sie schminkte sich sorgfältig, wie Mrs. Goodwin es ihr beigebracht hatte, und zog das blauweiß gepunktete Kleid an. Fünf vor elf saß sie in einem Warteraum der Bank, und nach ein paar Minuten erschien Mr. Frazer höchstpersönlich und geleitete sie in sein Büro. Er gab sich sehr liebenswürdig und ganz ungezwungen.

»Ihr Freund Horton hat mich angerufen«, sagte er. »Aber Sie dürfen doch keine Angst vor mir haben, Mrs. Manning.«

Vera wurde dunkelrot. Die beiden mußten sie für eine richtige Gans halten.

»Am besten gehen wir mal Ihre Kontenbewegungen durch«, sagte Mr. Frazer. Während die Unterlagen geholt wurden, plauderte er über das Wetter und über Brayminster, wo er mal Urlaub gemacht hatte. Vera brachte nur einsilbige Antworten heraus. Sie fühlte sich sehr unbehaglich. Die Bank hatte so etwas Gewichtiges an sich, und sie hatte plötzlich das Gefühl, auch persönlich vor einer gewichtigen Entscheidung zu stehen.

Eine Angestellte brachte den Kontoauszug, Mr. Frazer bedankte sich, schickte sie weg und reichte Vera die Unterlagen. Er zündete sich eine Zigarette an, aber als er auch ihr eine anbot, schüttelte sie den Kopf.

Sie hatte zum erstenmal einen Bankauszug in der Hand und begriff ihn nicht. Verwirrt griff sie nach dem obersten Scheck, vermutlich war er ebenso unverständlich wie die Kontobewegungen ... Doch dann erkannte sie ihre eigene Schrift. Es war der Scheck für die Gasrechnung. Die Stadtwerke reichen ihn wohl bei ihrer Bank ein, dachte sie, das Geld wird ihnen dort gutgeschrieben, gelangt irgendwie zu meiner Bank, und die buchen den Betrag von meinem Konto ab. Eigentlich ganz einfach.

Zurück zu dem Bankauszug. Die Stadtwerke hatten ihr Geld bekommen, aber nur deshalb, weil die Bank eingesprungen war. Schon vor Ausstellung des Schecks war das Konto leer gewesen. Wieder wurde sie rot.

Hier waren die Schecks für den Kühlschrank und die Waschmaschine und ein Scheck für die Stromrechnung. Vera blätterte weiter und schnappte hörbar nach Luft. Verity Gebrauchtwagen, las sie, 150 Pfund, Stanley G. Manning. Und noch ein Scheck: 150 Pfund in bar, zahlbar an Stanley G. Manning.

»Mein Mann«, stotterte sie. »Ich ... ich hatte ganz vergessen ... er sagte mir ... Entschuldigen Sie vielmals ...«

»Wir sind stolz darauf, Mrs. Manning, daß uns nicht häufig Fehler unterlaufen.«

»Es war mein Fehler«, sagte Vera, und darin lag viel mehr als eine Entschuldigung für leichtsinnige Geldausgaben. »Ich werde mich bemühen, die Summe nächste Woche zurückzuzahlen. Wie, das weiß ich noch nicht, aber ich werde es versuchen.«

»Meine liebe Mrs. Manning, wir sind doch keine Blutsauger. Nehmen Sie die Sache bitte nicht so tragisch. Wenn Sie Ende des Monats Ihr Konto ausgeglichen haben, genügt uns das vollauf ...«

»Sehr liebenswürdig«, sagte Vera. Alle waren sie so liebenswürdig, so verständnisvoll, so hilfsbereit. Weil ... weil sie Mitleid mit ihr hatten. Natürlich wußten sie, was geschehen war. James hatte es von Anfang an vermutet. Mr. Frazer hatte ihren ungeschickten Vertuschungsversuch durchschaut. Beide wußten, daß sie mit einem Mann verheiratet war, dem man nicht über den Weg trauen konnte.

Sobald er Veras Gesicht sah, schwante Stanley, daß sich wieder einmal Unheil über ihm zusammenbraute. Diesmal aber würde er sich nicht wie der letzte Dreck behandeln lassen. Er warf das Jackett über einen Stuhl, sah böse zu Mauds Bild auf – bisher hatte es ihm noch nicht viel genützt, daß sie abgekratzt war – und sagte:

»Diese Weiber haben dir wohl noch ein paar pikante Einzelheiten über meine sogenannte Freundin berichtet, wie?«

»Ich habe Mrs. Blackmore und Mrs. Macdonald heute noch gar nicht gesprochen.«

»Nein? Was ist es dann?«

Vera schenkte sich eine Tasse Tee ein und trank schweigend.

TEESIEB – Garant für krümelfreien Aufguß ... Herrgott, so ging das nicht weiter, er durfte nicht jedes Wort als Teil eines Kreuzworträtsels sehen. Zum erstenmal seit ihrer Hochzeit hatte Vera sich Tee eingeschenkt, ohne auch ihm einzugießen.

»Was hast du denn schon wieder?« fragte er nervös.

Vera wandte sich um. Sie sah alt und häßlich aus, tiefe Schatten lagen unter ihren Augen, scharfe Falten zogen sich von der Nase zum Mund. »Das will ich dir sagen. Ich war heute vormittag auf der Bank, sie hatten mir einen Brief geschrieben.«

»Ach das ...«

»Ja, das. Mehr hast du dazu nicht zu sagen?«

»Du hast doch gemeint, ich kann was von dem Geld haben, Vera. Kauf dir, was du willst, hast du gesagt.«

»Einen Anzug oder sonst eine Kleinigkeit, habe ich gesagt. Von vierhundert Pfund war nicht die Rede. Aber es geht ja nicht um das Geld, Stan. Hättest du es mir nicht sagen können? Du wolltest es fürs Geschäft haben, nicht? Warum hast du mir nicht reinen Wein eingeschenkt? Dann hätte ich mich nicht vor dem Bankdirektor lächerlich zu machen und mich halbtot zu sorgen brauchen.«

»Du wolltest doch keine Schecks mehr schreiben, hast du gesagt. Konnte ich denn ahnen, daß du plötzlich Rechnungen per Scheck zahlst?« Warum starrte sie ihn bloß so an? Ihr Blick war so unbewegt, daß er wegsehen mußte.

»Was ist mit deinem Auge?« fragte sie kalt.

»Nichts. Der Muskel zuckt, es sind die Nerven.«

Wieder Schweigen. Dann sagte Vera: »So geht es nicht weiter. Ich habe Mutters Tod nicht gewollt, aber als sie nicht mehr war, habe ich ... habe ich gedacht, daß sich etwas bessern würde, daß wir eine richtige Ehe führen könnten wie andere Leute. Aber damit war es offenbar nichts.«

»Ich habe keine Ahnung, wovon du redest.« Stanley schlängelte sich ins Eßzimmer, setzte sich aufs Sofa und begann auf einem Blatt Papier herumzukritzeln. Vera ging ihm nach. »Das mit dem Geld tut mir leid, aber deshalb brauchst du dich doch nicht so anzustellen. Das krieg ich aus dem Geschäft locker wieder raus.«

»Wirklich, Stan? Bisher haben wir aus dem Geschäft noch nicht viel herausbekommen, ja, ich weiß nicht einmal, ob es dieses Geschäft überhaupt gibt. Du hast mich nie mitgenommen, hast mich nicht mit diesem Mr. Pilbeam bekannt gemacht oder –«

»Jetzt hör aber auf«, erregte sich Stanley. Sein Auge klappte auf und zu wie ein Regenschirm. »Willst du behaupten, daß ich lüge?«

Vera lachte. »Das ist wirklich gelungen, Stan. Du weißt ganz genau, daß man dir kein Wort glauben kann. Du sagst einfach das, was dir gerade in den Sinn kommt, ob Wahrheit oder Lüge, das spielt dabei keine Rolle. Ich habe den Eindruck, du kennst den Unterschied zwischen beiden gar nicht mehr. Und das ertrage ich nicht, Stan. Ich ertrage es nicht, im dunkeln zu tappen und gedemütigt und betrogen zu werden, nur weil dir das leichter fällt, als mir die Wahrheit zu sagen. Lieber wär ich tot oder nicht mehr mit dir zusammen.«

Stanley hatte gar nicht recht hingehört. Was Vera über sein Auge gesagt hatte, war ihm mehr an die Nieren gegangen als ihre Auslassungen über seine Pflichtversäumnisse. Er zeichnete ein Kreuzgitter und trug ein paar Worte ein. Ihr letzter Satz allerdings wirkte wie eine rote Warnlampe.

»Nicht mehr mit mir zusammen? Was soll das heißen?«

»Wenn zwei Menschen so zueinander stehen wie wir zur Zeit, trennen sie sich gewöhnlich . . .«

»So darfst du nicht reden, Vera. Wir sind doch Mann und Frau. Du mußt es auch mal aus meiner Sicht sehen. Wenn ich dich im Ungewissen lasse, dann deshalb, weil du ständig an mir rumnörgelst. Diese ewige Quengelei kann doch kein Mensch ertragen.« Ebensowenig, wie er es ertragen kann, keine Kontrolle mehr über sein Gesicht zu haben. Stanley legte die Hand über sein Auge und spürte das Lid zucken. »Seit zwanzig Jahren bist du meine Frau. Es kommen gute Zeiten, Vera, das versprech ich dir. Ende des Jahres schwimmen wir im Geld und –«

Sie sah ihn unbewegt an. »Liebst du mich?«

Fragt man so was einen Mann, der hundemüde ist, den Kopf voller Sorgen und vielleicht die Parkinsonsche Krankheit hat? »'türlich«, murmelte Stanley.

Ihr Gesicht wurde weicher, und sie nahm seine Hand. Stanley ließ widerstrebend seinen Bleistift los und legte die andere Hand auf ihre Schulter. Das Auge tat ihm weh. Lange hielt Vera schweigend seine Hand, dann setzte sie sich neben ihn, ohne ihn freizugeben. Stanley bewegte sich unruhig.

»Wir müssen ganz konsequent einen neuen Anfang machen«, sagte Vera unvermittelt.

Er atmete auf. KONSEQUENT: Stur auf die vornehme Tour . . . Verstohlen tastete er zwischen den Kissen nach seinem Stift.

»Ja, wir müssen noch einmal ganz von vorn anfangen«, wiederholte Vera. »Leicht wird das uns beiden nicht fallen, aber das Geld, das wir in Aussicht haben, ist vielleicht eine ganz gute Starthilfe.«

Stanley lächelte, sein Auge benahm sich völlig normal.

»Wir werden das Haus verkaufen und uns ein neues suchen. Die alten Möbel geben wir weg. Mutter hätte sich gefreut, uns in einem modernen Haus zu sehen.« Uns? Maud hätte sich gefreut, mich in einem modernen Sträflingslager zu sehen, dachte Stanley. »Und wir werden zusammen Urlaub machen und uns ein Auto anschaffen. Ich verspreche dir, nie wieder an dir rumzunörgeln, wenn du mir versprichst, in Zukunft offen mir gegenüber zu sein. Aber ich muß dir vertrauen können, Stan, das verstehst du doch?«

»Ich werde dich nie mehr belügen, Vera, in meinem ganzen Leben nicht.«

Sie sah ihn an. Konnte sie ihm glauben? Meinte er es endlich einmal ehrlich? Stanley gab ihren Blick ein wenig glasig zurück. Das Wort war ihm eingefallen. »M zwei Buchstaben C H ein Buchstabe«. MASCHE – schrieb Stanley zufrieden hin und daneben: Wo sie nicht Schlinge ist, mag sie Trick sein.

18

Die Maler- und Tapeziererrechnung kam, und an den Rand hatte jemand geschrieben: »Umgehende Begleichung erbeten.« Guter Witz, dachte Stanley verbittert. Hatte er etwa hundertfünfundsiebzig Pfund erbeten, wo Pilbeam so munter von höchstens fünfzig dahergeredet hatte? Vera und er saßen – irgendwann mußte man ja mit dem neuen Anfang Ernst machen – auf dem Sofa und studierten die Börsenkurse. Euro-American Tobacco war seit gestern um etliche Punkte gefallen. Stanleys Auge flatterte leicht und fing dann rhythmisch an zu zucken.

»Du willst noch etwas Geld ins Geschäft stecken, nicht?« sagte Vera. »Hoffentlich ist es da auch sicher.«

»Du hast versprochen, nicht auf mir rumzuhacken.« Stanley griff nach dem Blatt, auf dem er ein größeres, ambitionierteres Kreuzworträtsel angefangen hatte. Hacken, hacken... Paßte das vielleicht irgendwo hinein? Nein, aber wie wäre es mit ›Specht‹? Bestens. Und das Suchwort? »Kann seine Umgebung ganz schön löchern...«

»Ich hacke nicht auf dir herum. Aber hast du denn mit deinem Partner eine Firma gegründet, so was wie eine Gesellschaft mit beschränkter Haftung? Hast du dich schriftlich abgesichert, Stan?«

»Ich hab eben Vertrauen zu meinem Teilhaber, und umgekehrt ist es genauso«, sagte Stanley. »Leider ist das mehr, als ich von meiner Frau behaupten kann.« Vera sah auf sein Auge, obgleich es jetzt nicht mehr zuckte.

»Ich finde, du solltest diesen Tic doch mal dem Arzt zeigen«, sagte sie.

James hielt sein Versprechen: Er rief bei Vera an. Als sich unter ihrer Privatnummer niemand meldete, versuchte er es in der Reinigung, und da hatte er Glück.

»Na, was hab ich dir gesagt, Vera? Sie werden dich schon nicht fressen... Was war denn los? Ein harmloser Irrtum, ja?«

»Mein Mann hatte einen Scheck über eine ziemlich hohe Summe ausgestellt und vergessen, mir Bescheid zu sagen«, schwindelte Vera tapfer. »Er hat den Betrag schon aus dem Geschäft ersetzt.«

»Dann ist ja alles in Ordnung.« Es klang nicht, als ob James meinte, was er sagte. Es klang, als glaube er ihr kein

Wort, und diese Vermutung erhärtete sich, als er fortfuhr:
»Solltest du mal Probleme haben, Vera – du weißt ja, ich
bin immer für dich da . . .«

»Ich habe doch Stanley«, sagte Vera.

»Ja, natürlich, ich weiß. Aber es könnte doch mal sein,
daß . . . Leb wohl, Vera, laß es dir gutgehen.«

Es wird langsam Zeit, daß ich es mir gutgehen lasse,
dachte Vera. Daß eine Frau, die soviel Geld hat wie ich –
oder es doch in Kürze haben wird –, sich in einer Chemi-
schen Reinigung abplagt, ist eigentlich nicht einzusehen.
Sie suchte einem Kunden zwei gereinigte Hosen heraus,
dann setzte sie sich hin und schrieb ihre Kündigung.

Es war Donnerstag, da hatte sie den Nachmittag frei.
Um eins machte sie Schluß im Geschäft und suchte den
nächstgelegenen Grundstücksmakler auf, der sich gern
bereit erklärte, den Verkauf ihres Hauses zu übernehmen.
Er fragte nach ihren Preisvorstellungen. Darüber hatte sich
Vera noch gar keine Gedanken gemacht, aber der Makler
kannte den Haustyp und schlug viertausendfünfhundert
Pfund vor. Er versprach, nachmittags zu einer Besichtigung
in der Lanchester Road vorbeizukommen.

Zum Mittag machte Vera sich Rührei und aß die Scho-
koladenmousse auf, die sie jetzt aufheben konnte, nachdem sie den Kühlschrank hatte. Vor drei würde der Makler kaum kommen, die Zeit bis dahin konnte sie nutzen,
um oben ein bißchen Ordnung zu schaffen. Bevor sie das
Haus verkaufte, würde sie die Sachen aus Mauds Zimmer
wegschaffen müssen, die Kleidung, die Tante Louisa nicht
hatte haben wollen, die Papiere ihrer Mutter und die Flaschen und Döschen, deren Inhalt ihr vier Jahre des Lebens
erhalten hatten.

Nach der Beerdigung hatte Vera Mauds Medikamen-
tensammlung in einer Schublade der Frisierkommode

verstaut. Die machte sie jetzt auf und betrachtete die Antikoagulantien, die Diuretika, die Mineraltabletten, Vitamine, Schlaftabletten und Tranquilizer. Ob der Apotheker die wohl zurücknahm? Es war geradezu sündhafte Verschwendung, die teuren Sachen wegzuwerfen.

Sie war gerade dabei, Mauds Kleidung in einen alten Bettbezug zu packen, als es klingelte. Aber vor der Tür stand nicht, wie Vera erwartet hatte, der Makler, sondern eine junge Frau.

»Guten Tag, ich sammele für den Chappellfonds.«

Vera stutzte einen Augenblick, dann fiel ihr der junge Polizeibeamte ein, der bei dem Überfall auf das Postamt von Croughton erschossen worden war, und sie zückte ihre Geldbörse.

»Vielen herzlichen Dank. Wir wollen versuchen, tausend Pfund für Mrs. Chappell zusammenzubekommen, deshalb machen wir auch bei dem Basar auf dem Polizeisportfest nächste Woche mit. Wenn Sie zufällig was für uns haben –«

»Können Sie getragene Kleidung gebrauchen?« fragte Vera. »Meine Mutter ist vor kurzem gestorben, ihre Sachen waren noch sehr gut, aber keiner will sie haben. Mir wär's recht, wenn Sie mir etwas davon abnehmen würden.«

Die junge Frau nickte begeistert, und Vera ging nach oben und holte den prall gefüllten Bezug.

»Die Sachen gehörten Ihrer Mutter, sagen Sie . . .«

»Ja, ich kann nichts mehr damit anfangen.«

»Haben Sie vielen Dank, damit ist uns sehr geholfen.«

Stanley hatte jetzt nur noch eine Sorge: Mauds Geld. War das erst mal angerollt, war alles in Butter. Von Caroline Snow würde er bestimmt nie mehr was hören.

Genüßlich malte er sich aus, wie sie in Gloucester aufkreuzen und dem armen Snow, der den ganzen Tag schwer gearbeitet hatte, um seinen Weiberleuten den Luxus zu ermöglichen, den sie gewöhnt waren, die ganze Geschichte vorbeten würde. Vermutlich saß Snow dabei vor der Flimmerkiste oder über einem Kreuzworträtsel. Stanley sah förmlich, wie das Gesicht des Bedauernswerten lang und länger wurde, als er hörte, was seine Tochter von ihm verlangte: Daß er intensiv nach einer Schwiegermutter fahndete, mit deren Auftauchen er bisher noch nie ernsthaft hatte rechnen müssen, und daß er sie dann zu allem Überfluß noch herzlich am heimischen Herd willkommen hieß.

»Wir müssen sie finden, Daddy, meinst du nicht auch? Du bist immer so wunderbar in einer Krise, bestimmt weißt du, was sich da machen läßt.«

Stanley lachte vor sich hin. Und Snow?

»Überlaß es nur mir, mein Liebling.« Beschwichtigender Ton, die kleinen grauen Zellen arbeiten auf Hochtouren. »Ich möchte mit deiner Mutter unter vier Augen darüber sprechen.«

Überblendung zur lieben süßen Mami. Ehepaar Snow unter sich, gedämpfte Beleuchtung, Caroline mit Hund oder Freund unterwegs.

»Sie ist manchmal so impulsiv, unsere Kleine.«

»Wem sagst du das? Aber ich kann ihr doch nicht den Glauben an mich nehmen.«

»Sie betet dich an, Liebling. Allerdings muß ich gestehen, daß mich der Gedanke an ein Wiedersehen mit einer Mutter, die ich seit vierzig Jahren nicht mehr zu Gesicht bekommen habe, nicht gerade begeistert.«

»So was kommt überhaupt nicht in Frage. Nichts könnte mich dazu bewegen, der alten Dame schönzutun und sie ins Haus zu holen. Ich mach mir doch das Leben nicht unnötig schwer, wenn's auch anders geht ...«

»Sag doch einfach, du hättest dich mit der Polizei in Verbindung gesetzt, Liebling, und man würde dort Ermittlungen anstellen. Laß nur erst Caroline eine Woche zu Hause sein, dann hat sie die ganze Geschichte vergessen.«

»Recht hast du, Liebling. Du hast doch immer die besten Ideen.«

Stanley lachte Tränen über diese erfundene Szene im Hause Snow. Er sah sie förmlich dasitzen, inmitten ihrer feinen, vom Innenarchitekten ausgesuchten Möbel. Ein Jammer, daß er den Spaß für sich behalten mußte. Er wischte sich die Augen, und sobald er nicht mehr lachte, fing sein Auge wieder an, wild zu zucken.

Er bot all seine Willenskraft auf, um das Lid stillzuhalten, aber da kam Pilbeam und schleppte einen Plastiksack mit alten Messingschildern in den Laden.

»Mit dem Auge da mußt du aber was machen, alter Freund und Spießgeselle. Ich hatte 'ne Tante, bei der ging's genauso los. Veitstanz.«

»Und was ist aus ihr geworden?«

Pilbeam leerte den Sack auf den Boden und setzte sich. »Später zuckte sie am ganzen Körper, war richtig peinlich.« Er kratzte sich mit dem nagellosen Finger die Nase. »Geh doch mal zum Arzt, ich halt solange hier die Stellung.«

Die Gemeinschaftspraxis, bei der er eingetragen war, hatte dreimal in der Woche eine Nachmittagssprechstunde. Über seinen Geldproblemen waren die Befürchtungen wegen der Rolle, die Dr. Moxley bei Mauds Tod gespielt hatte, längst vergessen. Deshalb betrat Stanley nach vierzigminütiger Wartezeit ganz unbekümmert das Sprechzimmer, in dem der junge Arzt am Schreibtisch saß.

»Was haben wir denn für einen Kummer?«

Wenigstens anschauen könnte einen der Mistkerl, dachte Stanley erbittert. Er erzählte von seinem Auge, und es tat ihm den Gefallen, leicht zu flattern.

»Blinzeltic nennt man das.«

»Soso ... Woher haben Sie denn diese Weisheit?«

»Aus einem medizinischen Fachbuch.«

»Daß ihr Laien es nicht lassen könnt, in medizinischen Werken herumzuschmökern. Damit macht ihr euch doch nur verrückt. Jetzt denken Sie wahrscheinlich, Sie haben Muskelatrophie.«

»Hab ich die nicht?«

»Keine Spur.« Dr. Moxley lachte herzlich. »Sie haben den Kopf voll Sorgen, stimmt's?«

»Ja, mich bedrückt so einiges.«

»Hören Sie auf, sich Sorgen zu machen, dann geht auch Ihr Tic wieder weg.« So einfach ist das also für den, dachte Stanley empört. Als ob die Sorgen so mir nichts dir nichts verschwinden, wenn man einem Patienten sagt, er soll sich keine machen. Er ließ sich ein Rezept für ein Beruhigungsmittel geben und war schon halb an der Tür, als Dr. Moxley fragte: »Wie geht es Ihrer Frau? Hat sie den Tod von Mrs. Kinaway einigermaßen verkraftet?«

Geht dich einen feuchten Kehricht an, dachte Stanley und murmelte etwas mehr oder weniger Unverständliches. Der Arzt lächelte und sagte unerwartet freundlich: »Bin neulich dem alten Dr. Blake in die Arme gelaufen. Ganz entgeistert war der, als er hörte, daß Mrs. Kinaway gestorben ist. Er hätte sie zwei Tage vorher auf der Straße getroffen, hat er erzählt, und da hätte sie einen völlig gesunden Eindruck gemacht.«

Stanley war sprachlos. Der Schreck, den ihm Caroline Snow eingejagt hatte, war – wenn auch inzwischen verwunden – schlimm genug gewesen. Daß wegen Mauds Tod so spät noch Zweifel laut werden könnten, hätte er nicht erwartet. Es war doch schon Wochen her, daß –

»Es wollte ihm einfach nicht in den Kopf, daß Mrs. Kinaway trotz der Mollanoid-Tabletten einen zweiten Schlaganfall erlitten hatte.«

Moxleys Lächeln wirkte irgendwie makaber. »Tja, so was kommt vor. Dr. Blake ist sehr gewissenhaft. Er soll's nicht so schwer nehmen, hab ich zu ihm gesagt.«

Recht beklommen zog Stanley ab. Wer hätte gedacht, daß Mauds früherer Arzt noch hier herumschlich? Höchstwahrscheinlich hatte die ganze Geschichte gar nichts zu sagen. Er hatte schon genug Sorgen und beschloß, sich nicht auch noch damit den Kopf zu beschweren.

Als Stanley mit seinem Rezept die Apotheke betrat, fielen ihm die Saccharintabletten ein, die er in Mauds Mollanoid-Packungen praktiziert hatte, und er nahm sich vor, die Tabletten zu verbrennen, wenn er nach Hause kam. Am Ende kreuzten eines Tages Dr. Moxley und der gewissenhafte Blake bei ihm auf, um sich ein bißchen umzusehen ...

»Wo sind denn die Sachen von deiner Mutter abgeblieben?« fragte er Vera.

»Weg. Ich hab gründlich aufgeräumt. Der Makler meint, wir bekommen einen besseren Preis für das Haus, wenn wir es ein bißchen herrichten, ich bin schon beim Renovieren.«

Renovieren war ein Reizwort für Stanley. Brummig sah er zu, wie Vera die Treppe hinunterkam, die Khakifarbe von ihrem Pinsel wischte und den Deckel auf die Dose legte. KHAKI ... Schönes Wort für ein Kreuzworträtsel, er konnte sich nicht erinnern, es schon mal irgendwo gesehen zu haben. »Tropenstaub nimmt sich der Farbmischer da zum Vorbild ...« Sehr gut.

»Du hast alles weggeworfen?« fragte er beiläufig.

»Bis auf die Kleidung, die hat eine Frau von der Polizei mitgenommen.«

Stanley spürte, wie seine Oberlippe feucht wurde. »Von der Polizei?«

»Was ist denn? Du zitterst ja.«

Stanley ballte die zuckenden Hände zu Fäusten. Er brachte kein Wort heraus.

»Na ja, nicht direkt von der Polizei«, sagte Vera mitleidig. Sie kannte Stanleys Angst vor den Ordnungskräften. »Sie hat für die Witwe des Polizisten gesammelt, der erschossen worden ist, für Mrs. Chappell, und sie hat sich über Mutters Sachen sehr gefreut. Komm, Stan, ich mach dir einen Tee. Du bist überarbeitet, und die Sache mit deinem Auge geht dir nach. Nimm dir ein Kreuzworträtsel vor, ich brühe inzwischen den Tee.«

»Das Rätsel hab ich schon fertig.«

»Dann entwirf selber eins, das macht dir doch immer Spaß.«

Noch immer zuckend und zitternd, versuchte Stanley ein Kreuzgitter zu zeichnen. Er schrieb KHAKI hinein und Polizei, das I von KHAKI nutzend. Vielleicht war die Frau wirklich harmlos, vielleicht hatte Moxley bei seiner Bemerkung keinerlei Hintergedanken gehabt. Wenn er nun aber doch etwas bei der Polizei hatte verlauten lassen und sie ihm diese Frau geschickt hatten, weil... Ja, welche Erkenntnisse konnten sie sich aus Mauds Kleidung erhoffen? Vielleicht sonderten Leute, die unter hohem Blutdruck litten oder Saccharin in ihren Tee taten oder kein Mollanoid nahmen, eine bestimmte Art von Schweiß ab. Womöglich war Moxley ein erfahrener Gerichtsmediziner.

Wenn sie nun die Apotheken abklapperten und erfuhren, daß ein Mann, auf den seine Beschreibung zutraf, in den letzten Monaten jede Menge Saccharin gekauft hatte? Sie würden Maud ausgraben. Die klaffende Kopfwunde war inzwischen vielleicht nicht mehr zu erkennen, aber sie würden den Mageninhalt analysieren und haufenweise *Süße Wucht* finden. Dafür keine Spur von Mollanoid. Das hatte Maud seit Anfang März nicht mehr genommen.

Sein Auge zuckte so heftig, daß er die Worte, die er in die weißen Kästchen eingetragen hatte, nicht mehr erkennen konnte.

DRITTER TEIL

Von oben nach unten

19

Es war Hochsommer geworden, das Wetter war herrlich. Ein heißer Tag folgte dem anderen, und mit der gleichen Ebenmäßigkeit verlief das Leben der Mannings. Nichts änderte sich zum Besseren. Aber auch nicht zum Schlechteren, tröstete sich Stanley. Die Polizei zeigte weiter kein Interesse an ihm, und bei Dr. Moxley war er nicht mehr gewesen, obgleich sein Auge noch zuckte. Die Sache mit dem Geld lag ihm schwer auf der Seele.

Zwischen Vera und Mr. Finbow gingen Briefe hin und her, aber der Anwalt hielt es offenbar immer noch nicht für günstig, die Zinn- und Tabakaktien zu verkaufen. Vera weigerte sich freundlich, aber unerbittlich, sich gegen Mr. Finbows ausdrücklichen Rat von ihnen zu trennen oder um einen weiteren Vorschuß zu bitten, obgleich Stanley ihr die Mahnung von Pilbeams Tapezierer gezeigt hatte, auf die jemand »Bitte Außenstände sofort begleichen!« gekrakelt hatte. Pilbeam machte Stanley mit seiner ewigen Quengelei wegen der knappen Finanzdecke das Leben zur Hölle.

Vor dem Haus in der Lanchester Road stand ein Schild »Zu verkaufen«, Interessenten hatten sich aber noch nicht eingefunden. Es fehlten, wie der Agent Vera gegenüber äußerte, bestimmte Bequemlichkeiten, die heutzutage unerläßlich waren.

»Wir könnten eine Garage anbauen lassen«, sagte Vera. »Dann müßtest du allerdings dein Moorbeet opfern.«

»Wär nicht das Schlimmste«, meinte Stanley. Unter einer Garage wäre Maud ein für allemal besorgt und aufgehoben, wie tief aber mußten die Maurer wohl ausschachten, um das Fundament zu gießen?

»Gut, dann veranlasse ich das und mache mit dem Renovieren weiter. Es wird sicher nicht mehr lange dauern, bis wir ein Angebot bekommen. Der Makler sagt, daß momentan die Häuser weggehen wie warme Semmeln.«

»Den Anfang macht Noahs Sohn...«

»Wie meinst du, Liebling?«

»Nur so eine Sache in meinem Kreuzworträtsel. Semmel... Sem... Vergiß es.«

»Du hast wohl nur noch deine Rätsel im Kopf?«, sagte Vera.

Damit hatte sie ins Schwarze getroffen. Das Ausdenken und Lösen von Rätseln war für Stanley zu einer Obsession geworden. Sogar im Geschäft rätselte er heimlich, wenn Pilbeam außer Haus war. Kam sein Teilhaber dann zurück und quälte ihn mit seinen Forderungen, was jeden Tag der Fall war, machte Stanley, den Kopf voller Wörter und Wortspiele und Anagramme, ein freundliches Gesicht und schaltete auf Durchzug.

»Erinnerst du dich an die schrullige Alte, der wir den georgianischen Tisch aufgeschwatzt haben?« fragte Pilbeam zum Beispiel. »Sie will die ganze Wohnung mit Stilmöbeln ausstaffieren. Wenn ich Tag und Nacht arbeite und du das Geld für das eine oder andere Stück ausspuckst, könnten wir allein mit diesem Geschäft fünfhundert Pfund verdienen.« Oder: »Uns sind einfach die Hände gebunden, Stan. Wenn ich denke, was uns an Chancen durch die Lappen geht, könnte ich heulen.« Und immer schloß er: »Wir brauchen das Geld. Wir brauchen es jetzt, Stan, nicht am Sankt Nimmerleinstag.«

Stanley hatte gewaltigen Respekt vor Pilbeam und bemühte sich, ihn mit beruhigenden Zusagen zu beschwichtigen. Dafür ließ er seine Wut an Vera aus. »Wie oft soll ich dir noch sagen, daß ich das Geld fürs Geschäft brauche? Es gehört uns, aber wir kommen nicht ran. Wir sind immer noch so arm wie damals, als deine vermaledeite Alte noch am Leben war. Das Geschäft geht den Bach runter, wenn ich das Geld nicht kriege, kannst du das nicht kapieren?«

Vera wich zurück. Seine Gier, das wilde Funkeln in seinen Augen machten ihr angst. Sein Gesicht zuckte furchterregend, wenn er wütend war. Am unheimlichsten aber war er ihr, wenn er keine vernünftige Antwort gab, sondern nur irgendwelche sinnlosen Wortfetzen vor sich hin murmelte.

Ende Juli nahm Vera sich das Gästezimmer vor und stieß beim Aufräumen auf Mauds Pillensammlung, die sie hier verstaut hatte, solange sie das Zimmer ihrer Mutter renovierte. Jammerschade, das ganze Zeug wegzuwerfen, dachte sie, besonders da eine Packung noch gar nicht geöffnet und die andere nur halbleer war. Sie beschloß, mit dem Apotheker darüber zu sprechen, wenn sie nachher zum Einkaufen ging.

Als sie gerade aus dem Haus wollte, rückten die Bauarbeiter mit Zementsäcken und einer Betonmischmaschine an.

»Unseretwegen brauchen Sie nicht zu Hause zu bleiben«, sagte der Polier. »Wir fangen mit Ihrer Garage erst nächste Woche an, weil die Ziegelfabrik streikt. Aber es stört Sie doch nicht, wenn wir unsere Sachen hierlassen, oder?«

Nein, sagte Vera, das störte sie nicht. In der Apotheke

fragte sie, ob sie die noch nicht angerissene Tabletten-
packung zurückgeben könne.

Der Apotheker lächelte. »Tut mir leid, aber das machen wir grundsätzlich nicht. Wir raten unseren Kunden
stets, unbenutzte Medikamente wegzuwerfen. Vorsichtshalber...« Er machte die Schachtel auf und besah sich den
Inhalt.

»Es ist Mollanoid, soviel ich weiß.«

Apotheker sehen es, darin den Ärzten ähnlich, am liebsten, wenn Laien von derlei esoterischen Dingen keine Ahnung haben. Veras Apotheker war da keine Ausnahme. Er
blickte sie stirnrunzelnd an, dann nahm er eine Tablette
heraus und musterte sie genau.

»Wie kommen Sie darauf, daß das Mollanoidtabletten
sind?«

»Ich habe Ihnen ja selber das Rezept gegeben«, sagte Vera
ziemlich spitz, »und Sie haben persönlich ›Mollanoid‹ auf
die Schachtel geschrieben. Meine Mutter hat regelmäßig
Mollanoid genommen, gegen ihren hohen Blutdruck.«

»Daß Sie mir das Rezept gegeben haben und daß ich das
Etikett beschriftet habe, will ich nicht leugnen, aber das
sind nicht die Tabletten, die ich in die Schachtel gefüllt
habe. Mollanoid ist ein sogenanntes Antikoagulantium,
das heißt ein Mittel zur Vorbeugung gegen Blutgerinnsel.
Und dies sind keine Mollanoidtabletten.«

»Was dann?«

Der Apotheker roch an der Tablette und berührte sie mit
der Zunge. »Irgendein Saccharinpräparat.«

»*Saccharin?*«

»Das Zeug, mit dem Schlankheitsbewußte ihren Tee und
ihren Kaffee süßen«, erläuterte der Apotheker, als habe er
ein zurückgebliebenes Kind vor sich.

Vera zuckte die Achseln. Verwirrt und ratlos erledigte

sie ihre übrigen Einkäufe. War es möglich, daß dem Apotheker eine Verwechslung unterlaufen war, daß er ihr auf Mauds Rezept versehentlich Saccharin gegeben hatte? Unwahrscheinlich – aber nicht so unwahrscheinlich wie die Vorstellung, Maud habe heimlich Saccharin genommen. Was hatte sie dann mit dem Mollanoid gemacht? Auf dieses Mittel hätte sie nie verzichtet, sie glaubte hundertprozentig daran und hatte immer wieder gesagt, daß sie ohne ihre Tabletten schon längst einen zweiten Schlaganfall gehabt hätte.

Die Suche nach einer zwar billigen, aber hübschen Tapete und die Überlegung, welche Farbzusammenstellung sie wählen sollte, lenkten Vera ab, trotzdem aber nahm sie sich vor, mit Stanley darüber zu sprechen, sobald er heimkam. Er kam ziemlich spät, und als Vera ihn sah, wußte sie sofort, daß er in seinem derzeitigen Zustand kein Interesse für die medizinischen Probleme anderer Leute aufbringen würde.

»Mein Auge bringt mich noch um«, sagte er.

Zum erstenmal, seit sie verheiratet waren, ließ er sein Abendessen – Lammkoteletts, Pommes frites und Erbsen – unberührt, und Vera, die ihn früher liebevoll umsorgt hätte, verhärtete ihr Herz. Wenn sie ihm sagte, er solle noch mal zum Arzt gehen, würde er ihr nur über den Mund fahren. Sie konnte nicht mit ihm reden, es gab keine echte Kommunikation mehr zwischen ihnen. In Gedanken beschäftigte sie sich neuerdings oft mit James Horton, der so sanft und mitfühlend war und mit dem man ein richtiges Gespräch führen konnte.

»Was ist denn jetzt schon wieder?« fragte sie und bemühte sich sehr, die Geduld zu wahren.

»Nichts«, sagte Stanley. »Gar nichts. Laß mich in Ruhe.«

Sein Auge zuckte, als säßen unsichtbare Finger in seinem Kopf, die es auf- und zumachten. Das Wesen, das da so unverschämt mit seinem Auge umsprang, schien sich über den Erfolg seiner Tricks, gegen die Stanley nicht ankam, köstlich zu amüsieren. Aber dieses Wesen mußte ja im Grunde er selbst sein... Herrgott, dachte er, wenn das so weitergeht, verlier ich noch den Verstand.

Und Vera beobachtet mich mit Luchsaugen... Er konnte ihr schließlich nicht sagen, warum er zuckte und schlotterte und keinen Appetit hatte. Weil heute etwas passiert war, was ihm ärger in die Knochen gefahren war als die Sache mit der Frau, die für den Chappell-Fonds gesammelt hatte, oder der Anblick der toten Maud zu seinen Füßen. Seine Zähne klapperten vor Angst, und er biß sie so fest zusammen, als hätte er eine Kiefersperre.

An diesem Nachmittag – er war mit dem Kombi unterwegs gewesen – hatte ein Polizist dem Laden einen Besuch abgestattet.

Stanley war in Hatfield gewesen, um einer alten Frau eine Kommode aus dem 18. Jahrhundert abzuschwatzen – für etwa ein Fünftel ihres eigentlichen Wertes. Auf der Rückfahrt mußte er sein pulsierendes Auge mit einem Kreuzworträtsel beschwichtigen. Inzwischen konnte Stanley ohne Papier und Bleistift Kreuzworträtsel erfinden und lösen, so wie andere Leute Schach ohne Schachbrett spielen. Er fuhr mit dem Kombi auf den Hof hinter dem Laden. FAHREREI, murmelte er vor sich hin. »Ersetzt rasch Wanderlust, bewirkt bald Ferienfrust.« Da sah er, wie ein Polizeibeamter in Uniform aus dem Laden kam und zu einem wartenden Wagen ging. Stanleys Auge bewegte sich wie eine Pumpe.

»Was wollte denn der Bulle hier?« fragte er Pilbeam. Seine Stimme klang dünn und gepreßt.

»Der? Unser Lager beaugäpfeln, alter Junge.« Pilbeam
kratzte sich mit dem nagellosen Wurstfinger die Nase. Das
tat er oft, aber in diesem Moment konnte Stanley kaum
hinsehen, ihm wurde regelrecht schlecht davon. »Machen
sie andauernd«, fuhr Pilbeam fort. »Könnte ja sein, daß
Diebesgut dabei ist, ohne daß wir's wissen.«

»Solange ich hier bin, haben sie das noch nie gemacht.
Hat er nach mir gefragt?«

»Nach dir, alter Junge? Wer fragt schon nach dir...« Pilbeam lächelte sonnig. Stanley war überzeugt davon, daß er
log. Wenn er einem so frank und frei ins Gesicht sah, führte
er immer was im Schilde. »War ein guter Tag heute, alter
Junge. Schätze, wir können jeder zehn Pfund mitnehmen.«

»Wo ist denn das Porzellan und das Silber, das ich neulich mitgebracht hab?«

»'ne Lady aus Texas hat's gekauft. Wie närrisch ist die
hinter allem Englischen her, kauft das Zeug praktisch
unbesehen.« Pilbeam legte die Hand auf Stanleys Ärmel,
der Fingerstumpf berührte gerade noch das nackte Handgelenk. Sein Blick war nicht mehr frank und frei. »Ich
hab meiner Alten versprochen, daß ich nächste Woche
meine Schulden bei ihr zahle. Geld ist angesagt, Stan.
Kohle, Zaster. Meine Geduld ist erschöpft, wie es so schön
heißt.«

Stanley hätte gern noch mehr über den Besuch des Polizisten in Erfahrung gebracht, aber er traute sich nicht, Pilbeam weitere Fragen zu stellen. Er wollte ihm ja so gern
glauben. Wenn der Polizist mit ihm hätte reden wollen,
wäre er doch sicher zur Lanchester Road gekommen. Vielleicht war er dort gewesen und hatte niemanden angetrof-
fen.

Wenn sich sein, Stanleys, Verdacht bestätigte und sie irgendwie Mauds Kleidung analysiert hatten, wenn Moxley

gequasselt hatte, wenn Vera bei sämtlichen Nachbarn herumerzählt hatte, daß sie eine Garage anbauen wollten... Wenn die Polizei seit Wochen geduldig aus Andeutungen und Gerüchten Beweismaterial gegen ihn zusammentrug... Am liebsten wäre er gar nicht mehr nach Hause gegangen. Aber wo sollte er sonst hin? Den ganzen Abend über spürte er, daß Vera ihm eigentlich etwas sagen wollte, aber zu muffig oder zu abgefeimt war, um damit herauszurücken. Vielleicht hatte die Polizei sich auch Vera vorgeknöpft?

In dieser Nacht konnte er nicht schlafen. Sämtliche Muskeln zuckten, und das bewährte Heilmittel erschien ihm beinah schlimmer als die Krankheit. Er wünschte fast, er hätte in seinem Leben noch nie ein Kreuzworträtsel zu Gesicht bekommen, so hart setzte ihm der Drang zu, Suchworte zu erfinden, waagerechte Lösungen einzutragen und andere senkrecht einzupassen. In dieser und der folgenden Nacht tanzte ihm ein Schachbrettmuster vor den Augen.

Wenn das so weitergeht, dachte er, kriege ich einen Nervenzusammenbruch.

Wenn er seine Zuckungen hatte, hielt es Vera neben ihm im Bett nicht aus. In der Nacht zum Sonntag schlief er durch, aus purer Erschöpfung vermutlich, am ganzen Körper zuckend wie ein galvanisierter Frosch. Als es dämmerte, machte sie Tee und ging, ohne Stanley zu wecken, mit ihrer Tasse ins Gästezimmer.

Sie machte Licht und stieg über die Farbtöpfe hinweg ins Bett. Als sie Mauds Pillen sah, fiel ihr sofort wieder ein, was der Apotheker gesagt hatte. Sie griff nach der halbleeren Schachtel Mollanoid, die Maud bis zu ihrem Tod benutzt hatte, und machte sie auf.

Ob Mutter vielleicht keinen Zucker mehr nehmen

wollte, weil Dr. Blake gesagt hatte, sie müsse auf ihr Gewicht achten? Vielleicht hatte sie sich Saccharin gekauft und es in eine Mollanoid-Schachtel getan.

Allmählich wurde es hell. In dem Goldregen der Blackmores sang eine Amsel. Das sinnlose und nicht einmal sehr melodische Trillern deprimierte Vera. Ihr war sehr kalt, und sie zog die Bettdecke bis zum Kinn hoch.

Als sie sich gerade hinlegen wollte, um noch ein, zwei Stunden zu schlafen, fiel ihr Blick wieder auf die Schachtel, die sie aufgemacht hatte. Natürlich war es Mollanoid. Die Tabletten sahen genauso aus wie die, die Maud vier Jahre lang dreimal täglich genommen hatte. Aber sie sahen auch genauso aus wie die, mit denen sie gestern vormittag in der Apotheke gewesen war. Wieder setzte Vera sich auf.

Die Schachtel, die sie dem Apotheker gezeigt hatte, war noch nicht angebrochen gewesen, Maud hatte die Tabletten nie angerührt. Die Schachtel im Gästezimmer war zu drei Vierteln leer und hatte bei Mauds letztem Frühstück neben ihrem Teller gestanden, das wußte Vera genau. Im Morgenlicht erkannte sie jetzt den Schmierfleck auf dem Etikett. An dieser Stelle hatte der Apotheker die Schachtel angefaßt, ehe die Tinte getrocknet war. Und als sie an jenes Frühstück zurückdachte – nie würde sie es vergessen, ebensowenig wie Mauds Vorfreude –, sah sie ihre Mutter vor sich, wie sie zwei Tabletten nahm und reichlich Zucker in den Tee tat.

Ihr Herz hämmerte. Langsam, wie ein gerichtsmedizinischer Gutachter, der ein nicht ungefährliches Gift prüft, nahm sie eine Tablette und legte sie sich auf die Zunge.

Zunächst schmeckte sie gar nichts. Dann aber wollte sie es wissen. Sie drückte die Tablette mit der Zungenspitze an den Gaumen. Sofort verbreitete sich widerliche Süße über ihre ganze Zunge und zwischen den Zähnen.

Sie spuckte die Tablette auf die Untertasse, dann warf sie sich, frierend und benommen, mit dem Gesicht nach unten aufs Bett.

Es war zehn, als Stanley aufwachte. Er machte große Augen, als er sah, was die Uhr anzeigte, war aus dem Bett und schon halb aus dem Zimmer, als ihm einfiel, daß er an diesem Tag zum Arzt gehen wollte. Er hatte Pilbeam gesagt, er würde erst mittags kommen.

Schon bei dem Gedanken an den Arztbesuch zuckte sein Auge wieder. Fluchend zog er den Bademantel über und ging in Mauds Zimmer, weil er sehen wollte, ob die Maurer schon mit der Arbeit angefangen hatten. Man mußte sie im Auge behalten, sonst gruben sie vor lauter Arbeitseifer am Ende etwas aus, statt etwas zuzudecken. Doch der Garten war leer, die Betonmischmaschine stand da und bewegte sich nicht.

Komisch, daß Vera ihm keinen Tee gebracht hatte... Vielleicht hatte sie ihn nicht stören wollen. Arme alte Vera. Staat war inzwischen nicht mehr mit ihr zu machen, und stinklangweilig war sie immer schon gewesen, aber es gab Schlimmere. Unten stellte er fest, daß kein Frühstückstablett dastand, und auch von Vera selbst war keine Spur zu sehen. Das Haus stank nach Farbe. Stanley spürte den ersten Anflug einer Migräne. Moxleys Vormittagssprechstunde hatte er verschlafen, aber um zwei fing die Nachmittagssprechstunde an, zu der kam er locker zurecht. Alle Räume waren sauber und aufgeräumt. Offenbar hatte Vera erst ihren Hausputz gemacht und war dann einkaufen gegangen.

Stanley schlurfte wieder in die Küche, sein Auge öffnete und schloß sich in schmerzhaften Zuckungen. Nicht mal die Cornflakes hatte sie ihm rausgestellt. Er holte das Paket aus dem Vorratsschrank, schüttete eine Portion in eine Schale und suchte den *Telegraph*, um das Rätsel zu machen. Es ging schon längst nicht mehr darum, ob er alle Lösungen herausbekommen oder auch nur, ob er es im ersten Anlauf schaffen würde – beides war keine Frage. Interessant war für Stanley nur noch, ob es ihm gelang, seinen Rekord von sieben Minuten einzustellen.

Die Zeitung lag gefaltet auf dem Kühlschrank, darunter ein Umschlag, aus dem ein Briefblatt hervorsah. Der Brief war an Vera gerichtet, aber über solche Lappalien setzte sich Stanley stets lässig hinweg. Mit zitternden Fingern holte er das Blatt heraus und las den Text.

Das Geld war da.

Mr. Finbow bat Vera, ihn möglichst bald in seiner Kanzlei aufzusuchen, wo er sich erlauben würde, ihr einen Scheck auszuhändigen.

Stanley rieb sich die Augen. Nicht, weil sie zuckten, sondern weil ihm Tränen übers Gesicht liefen.

20

Seit vielen Jahren wartete er auf diesen Augenblick. Seit er Maud zum erstenmal zu Gesicht bekommen und erfahren hatte, wie wohlhabend sie war, träumte er von diesem Tag, von einem Irgendwann in naher oder ferner Zukunft, von der glorreichen Stunde, da dies alles ihm gehören würde. Zweiundzwanzigtausend Pfund.

Sein Auge hatte nicht ein einziges Mal gezuckt, seit er den Brief gelesen hatte. Daß er seiner Phantasie die Zügel hatte schießen lassen, als er einer harmlosen Hausfrau, die für einen Basar sammelte, oder einem braven Polizisten, der nur seine Runden drehte, finstere Motive unterstellte, lag jetzt für ihn auf der Hand. Geld heilt alle Gebrechen – die des Körpers wie die der Seele. Was sollte er noch beim Arzt? Statt dessen fuhr er mit dem Bus ins Old Village.

Pilbeam war im Laden und putzte an einer Bettpfanne aus Messing herum. »Bist ja früh dran«, sagte er mürrisch. »Was hat der Doktor gesagt?«

Stanley setzte sich an den Chippendaletisch. Er kam sich vor wie ein Millionär. »Ich schreib dir mal eben einen Scheck über tausend Pfund«, sagte er beiläufig. »Und einen für den Tapezierer, den kannst du ihm dann geben. Nächste Woche kommt Nachschub. Jetzt sind wir aus dem Schneider, alter Junge, es kommen goldene Zeiten. Die elende Knauserei können wir vergessen.«

»Mann, Stanley, das wird dir nicht leid tun, ich schwör's dir. Wir zwei beide, wir wissen einfach, was läuft, jetzt gibt's kein Halten mehr.« Pilbeam schlug ihm herzhaft auf den Rücken und steckte die Schecks ein. »Paß auf, jetzt nehmen wir beim *Schleusenwärter* 'ne Flasche Scotch zur Brust, und dann spendier ich dir ein tolles Essen.«

Stanley hatte nicht ganz eine halbe Flasche, aber immerhin vier doppelte Whisky auf nüchternen Magen und danach Steak mit Pommes frites, grünen Bohnen, Karotten und Champignons und als Nachtisch Erdbeertorte mit Sahne konsumiert, als er um halb drei in Richtung Lanchester Road torkelte. Am liebsten hätte er, in Schlangenlinien durch die wohlanständigen Straßen mit den langweiligen Einfamilienhäuschen schwankend, lauthals gesungen, aber an diesem Glückstag – einem der schönsten seines Lebens – verhaftet zu werden hätte denn doch nicht ins Konzept gepaßt.

Heute früh war es verhangen gewesen, aber während sie im *Schleusenwärter* saßen, hatte es sich aufgeklärt, und jetzt war es sehr heiß. Einer der heißesten Tage des Jahres, dachte Stanley und vermerkte hochzufrieden, daß an diesem Freudentag auch das Wetter mitspielte. Als er an den Ausstellungsräumen von Jaguar vorbeikam, überlegte er, ob er wohl noch heute nachmittag einen Wagen bekommen würde. Den roten Mark Ten dort zum Beispiel. Warum eigentlich nicht? Schließlich wollte er ja nicht ein Fließbandprodukt wie Macdonalds Blechbüchse, einen dieser fahrbaren Untersätze, bei denen gewöhnliche Sterbliche, jämmerliche Lohnempfänger, monatelange Wartezeiten hinnehmen müssen. Nur sein Rausch – der mußte bis heute nachmittag weg. Er würde eine Tasse Tee trinken, den Wagen kaufen und mit Vera eine Spritztour machen. Nach Epping Forest vielleicht, sie konnten in einem der Landgasthäuser dort zu Abend essen.

Leicht beduselt diese erfreulichen Pläne wälzend, betrat er die Küche. »Vera«, rief er. »Vera, wo bist du?«

Keine Antwort. Wahrscheinlich nahm sie mal wieder übel, weil er nicht dageblieben war, um ihr zu erzählen, was der Doktor gesagt hatte. Aber den hatte er ja nun, Gott sei Dank, nicht mehr nötig.

Er hörte sie oben herumgehen. Wahrscheinlich plagte sie sich noch mit ihrer Pinselei im Gästezimmer. Jetzt würde sie sich ganz schön umstellen, würde ihren Horizont erweitern müssen. Wer so viel Geld hatte wie sie beide, hatte es nicht mehr nötig, selber zu renovieren. In möglichst gerader Haltung ging er in die Diele. Sie brauchte schließlich nicht gleich zu merken, daß er getrunken hatte.

Wieder rief er nach ihr, und diesmal hörte er eine Tür klappen, und ihr Gesicht tauchte über dem Treppengeländer auf. Für eine Frau, die gerade zwanzigtausend Pfund kassiert hat, sah sie nicht besonders glücklich aus.

»Ich denke, du bist im Geschäft«, sagte sie.

»Der Arzt hat gemeint, ich soll mir den Tag freimachen. Komm runter, ich hab mit dir zu reden.«

Sie murmelte etwas, was sich anhörte wie »Ich muß auch mit dir reden«, und dann kam sie langsam die Treppe herunter. Sie trug das blauweiß gepunktete Kleid, und sie hatte keine Farbe an den Händen. Ein leichtes Frösteln überlief ihn und dämpfte seine Freude. Was war sie doch für eine launische, schwierige Person. Typisch, daß sie auch an so einem Tag etwas zu nörgeln hatte. Denn sie würde gleich loslegen, das merkte er, man sah es an den heruntergezogenen Mundwinkeln und an ihrem kalten Blick.

»Hast du das Geld?« fragte er markig. »Ich hab zufällig den Brief vom alten Finbow gesehen. Wurde auch langsam Zeit, was?«

Jetzt würde sie gleich sagen, daß sie das Geld nicht hatte. Daß sie Finbow gebeten hatte, es zu behalten, wieder anzulegen, irgendwas Teuflisches. Nein, das durfte einfach nicht sein.

»Du hast doch das Geld?«

»Ja, ich habe das Geld.« Noch nie hatte er sie in diesem Ton dumpfer Verzweiflung reden hören.

»Und du hast es aufs Konto eingezahlt? Was ist denn, Schätzchen? Haben wir auf diesen Moment nicht lange genug gewartet, nicht lange genug hingearbeitet?«

»Sag nicht Schätzchen zu mir«, sagte Vera. »Ich bin nicht dein Schätzchen. Du hast darauf hingearbeitet, das meinst du wohl. Aber du hast es nicht schlau genug angestellt. Du hättest deine Süßstofftabletten verschwinden lassen sollen, nachdem du meine Mutter umgebracht hast.«

Einen Moment kam Stanley diese Unterhaltung völlig unwirklich vor. Er hatte zuviel getrunken, war umgekippt und hatte einen dieser blödsinnigen Träume ... Doch wenn der Mensch wach ist, weiß er stets, daß er nicht träumt, und nach dem ersten Eindruck alptraumhafter Unwirklichkeit brauchte Stanley sich nicht erst zu kneifen, er wußte, daß Vera tatsächlich diese schier unglaublichen Worte ausgesprochen hatte. Sie standen in der Küche der Lanchester Road 61 und waren beide hellwach. Trotzdem vergewisserte er sich:

»Wie war das?«

»Wenn das so weitergeht, bring ich sie um, hast du gesagt, und sie hat gesagt, das trau ich ihm zu, und ich dumme Gans hab euch beide nicht ernst genommen. Bis ich das Zeug in den Medikamentenschachteln gefunden habe.«

Es ist ein großer Unterschied, ob man mit dem Schlimmsten rechnet, es fürchtet, davon träumt und es in seiner Phantasie durchspielt oder ob einem das Schlimmste tatsächlich widerfährt. Immer wieder hatte sich Stanley diese – oder eine ähnliche – Situation vorgestellt, obschon sein imaginärer Ankläger gewöhnlich ein Arzt oder ein Polizeibeamter gewesen war, aber jetzt mußte er feststellen, daß alle Vorbereitungen, alle Proben den Schock der Wirklichkeit nicht zu mildern vermochten. Er hatte das Gefühl, als habe man ihm mit einem schweren Gegenstand über den Kopf geschlagen, ohne daß dem Schlag tröstliche Bewußtlosigkeit gefolgt war.

Mit schwacher, zittriger Stimme sagte er das, was er sich zurechtgelegt hatte für den Fall, daß »sie« unbequeme Fragen stellen würden. »Ich hab sie nicht umgebracht, Vera. An dem Süßstoff ist sie nicht gestorben.«

»Sie ist an einem Schlaganfall gestorben, oder nicht? Dr. Moxley hat gesagt, es war ein Schlaganfall.«

»Früher oder später hätte sie den sowieso gekriegt«, brummelte Stanley.

»Woher willst du das wissen? Hast du Medizin studiert? Du hast ihr den Tod gewünscht, das weißt du ganz genau, deshalb hast du ihr die Tabletten weggenommen und Süßstoff in die Schachteln getan, und daran ist sie gestorben. Du hast sie ermordet. Ebensogut hättest du ihr eine Kugel durch den Kopf schießen können.«

Vera verließ die Küche und knallte die Tür hinter sich zu. Stanleys Herz hämmerte gegen die Rippen. Warum war er nur so blöd gewesen, diese verdammten Süßstofftabletten nach Mauds Tod nicht ins Feuer zu werfen? Und wie war Vera ihm draufgekommen? Aber das war ja jetzt im Grunde egal. Er hielt den Kopf über den Spülstein und trank direkt aus dem Kaltwasserhahn. Dann ging er nach oben.

Sie war im Schlafzimmer und packte zwei Koffer. Er kramte in seinem Kopf nach passenden Worten. Endlich sagte er: »Du wirst doch damit nicht zur Polizei gehen, Vera?«

Sie faltete, ohne zu antworten, mechanisch weiter ihre Sachen, legte Seidenpapier zwischen die Kleider, stopfte einen Hohlraum mit einem Paar zusammengerollter Strümpfe aus. Er starrte sie blöde an, und plötzlich ging ihm auf, was sie da tat.

»Willst du verreisen?«

Sie nickte. Auf ihrer Oberlippe standen kleine Schweißperlen. Es war sehr heiß.

»Darf man fragen wohin?« Stanleys Ironie ging kläglich daneben.

»Ich sag's dir, ob du fragst oder nicht.« Vera ging ins Badezimmer und kam mit ihrer Kulturtasche zurück. »Ich verlasse dich. Zwischen uns ist es aus, Stanley. Im Grunde ist es schon seit Jahren aus. Daß du mich wie ein Dienstmädchen behandelst, daß du dir diese Frau ins Haus geholt hast, daß du von meinem Geld lebst, das alles hätte ich verkraftet, aber bei einem Mann, der meine Mutter umgebracht hat, kann ich nicht bleiben.«

»Ich hab deine Mutter nicht umgebracht«, schrie er sie an. »Ich hab niemanden umgebracht. Du tust ja, als ob du sie gern im Haus hattest. Dabei warst du genauso froh, sie los zu sein, wie ich.«

»Sie war meine Mutter«, sagte Vera. »Ich hab sie lieb gehabt, trotz ihrer Fehler. Es wäre mir nicht mehr möglich, mit dir zusammenzuleben, Stanley, selbst wenn ich vergessen könnte, was du getan hast. Ich kann deine Nähe nicht ertragen. Jetzt nicht mehr. Nach dem, was ich seit gestern abend weiß, wird mir übel, wenn wir zusammen in einem Zimmer sind. Du bist grundschlecht und böse. Nein, komm mir nicht zu nah.« Sie wich vor ihm zurück, und er sah, daß sie zitterte. »Mutter hat immer gewollt, daß ich dich verlasse, und jetzt tu ich es. Komisch, nicht? Jetzt erfülle ich ihr den Wunsch, aber erst, nachdem sie tot ist. Man könnte wohl sagen, daß sie am Ende doch gewonnen hat.«

Stanleys Kopf dröhnte. »Red nicht so dämlich daher«, sagte er.

»Du hast mich immer für dämlich gehalten, nicht? Daß ich keine Intelligenzbestie bin, weiß ich, aber lesen kann ich, und irgendwo hab ich mal gelesen, man dürfte nicht zulassen, daß Menschen aus ihren Verbrechen Gewinn schlagen. Ich könnte mir, nachdem du Mutter umgebracht hast, nichts Schlimmeres vorstellen, als dich an ihrem Geld teilhaben zu lassen. Es tut mir leid, ich hatte nicht die Absicht, dir Hoffnungen zu machen und dich dann zu enttäuschen. Bis heute früh hab ich es mir so gedacht, daß das Geld uns beiden gehören soll – meinetwegen sogar dir der größere Teil, wenn du es brauchst. Aber jetzt bin ich hart, so schwer es mir auch fällt.« Vera klappte einen der

Koffer zu und sah Stanley an. »Mutter hat das Geld mir vermacht, und ich behalte es.«

»Das kannst du nicht.« Siegesbewußt spielte Stanley den einzigen Trumpf aus, der ihm geblieben war. »Wir haben ein gemeinschaftliches Konto. Wenn ich will, kann ich morgen die ganze Summe abheben, und das tu ich auch, da kannst du Gift drauf nehmen.«

»Ich habe das Geld nicht auf das gemeinschaftliche Konto eingezahlt«, sagte Vera ruhig. »Das war sowieso mehr oder weniger abgeschlossen, weil du es überzogen hattest. Ich habe heute früh ein neues Konto eröffnet, ein Einzelkonto, für mich allein.«

21

Vera trug die Koffer nach unten. Stanley blieb auf dem Bett sitzen, die Sonne schien heiß durch die geschlossenen Fenster in seinen Nacken. Wieder beschlich ihn ein Gefühl des Unwirklichen, Alptraumhaften. »Alptraum, Alptraum«, sagte er vor sich hin. »Auf Bergeshöhn eine Erscheinung der Nacht...« Herrgott, fing das schon wieder an?

Fluchend verkrampfte Stanley die Hände. Er horchte. Sie ging unten herum, sie war noch nicht weg. Er mußte mit ihr reden, sie zur Vernunft bringen.

Sie stand vor dem Spiegel im Eßzimmer und zog sich die Lippen nach.

Es ist schwer, einem Menschen, den man haßt, etwas Nettes zu sagen. Stanley haßte in diesem Moment Vera inbrünstiger, als er je Maud gehaßt hatte. Aber es mußte gesagt werden. Die meisten Menschen würden für zweiundzwanzigtausend Pfund fast alles sagen.

»Du bist die einzige Frau in meinem Leben, Vera. Zwanzig Jahre bin ich dir treu geblieben, deinetwegen hab ich alles eingesteckt, die Kränkungen deiner Eltern, die Jahre mit deiner Mutter. Ich bin über die Lebensmitte weg, ohne dich geh ich kaputt.«

»Du warst seit jeher kaputt, Stan. Ich war immer für dich da, die ganzen Jahre, aber du hast dich nie ins Zeug gelegt, nie etwas geschafft. Ich hab mein Bestes getan, aber jetzt bin ich es leid.«

Er begann zu betteln. Er wäre vor ihr auf die Knie gegangen, wenn er nicht Angst gehabt hätte, sie könne davongehen und ihn dort auf allen vieren hocken lassen wie ein Tier. Er zupfte sie am Ärmel. »Ich bring das Geschäft hoch, Vera, bestimmt, da gibt's gar nichts, aber ich brauch einfach Kapital.« Daß er das Falsche gesagt hatte, merkte er an dem Ausdruck der Verachtung, der über ihr Gesicht ging. Wie ein wirklich verzweifelter Ehemann stöhnte er: »Du bist alles, was ich habe, Vera.«

»Komm, reden wir Klartext«, sagte Vera. »Mein Geld – das ist alles, was du hast.« Sie zog sich dunkelblaue Handschuhe an und setzte sich auf einen harten Stuhl, als warte sie auf etwas oder auf jemanden. »Ich habe darüber nachgedacht. Immer wieder. Und ich meine, daß es nicht recht wäre, dich ohne einen Penny sitzenzulassen.« Sie seufzte tief auf. »Du bist ein hoffnungsloser Fall, Stan. Alles, was du anfängst, geht schief – bis auf deine Kreuzworträtsel. Du hast noch jeden Job verloren, und bei dem hier wird es dir nicht anders gehen. Aber daß du völlig mittellos dastehst und kein Dach über dem Kopf hast, möchte ich auch nicht. Und deshalb lasse ich dir das Haus. Behalt es oder verkauf es, ganz wie du willst. Wenn du dumm genug bist, es zu verkaufen und das Geld diesem Pilbeam in den Rachen zu werfen, ist das deine Sache.«

»Gott, wie rührend«, sagte Stanley. »Mir kommen gleich die Tränen.« Mit dieser Bruchbude also wollte sie ihn abspeisen. Sie nahm ihm alles, was ihm gehörte, und überließ ihm ein heruntergekommenes Reihenhaus. Jetzt erst wurde ihm so richtig klar, was sie da tat – und daß es ihr ernst damit war. Vera, seine Frau, die sich von ihm hatte schikanieren und manipulieren lassen, die all seine Lügen geschluckt hatte, Vera hatte ihn verraten und im Stich gelassen. »Bildest du dir etwa ein, das laß ich mir so ohne weiteres gefallen?« fragte er wütend. »Glaubst du wirklich, ich laß dich einfach so gehen?«

»Es wird dir nichts anderes übrigbleiben«, sagte Vera gelassen. Es klopfte an der Haustür. »Das wird der Mietwagen sein, den ich bestellt habe.«

Sie bückte sich nach ihren Koffern. Stanley war wie vor den Kopf geschlagen. Am liebsten hätte er sie umgebracht. Als sie sich aufrichtete, schlug er ihr mit der flachen Hand hart ins Gesicht, erst auf die eine, dann auf die andere Wange. Sie stieß einen kleinen Jammerlaut aus, und Tränen rannen über die Male, die seine Finger hinterlassen hatten, aber sie sprach kein Wort mehr mit ihm.

Als der Wagen weg war, weinte auch er. Weinend lief er im Zimmer herum, dann setzte er sich und trommelte mit den Fäusten auf die Sofalehne. Am liebsten hätte er gebrüllt und die Möbel kurz und klein geschlagen, aber er hatte Angst, die Nachbarn könnten ihn hören.

Durch das Weinen zuckte das linke Auge immer stärker, es brannte und blinzelte auch noch, als die Tränen versiegt waren. Stanley versuchte, das Lid mit zwei Fingern festzuhalten, aber es zappelte, als sei es gar nicht Teil seines Körpers, sondern ein gefangenes, flatterndes Insekt mit einem Eigenleben.

Das Geld war futsch. Alles. Und während sein Gesicht sich auf erschreckende und unkontrollierbare Weise verzerrte, begriff er, daß sein Leben eigentlich nur ein ständiges Warten auf das Geld gewesen war, daß er dem Tag, da er es haben würde, entgegengesehen hatte wie dem Anbruch des Goldenen Zeitalters. Zunächst hatte er sich nur ein-, zweitausend Pfund vorgestellt, dann acht- oder neuntausend, schließlich zwanzigtausend. Immer aber war es dagewesen, ein halb verborgener, doch verlockend funkelnder Topf voll Gold am Ende des Regenbogens. Um diesen Schatz zu bekommen, war er bei Vera geblieben und hatte Maud ertragen, nur deshalb hatte er, wie er sich jetzt sagte, keine Anstrengung unternommen, festen Fuß in einem Beruf zu fassen.

Seine Gedanken wirbelten wild durcheinander, und immer wieder schlug Panik durch, so daß er keuchend nach Luft ringen mußte. Jetzt wußte er, was es bedeutet, in der Gegenwart zu leben. Hinter ihm lagen Öde und Bitterkeit, vor ihm lag das Nichts oder sogar Ärgeres als das Nichts, denn jetzt, da Vera wußte, daß er Maud nach dem Leben getrachtet und die Polizei irgendwie Wind von der Sache bekommen hatte, jetzt, da Pilbeam würde erfahren müssen, daß das Kapital, mit dem er geprahlt hatte, nicht mehr war als das Dach über seinem Kopf, schien jede weitere Stunde, jede weitere Minute Leben wie eine unerträgliche Last.

Er blickte auf die Uhr, sah auf die vorrückenden Zeiger, ohne ihre Bewegung wahrzunehmen. So war auch sein Leben vergangen – eine langsame, unmerkliche Auflösung bis hin zu dem jetzigen totalen Zusammenbruch. Und jeder Moment, der scheinbar nichts an der Lage änderte, führte ihn in Wirklichkeit unerbittlich dem Ende zu, das – auch wenn dies unvorstellbar schien – noch schlimmer sein würde als die Schrecknisse, die er jetzt durchlebte.

Er brauchte einen kleinen Tod, der ihm aus der unerträglichen Gegenwart heraushalf. Mit zitternder, zuckender Hand langte er in die Tasche. Von den zehn Pfund, die er am Freitag heimgebracht hatte, waren noch acht übrig. Ein Pub war noch nicht auf, wohl aber der Schnapsladen in der High Street. Er wankte in die Küche und wusch sich über dem Spülstein das Gesicht.

Draußen war es noch wärmer als im Haus, aber als er die frische Luft spürte, schudderte er. Das Gehen fiel ihm schwer. Er bewegte sich wie ein Greis oder wie jemand, der schwer krank gewesen ist und lange das Bett hat hüten müssen. Nur wenige Passanten kamen vorbei, und keiner beachtete ihn, aber ihm war, als seien die Straßen voller Augen, als beobachteten verborgene Späher jede seiner Bewegungen. In dem Schnapsladen hatte er Mühe, ein Wort herauszubringen. Es kam ihm grotesk vor, mit einem anderen menschlichen Wesen, einem normalen, einigermaßen zufriedenen Menschen zu sprechen. Seine Stimme klang matt und piepsig, und immer wieder fuhr er sich mit den Händen durchs Gesicht, als könne er die Zuckungen wegstreichen und glätten.

Der Verkäufer war an den Umgang mit Alkoholikern gewöhnt. Ungerührt nahm er Stanley fünf Pfund für zwei Flaschen Teacher's Whisky und ein Pfund für Zigaretten ab.

Zu Hause trank Stanley ein Glas Whisky, aber der Alkohol verschaffte ihm keine Befriedigung, er stumpfte nur die Gefühle ab, die Euphorie blieb aus. Er ging mit einer der Flaschen und einer Packung Zigaretten nach oben und legte sich aufs Bett. Schade, daß wir erst Sommermitte haben, dachte er benommen, und noch nicht Winter, dann wäre es früher dunkel. Die Helligkeit war Stanley unsympathisch, sie enthüllte zuviel.

Ungebeten kamen ihm Worte in den Sinn, er lag auf dem

Rücken, paßte sie ineinander, bastelte Anagramme, suchte nach Definitionen. Er hörte sich die Wörter, die Definitionen laut sprechen, lallend, mit schwerer Zunge. Eine ganze Weile führte er, hin und wieder zur Flasche greifend, diese Selbstgespräche, und dann wurde er wütend, weil er in seinem Suff nicht mehr wußte, wie sie geschrieben wurden, und weil sie sich in den schwarzen Spiralen verloren, die vor seinen Augen kreisten.

Es hätte ihm wohl geholfen, wenn er eine Nacht hätte durchschlafen, eine Nacht völliges Vergessen hätte finden können. Doch um neun war er schon wieder wach. Sein Kopf dröhnte, als habe man ihm einen eisernen Reif um die Stirn geschmiedet. Es war noch hell.

Was er eben geträumt hatte, stand ihm noch deutlich vor Augen. Es war kein böser Traum in dem Sinn, daß er beängstigend oder schmerzlich gewesen wäre, und doch gehörte er zu den schlimmsten Träumen, die den Menschen heimsuchen können. In unserem Unglück sind es nicht Alpträume, die uns noch unglücklicher machen, sondern Träume von besseren Zeiten und von Menschen, die uns jetzt hassen, uns im Traum aber mit ihrer früheren Freundlichkeit begegnen.

Diese Erfahrung hatte soeben auch Stanley machen müssen. Ihm hatte geträumt, daß er in seinem schönen Antiquitätengeschäft im Old Village stand, wo er gerade einen dankbaren Pilbeam reich beschenkt hatte. Jetzt begriff er, daß er vor vier Stunden, als er meinte, den absoluten Tiefpunkt erreicht zu haben, seine Situation noch zu günstig beurteilt hatte. Er war nicht nur all seiner Hoffnungen beraubt und mittellos, er hatte seinem Teilhaber auch Schecks über 1175 Pfund ausgestellt, einen für Pilbeam selbst, einen für den Tapezierer. Die Schecks würden platzen, denn das Geld gehörte Vera und lag auf ihrem Privatkonto, an das er nicht herankam.

Es gab keinen Grund mehr aufzustehen. Er beschloß, erst einmal bis zum Mittagessen liegenzubleiben. Irgendwo meinte er Wasser laufen zu hören. Die Nacht war so voll von Traumbildern und Traumgeräuschen gewesen, daß er Mühe hatte, Phantasie und Wirklichkeit auseinanderzuhalten.

Er hatte vergessen, die Uhr aufzuziehen, die Zeiger standen auf zehn nach sechs, aber es mußte viel später sein. Pilbeam würde sich fragen, wo er wohl abgeblieben war, aber Stanley fehlte der Mut, ihn anzurufen.

Sein Kopf dröhnte. Im Augenblick plagten die Zuckungen ihn nicht, und er wagte gar nicht an sie zu denken, am Ende fing die Quälerei dann sofort wieder an. Er starrte an die Decke und überlegte gerade, ob er sich aufraffen sollte, den *Telegraph* hereinzuholen, als es unten laut klopfte und er fluchend hochfuhr. Die Polizei, dachte er. Und dann: Pilbeam! Vielleicht stand bereits sein Partner vor der Tür, um sich über die geplatzten Schecks zu beschweren.

Er kollerte aus dem Bett und linste durch die Vorhangspalte, aber von dort aus sah er nur das Vordach über der Haustür. Auf der Straße stand kein Lastwagen, aber vielleicht waren es ja die Bauarbeiter ... Es klopfte wieder.

Er hatte einen üblen Geschmack im Mund. Rasch schlüpfte er in die Schuhe und ging die Treppe hinunter, ohne sie zuzubinden. Vorsichtig machte er die Tür auf. Vor ihm stand Mrs. Blackmore und musterte seine zerknitterten Sachen. »Ich hab Sie doch nicht etwa aus dem Bett geholt? Ich wollte Ihnen nur sagen, daß das Überlaufrohr von Ihrem Wassertank leckt.

»Ist gut. Danke.« Er hatte keine Lust, mit ihr zu reden,

und wollte rasch die Tür zumachen. Sie hatte sich schon zum Gehen gewandt, aber jetzt drehte sie sich noch einmal um. »Ich hab gestern Mrs. Manning weggehen sehen.«

Stanley machte ein böses Gesicht.

»Sie war ganz durcheinander, die Tränen liefen ihr nur so runter. Hatten Sie noch einen Trauerfall in der Familie?«

»Nein.«

»Ach, nicht? Was mag bloß passiert sein, hab ich zu John gesagt, daß Mrs. Manning derart fix und fertig ist?«

Er öffnete die Tür ein Stück weiter. »Das will ich Ihnen sagen. Sie hat mich verlassen. Sitzengelassen hat sie mich. Da hab ich ihr eine geschmiert, und deshalb hat sie geheult.«

Mrs. Blackmore wußte wohl, daß es Frauen gibt, die ihre Männer verlassen, und daß es Männer gibt, die ihre Frauen schlagen, schließlich hatte sie hauptsächlich mit solchen Begebenheiten jahrelang die Gespräche über den Gartenzaun bestritten, aber noch nie hatte einer der Beteiligten an solchen häuslichen Auseinandersetzungen ihr gegenüber seine Rolle derart kaltschnäuzig und gefühllos zugegeben. Sprachlos starrte sie ihn an.

»So, jetzt haben Sie wenigstens was, woran Sie mit der alten Macdonald ihre spitzen Zungen wetzen können.«

»Wie reden Sie denn mit mir?«

»Wie mir's paßt«, schoß Stanley genüßlich zurück und gab noch eine Reihe saftiger Kraftausdrücke dazu. »Faule fettärschige Kuh«, schloß er zufrieden.

»Das soll mein Mann erfahren«, sagte Mrs. Blackmore. »Der ist viel jünger als Sie – Sie Asozialer, und hat seine Gesundheit nicht durch den Suff ruiniert. Pfui Deibel, ich rieche Ihre Fahne ja bis hierher.«

»Klar, Ihre Nase ist ja auch lang genug«, sagte Stanley und schloß die Tür so energisch, daß ein Stück Putz von der Decke fiel. Das Wortgefecht hatte ihm gutgetan. Seit Mauds Tod hatte er niemanden mehr zum Streiten gehabt.

An Maud durfte er gar nicht denken, sonst hing er sofort wieder an der Flasche. Nie mehr würde er an sie denken, wenn nicht... wenn nicht die Polizei ihn dazu zwang. Sein Auge zuckte noch, aber er gewöhnte sich allmählich daran, hatte sich »adaptiert«, wie ein Doktor vom Schlag Dr. Moxleys wohl gesagt hätte. Immerhin – noch war die Polizei nicht da. Würden sie das Haus durchsuchen, ehe sie sich den Garten vornahmen? Wahrscheinlich. Finden würden sie allerdings nichts, den Süßstoff hatte Vera doch bestimmt mitgenommen. Konnte trotzdem nicht schaden, mal nachzusehen.

Er ging in das Zimmer, in dem Vera ihre letzte Nacht in der Lanchester Road verbracht hatte. Die Schachtel mit dem Tintenfleck auf dem Etikett stand noch neben dem Bett. Stanley traute seinen Augen kaum. Herrgott, was war die Frau doch blöd. Das einzige Beweismittel hatte sie dagelassen, die Polizei würde nicht mal eine Genehmigung kriegen, den Garten umzugraben.

Stanley griff sich die Medikamentenpackungen und spülte die Tabletten durchs Klo. Dann ließ er die Hähne von Badewanne und Waschbecken laufen. Oft löste sich durch diesen simplen Trick der verklemmte Schwimmer und stieg wieder nach oben. Er horchte. Das Überlaufrohr tropfte nicht mehr.

Als das Telefon läutete, zuckte er zusammen, aber daß er sich melden würde, stand für ihn fest. Wenn er es einfach läuten ließ, würde er sich noch stundenlang den Kopf darüber zerbrechen, wer wohl angerufen hatte. Es war Pilbeam. Stanley schluckte, es überlief ihn kalt.

Aber Pilbeam fragte ganz freundlich: »Noch angeschlagen, alter Junge?«

»Ich häng voll durch«, jammerte Stanley.

»Du bist ein Hypochonder, alter Knabe, an so Sachen darf man sich nicht tagelang festhalten. Aber ich bin ja kein Unmensch. Nimm dir den Rest der Woche frei, wenn du willst, ich komm gelegentlich mal vorbei.«

»Okay«, sagte Stanley. Er legte durchaus keinen Wert auf Pilbeams Besuch, aber abwimmeln konnte er ihn schlecht.

Immerhin hatte er nach dem Anruf und der Entdeckung und Vernichtung der Süßstofftabletten wieder etwas Mut gefaßt. Es war noch gar nicht ausgemacht, daß die Schecks wirklich platzten. Dieser Bankmensch, Frazer, war doch ein netter Kerl, ein richtiger Gentleman, der zahlte bestimmt, wenn's ihm auch nicht schmecken würde. Was waren für den schon 1175 Pfund? Wahrscheinlich war diese Sache mit dem eigenen Konto nur so eine Masche, um dumme Weiber wie Vera zu beschwichtigen. Sie waren schließlich nach wie vor Mann und Frau. Frazer hatte sie zusammen gesehen und jedem ein Scheckbuch ausgehändigt. Wenn die beiden Schecks kamen, würde Frazer zahlen, ohne mit der Wimper zu zucken, und dann würde er vielleicht Stanley einen Brief schreiben und ihm ins Gewissen reden, nicht allzu großzügig mit seinen Schecks umzugehen. Da hatte er sich gestern ganz unnötig verrückt gemacht. Na ja, was man eben in Schock und Panik so anstellt... Sehr bald würde Vera zurückkommen und ihn um Verzeihung bitten.

Es klopfte schon wieder. John Blackmore auf dem Kriegspfad! Dieser Trottel konnte eigentlich dem Schicksal dankbar sein, daß einer mehr Mumm in den Knochen hatte als er und endlich mal seiner Frau richtig die Meinung geigte.

Stanley dachte nicht daran aufzumachen. Er hörte sich in aller Gemütsruhe an, wie noch ein paarmal der Klopfer betätigt wurde, dann sah er, wie Blackmore wieder in seinem eigenen Haus verschwand. Auf dem Fußabstreifer fand er einen Zettel:

»Es wird Ihnen noch leid tun, so mit meiner Frau geredet zu haben. Sie kommen aus der Gosse und verpesten unsere Straße. Denken Sie bloß nicht, daß Sie ungeschoren davonkommen, wenn Sie Frauen beleidigen. J. Blackmore.«

Diese Epistel amüsierte Stanley sehr. Von wegen Gosse. Das Häuschen seines Vaters war kein Slum. Er dachte an das grüne Land in East Anglia, aber die Vorstellung, als siegreicher Held dorthin zurückzukehren, mußte er sich wohl abschminken. Ja, er würde zurückkehren, aber als der verlorene Sohn, als einer, der in der Heimat Ruhe und Frieden sucht und verzeihende Liebe...

Durch das Küchenfenster sah er, daß schon wieder Wasser aus dem Überlaufrohr floß. Er würde wohl oder übel in den Speicher hinaufklettern müssen. Solche Sachen hatte ihm Vera immer abgenommen, aber dank ihrer Berichte hatte Stanley zumindest eine verschwommene Ahnung, wie die Wasserversorgung im Haus funktionierte. Er holte die Leiter und stieß die Luke zum Speicher auf. Hier oben war alles voller Staub, und man konnte nicht die Hand vor Augen sehen. Er holte eine Taschenlampe.

Er war zum erstenmal auf dem Speicher und staunte, wie geräumig, still und dunkel er war. Man müsse sich auf die Querbalken stellen und nicht dazwischentreten, hatte Vera gesagt, sonst käme man am Ende durch die Decke, und auf seinem Weg zum Wassertank beherzigte Stanley diesen Rat. Unterwegs fand er einen toten Vogel in einem Häufchen Federn. Er war offenbar durch die Sparren geschlüpft und hatte nicht wieder herausgefunden. Wie lange mochte der schon hier liegen? Wie lange dauerte es überhaupt, bis von einem toten Körper nur noch Knochen übrig waren?

Er schlug die Plane zurück, die über dem Tank lag, und

griff mit dem Arm ins Wasser. Die Schwimmkugel am Ende des Hebels war an die zwanzig Zentimeter tief abgesunken. Er zog sie hoch und hörte, wie sich die Ventile mit einem leisen Plopp schlossen.

Nachdem er seine Hände in einem dünnen Wasserstrahl gewaschen hatte – er wollte vermeiden, daß die Schwimmerkugel sich wieder festsetzte –, holte er sich die Zeitung und legte sich wieder ins Bett, um das Kreuzworträtsel zu lösen. Er schlief fast den ganzen Tag, wie ein Kranker. Nachmittags, als er nur noch leicht vor sich hin döste, meinte er mehrmals Leute an der Tür zu hören. Aber er ging nicht herunter, und als er um halb sieben aus dem Schlafzimmer kam, war niemand zu sehen, und die Sachen der Bauarbeiter waren unberührt. Inzwischen war ihm schwindlig vor Hunger, und er machte sich ein paar Marmeladebrote. Himmel, dachte er, hier geht's ja zu wie auf dem Hauptbahnhof. Schon wieder war jemand an der Tür. Blackmore. Er hatte einen Wagen vorfahren hören. Adrenalin pumpte durch sein Blut. Wenn er Streit suchte, dieser Mistkerl, konnte er ihn haben. Aber vielleicht sollte man doch erst mal nachsehen, ob es wirklich Blackmore war.

Wieder stellte Stanley sich ans Fenster und spähte durch den Spalt. Der Wagen war nicht Blackmores alter Schlitten. Stanley wartete, bis der Mann von der Haustür zurückkam. Er war groß und dunkelhaarig, Mitte Dreißig. Stanley kannte ihn nicht persönlich, aber er hatte ihn schon ein paarmal gesehen, wie er das Polizeirevier von Croughton betreten oder verlassen hatte.

Vera hat keine Zeit verloren, dachte er und betete, der Polizeibeamte möge wieder zu seinem Wagen gehen. Der aber wandte sich dem Hintereingang zu und verschwand aus Stanleys Blickfeld. Zitternd schlich Stanley in Mauds

Zimmer. Von dort aus beobachtete er den Polizeibeamten, der langsam am Rasen entlangging. Das Moorbeet ließ er unbeachtet, aber vor der Betonmischmaschine blieb er stehen und umrundete sie mit nachdenklichem, leicht verblüfftem Blick wie ein Ausstellungsbesucher eine moderne Plastik.

Dann besah er sich die Zementsäcke. Einem versetzte er einen kräftigen Tritt, so daß die Papierhülle riß und grauer Staub herausrieselte.

Stanley ging wieder zurück in sein Schlafzimmer und verhielt sich so still, wie es einem Menschen möglich ist, der vor Angst am ganzen Leib zuckt und zittert. Er hatte Mühe, den Vorgarten scharf zu sehen, besonders da seine Lider unkontrolliert zuckten. Endlich erkannte er verschwommen den Polizeibeamten, der wieder zu seinem Wagen ging. Aber er stieg nicht ein, sondern klinkte die Gartenpforte der Blackmores auf und ging zum Haus.

Stanley war inzwischen so verstört, daß auch Stimulantien jetzt nicht mehr halfen. Wenn er sich wieder an den Whisky hielt, würde er sich nur übergeben müssen, das wußte er. Seine Gedanken überschlugen sich. Die Blackmores würden alles ausquatschen, was sie über seine Beziehung zu Maud wußten, Mrs. Macdonald würde erzählen, wie er nach dem Zuschütten der vorbereiteten Grube im Garten flachgelegen hatte. Daß er die Tabletten ins Klo geworfen hatte, würde ihm nicht helfen, es war mindestens noch eine Schachtel dagewesen, die hatte Vera vermutlich der Polizei ausgehändigt. Daraufhin würden sie eine Genehmigung zum Graben bekommen, sie würden Maud finden oder vielleicht auch nur einen Haufen Knochen zwischen verrottender Kleidung, anzusehen wie der Vogel auf dem Speicher.

Speicher? Auf dem Speicher konnte er sich verstecken.

Mochten sie unten ruhig die Tür einschlagen. Dort oben war er sicher. Die Leiter stand noch unter der Luke. Die Zigaretten in einer Tasche, die Flasche in der anderen, kletterte er die Leiter hinauf, schwang sich auf einen Balken und sah hinunter. Nein, so ging das nicht. Wenn er jetzt die Luke zumachte, würden sie die Leiter sehen, und die würde ihn verraten. Er mußte versuchen, die Leiter mitzunehmen.

Stanley legte sich auf den Bauch und stemmte sich mit den Füßen gegen die verzinkte Wand des Wassertanks. Schon sank ihm der Mut, aber der Gedanke an den Polizeibeamten und die neuerlich einsetzende Angst verliehen ihm ungeahnte Kräfte. Wenn er versuchte, die Leiter einfach hochzuhieven, würde er es nie schaffen, er mußte mit einer Art Hebelprinzip arbeiten. ›Gib mir einen Punkt, wo ich hintreten kann, und eine lange Stange, und ich werde die Welt aus den Angeln heben...‹ Wer hatte das gesagt? Und *er* wollte schließlich nur eine Trittleiter hochheben. Wenn er die Kante der Klapptür als Angelpunkt benutzte und die Leiter langsam hochstemmte, konnte er sie vorsichtig zu sich heranziehen und auf die Deckenbalken legen. Aber aufpassen, Stanley, nicht den Putz verkratzen! Seine Lungen drohten zu bersten, und er keuchte schwer. Aber dann war es geschafft.

Als er sich eingeschlossen hatte, ließ er noch eine Weile die Taschenlampe brennen, aber er brauchte kein Licht, und das Horchen fiel im Dunkeln auch leichter. Nachdem er das Licht gelöscht hatte, überkam ihn fast so etwas wie ein Gefühl des Friedens. Außer einem leisen Schmatzen im Wassertank war kein Laut zu vernehmen.

In der Dunkelheit setzte das Zucken wieder ein, Geisterfingern gleich, die an seinen Lidern, seinen Knien und zart, fast liebkosend an seiner Bauchdecke zupften. Stanley merkte, daß er weinte. Er merkte es daran, daß die Finger, die die Zigarette hielten, Tränen spürten.

Er wischte sie mit dem Ärmel ab, und dann benannte er lautlos alle Gegenstände, die sich im Speicher befanden, obgleich er sie nicht sehen konnte: Dachlatte, Deckenbalken, Flasche, Streichhölzer, Strippe, Trittleiter, Wassertank. Und flugs kamen die Definitionen: LATTE – Kickern sollte nichts darüber gehen. STRIPPE – Wer etwas läuten gehört hat, kann sich an sie hängen ...

Herrgott, dachte er, ich bin wohl wirklich am Durchdrehen. Sitze da in einem dunklen Speicher und bastele an Kreuzworträtseln, die niemand lösen wird. Voller Verzweiflung lehnte er die Wange an das kalte Metall.

VIERTER TEIL

Das letzte Wort

22

Als Stanley vom Speicher herunterkam, lag die ganze Gegend in tiefem Schlaf, weit und breit war kein Licht zu sehen. Er fiel in sein ungemachtes Bett, überzeugt davon, daß er kein Auge zutun würde, aber er schlief fest bis nach neun. Als er, noch immer in seinen schmutzigen, verschwitzten Sachen, nach unten tappte, fand er einen Brief auf dem Fußabtreter.

Er war von Vera, auf einem Briefbogen der bewußten Pension in Brayminster.

Stanley,
nach dem, was Du getan hast, denkst Du sicher, daß ich
mir die Sache mit dem Haus anders überlegt habe. Aber
mach Dir keine Sorgen, Du kannst es haben, ich verspre-
che es Dir und lege es hiermit auch schriftlich fest, weil
Du es mir wohl sonst nicht abnehmen würdest. Ich bleibe
hier, bis ich eine andere Unterkunft gefunden habe. Bitte
versuche nicht herzukommen. Man hat mir gesagt, ich
könnte sonst Polizeischutz und eine gerichtliche Verfü-
gung beantragen. Ich will Dich nie wiedersehen. Vera.

Fluchend knüllte Stanley das Blatt zusammen. Damit stand wohl jetzt so gut wie fest, daß sie bei der Polizei gewesen war, das Luder. Woher hätte sie das mit der gerichtlichen Verfügung sonst haben können? Aber den Brief wollte er doch lieber aufheben. Sorgsam glättete er die Falten. Wenn er aus diesem Schlamassel raus war, würde er das Haus verkaufen, viertausend kriegte er locker dafür, und das Geld ins Geschäft stecken. Auf lange Sicht machte er damit dann vielleicht genausoviel Kohle, als wenn er Mauds Vermögen bekommen hätte, und das würde er dann Vera mit Genuß unter die Nase reiben.

Nachdem er sich wieder mit Marmeladebroten gestärkt hatte, badete er und zog frische Sachen an. Erwartungsgemäß fing das Überlaufrohr wieder an zu tröpfeln. Inzwischen hatte er es sehr gut heraus, schnell auf den Speicher zu turnen und die Sache in Ordnung zu bringen, und schaffte es, ohne sich allzu schmutzig zu machen. Stanley verbrachte einen geruhsamen Tag auf dem Sofa, nahm ab und zu einen Schluck Whisky und entwarf auf der Rückseite eines Tapetenrests ein Kreuzworträtsel von vierzig Zentimetern im Quadrat.

Gegen acht erschien Pilbeam. Stanley sah nach, ob ihm Vera nicht womöglich schon wieder einen Gesetzeshüter auf den Hals gehetzt hatte, dann ließ er seinen Freund ein. Mit vereinten Kräften machten sie die Flasche leer.

»Siehst ganz schön abgeschafft aus, alter Junge.« Pilbeam betrachtete ihn mit dem kühl-unbeteiligten Interesse eines Biologen, der einen Saugwurm unter dem Mikroskop hat. »Abgenommen hast du auch. Muß dich ganz schön schlauchen, das Auge.«

»Der Arzt sagt, es geht wieder weg«, meinte Stanley.

»Paß bloß auf, daß du nicht vorher weg bist.« Pilbeam wollte sich ausschütten vor Lachen über seinen Witz. »Hoffentlich nicht, bevor wir ordentlich abgesahnt haben, wie?«

Stanley überlegte rasch. »Hättest du was dagegen, wenn ich ein paar Tage frei nehme? Ich möchte gern zu meiner Frau an die Südküste.«

»Warum nicht«, sagte Pilbeam. »Kann sein, daß ich auch verreisen muß. Machen wir einfach den Laden auf ein, zwei Wochen dicht, so was wirkt manchmal appetitanregend auf die Kundschaft. So, ich muß wieder los. Kann ich zwanzig von deinen feinen Zigaretten schnorren? Ich hab keinen Penny mehr, aber das ist ja bei uns wie in 'ner guten Ehe, was mein ist, sei auch dein.«

Laut lachend ging Pilbeam davon.

Demnach waren die Schecks in Ordnung. Er hatte sie Pilbeam am Montag gegeben, und heute war Donnerstag, er hätte sonst was gesagt. Und morgen früh geh ich weg, dachte Stanley. Nicht zu Vera, sondern zu meinen Eltern, ich geh nach Hause. Und wenn ich den ganzen Weg per Anhalter zurücklegen muß und ohne einen Penny ankomme, ich geh nach Hause. Aber in dieser Nacht weinte er sich, jämmerlich in das schmutzige Kissen schluchzend, in den Schlaf.

Als Vera am Freitag morgen erfuhr, daß man sie dringend auf dem Polizeirevier von Croughton zu sprechen wünschte, wollte sie den ersten Zug nehmen, aber Mrs. Horton hatte James Bescheid gesagt, und er wartete unten mit dem Wagen auf sie. Um halb elf waren sie in Croughton.

Da hatte Pilbeam bereits zwei Stunden bei der Polizei verbracht.

Sie kam an ihm vorbei, ohne es zu wissen, als sie in das Büro des Superintendent geführt wurde. Eine Menge Leute kamen und gingen, die Vera nicht kannte, die aber, wie sie vermutete, mit dem Fall ihres Mannes zu tun hatten. Sie wich Mrs. Blackmores scharfem Blick aus und bemühte sich, Michael Macdonald zu übersehen, der sie in faszinierter Neugier anstarrte. Der Superintendent verhörte sie eine Stunde lang nach allen Regeln der Kunst, erst dann durfte sie wieder zu James, um sich in seinen Armen auszuweinen.

Stanley wachte mit quälenden Kopfschmerzen auf. Wieder war es sehr warm. Allerdings war brütende Hitze für eine Reise per Anhalter immer noch besser als strömender Regen. Sein Spiegelbild zeigte ihm einen heruntergekommenen, fast ältlichen Mann mit einem stark ausgeprägten Tic. Er konnte nur hoffen, daß seine Erscheinung zumindest Mitleid bei den Herren Autofahrern weckte, auf deren Gnade er angewiesen sein würde.

Er griff sich eine Hose und die letzten beiden sauberen Oberhemden und warf sie in einen Koffer. Es war fast Mittag. Wie fest er in letzter Zeit schlief! Er hatte sich aufs Bett gesetzt und war gerade dabei, sich zu kämmen, als er einen Wagen vorfahren hörte. Wahrscheinlich Blackmore, der zum Mittagessen nach Hause gekommen war. Ohne aufzustehen, rutschte er an der Bettkante hoch und sah durch den Vorhangspalt.

Alles Blut wich ihm aus dem Gesicht. Er krampfte die Hände um den Kamm, und ein paar Zähne brachen ab und bohrten sich in seine Handfläche. Draußen stand ein Streifenwagen, daneben der Polizeibeamte, der schon mal dagewesen war, mit drei Kollegen. Einer machte den Kofferraum auf und holte zwei Spaten heraus. Die anderen gingen zur Haustür.

Stanley schnappte sich den Koffer und hastete die Leiter hoch. In dem Moment, als er die Hand nach der Klapptür ausstreckte, dröhnten die ersten dumpfen Schläge an der

Haustür. Ein Schauder überlief ihn. Dann verstummten die Schläge, dafür lärmte die Klingel durchs Haus, einer ließ offenbar den Klingelknopf gar nicht mehr los. Stanley kletterte durch die Luke, legte sich auf die Balken und holte die Leiter ein. Später begriff er kaum, wie er das bei dem Gezappel und Gezucke, das sein Körper vollführte, überhaupt geschafft hatte und wieso ihm die Leiter nicht aus der Hand gefallen und polternd über das Treppengeländer nach unten gesaust war. Wunderbarerweise gelang es ihm sogar, sie lautlos neben sich abzulegen. Er wischte sich die Hände an der Hose ab, um keine Spuren an der Außenseite der Klapptür zu hinterlassen, und machte das Türchen hinter sich zu.

Dann rollte er sich auf den Rücken, starrte in die Dunkelheit und stöhnte: Ogottogottogott...

Stanley legte das Ohr an eine ganz schmale Spalte – eigentlich mehr eine Fuge – zwischen den Latten der Klapptür und horchte. Er hörte, wie sich jemand an der Hintertür zu schaffen machte und wie das Schloß knirschend nachgab, dann Schritte in der Küche. Ob sie ihn auch hören konnten? Ob bei der kleinsten Bewegung die Schwingungen der alten Balken durchs ganze Haus gingen, bis zu denen da unten?

Sie kamen die Treppe herauf.

Das Holz unter seinem Ohr knarrte, dann sagte einer: »Schätze, daß wir ins leere Nest gekommen sind, Ted. Pilbeam hat gesagt, daß er türmen wollte, und Pilbeam schwindelt uns nicht an, dazu haben wir zuviel gegen ihn in der Hand.«

Verdammter Verräter, dachte Stanley. Von wegen alter Freund und Spießgeselle! Schritte hallten auf dem Gang. Sie gehen ins Bad, dachte Stanley.

Teds Stimme: »Sie haben angefangen zu graben, Sir. Im Garten der Macdonalds hat sich ein ganzer Haufen Gaffer versammelt. Soll ich Sichtschutz aufstellen lassen?«

»Wird nicht viel helfen.«

Dann wieder Stille. Stanley hörte, wie »Sir« – ein Inspector, ein Chief Inspector, ein Superintendent? – in den Schlafzimmern herumlief und Ted nach unten ging.

Sie wußten es also jetzt. Stanley lag so ruhig wie möglich und verkrampfte die Hände ineinander. Sie wußten Bescheid. Vera hatte es ihnen gesagt, und Blake hatte seinen Senf dazugegeben, und irgendwie hatte Moxley sich auch noch reingehängt. Jeden Augenblick konnten sie, sobald sie den Torf beiseite geschaufelt hatten, Mauds Leiche finden.

Wenn er ein Streichholz anriß, war das ein Stockwerk tiefer bestimmt nicht zu hören. Außerdem suchten sie ja nicht nach ihm, das hatten sie ausdrücklich gesagt. Sie suchten nach Hinweisen darauf, wie er Maud umgebracht hatte. Ohne aufzustehen, tastete er nach der Schachtel, holte ein Streichholz heraus und riß es an. Die Flamme ließ seltsam langgezogene Schatten über die Balken und bis ins Dach hinauf tanzen. Sie sahen aus wie Hände, die sich öffneten und schlossen. Stanley schaute auf die Uhr. Er hatte den Eindruck gehabt, Stunden seien vergangen, aber es war erst halb eins. Würden sie wieder abziehen, wenn sie gefunden hatten, was sie suchten, oder würden sie einen Mann im Haus postieren? Es half nichts, er mußte zwischen den Balken liegenbleiben, von Holz umgeben, als läge er schon in seinem eigenen Sarg.

Stanley hätte nicht sagen können, wieviel Zeit vergangen war, bis »Sir« und seine Leute wieder auf dem Gang zu hören waren. Wieder kam es ihm vor, als seien es viele Stunden gewesen. Alle Glieder taten ihm weh, und alle paar Sekunden durchfuhren schmerzhafte Stiche seine Knie, seine Schultern und Armgelenke. Er hätte sehr gern geschrien, um die Furcht herauszulassen, es war, als säße ein Teufel in ihm, von dem er sich nur durch lautes Schreien befreien konnte. Rasch legte er die Hand über den Mund, sonst entkam ihm am Ende noch der schreiende Teufel und hatte nichts Eiligeres zu tun, als durch die Decke hindurch zu denen da unten zu stoßen.

Jemand schlug die Hintertür zu.

Füße polterten die Treppe hinauf, viele Füße, die Schwingungen gingen durch seinen ganzen Körper. Acht Füße im Obergeschoß, dachte Stanley. Er lag etwa dreißig Zentimeter über der Decke, demnach war der Kopf von »Sir« nur etwa einen Meter unter ihm. Er legte den Mund an das rauhe, splittrige Holz, um seinen keuchenden Atem abzufangen.

»Dreizehn Pfund in Scheinen, Sir«, sagte jemand. »In dem Jahrbuch hier, zwischen den Seiten.«

Einen Moment konnte er mit den Worten überhaupt nichts anfangen. Damit hatte er nicht gerechnet. Warum sprachen sie nicht von Maud? Maud, Maud, flüsterte er ins Holz hinein. Sie lag jetzt wohl da draußen in seinem zerstörten Garten, Knochen zwischen einem Häufchen Federn.

Die Stimme von »Sir« verdrängte das Bild, und Stanley gab es einen Ruck. »Sie riechen nach Veilchen. Genau wie die Handtasche.«

»Und wie die dreißig Pfund, die Harry Pilbeam abgeliefert hat.«

»Ganz recht. Daß ich mal froh sein würde, Harry Pilbeam zu haben, hätte ich mir auch nicht träumen lassen. Aber der Junge weiß eben ganz genau, daß es für ihn um die Wurst geht. Für ein paar Kröten würde der seine eigene Frau ans Messer liefern, wenn sie sich nicht schon vor zehn Jahren von ihm hätte scheiden lassen. Als ich ihm sagte, daß wir ihm auf seinen Trick mit den gefälschten Antiquitäten gekommen sind, hat er uns sofort die Stutzuhr und das Porzellan angeschleppt. Wollte sich wohl bei uns wieder lieb Kind machen.«

Jemand lachte.

»Daß er Manning so erfolgreich über den Tisch gezogen hat, finde ich richtig gut. An die zweitausend Pfund hat der Trottel Pilbeam in den Rachen geworfen. Ausgerechnet Pilbeam! Weiß der Himmel, wo er das Geld her hatte.«

»Was hatte Pilbeam wohl mit ihm vor?«

»Ich schätze, daß er ihn melken wollte, bis er nichts mehr hergab, um dann schleunigst zu verschwinden.«

Es wurde still. Stanley lag reglos wie ein Toter und ließ die Worte über sich hingehen. Er verstand überhaupt nichts mehr. Was machten die hier? Was versprachen die sich von ihrem Besuch? Sie hatten im Garten gegraben, aber Maud hatten sie nicht gefunden. Warum nicht? Leise Hoffnung regte sich in seinem Herzen. War es denkbar, daß sie gar nicht nach Maud gesucht hatten, sondern nach Diebesgut, daß Pilbeam ihnen einen Tip in dieser Richtung gegeben hatte?

Von weit her kam eine Stimme, aber die Worte waren nicht zu verstehen. Jetzt waren sie offenbar in Mauds Zimmer fertig und standen wieder auf dem Gang. Wie ein Dia-bild auf der Leinwand, das allmählich scharf wird, wandelte sich das Gebrabbel zu verständlichen Wortfolgen.

»Das war wohl das Zimmer der Schwiegermutter, Ted.«

»Wo ist die eigentlich abgeblieben? Mit der Frau zusammen auf und davon?«

»Nein, sie ist gestorben. An einem Schlaganfall. Ungefähr um die Zeit, als Manning...«

Wieder wurden die Stimmen unverständlich, die Schritte

238

leiser. Stanley ließ den lange angehaltenen Atem vorsichtig entweichen. Sein Herz hämmerte. Sie hatten also Maud tatsächlich nicht gefunden, nur eine Handvoll Geldscheine. Es war ganz sinnlos, daß er sich versteckte. Sie wollten ihn nur wegen Pilbeam vernehmen. Er würde ihnen alles erzählen, was sie wollten, und noch mehr als das. Auge um Auge... Rache ist süß – besonders im Falle Pilbeam. Sie konnten ihm nichts anhaben, gar nichts. Wie durch ein Wunder ahnten sie nichts, hatten sie nichts gefunden, dachten sie, Maud sei eines natürlichen Todes gestorben.

Er legte lautlos die rechte Hand auf den Griff der Klapptür, doch dann zögerte er. Wenn er jetzt herunterkam, würden sie denken, er hätte etwas zu verbergen. Es war wohl doch besser, wenn er wartete, bis sie weg waren, und dann freiwillig zur Polizei ging, um auszupacken. »Sir« und seine Leute waren jetzt wieder direkt unter ihm, und jemand ging die Treppe hinunter. Sie zogen ab. Wieder hielt Stanley den Atem an.

Nichts wünschte er sich in diesem Moment sehnlicher als ein Wort, dem er entnehmen konnte, daß er frei, daß er über jeden Verdacht erhaben und nur ein Trottel war, der sich von einem Gauner hatte linken lassen. Es brauchte ja nur ein klitzekleiner Satz zu sein. »Wir brauchen Manning nur als Zeugen!« oder »Schätze, für Manning war es Strafe genug, daß er Pilbeam aufgesessen ist.« Irgendwas in der Art mußten sie ja sagen, er hörte es förmlich.

Die Schritte gingen die Treppe hinunter.

Ted sagte: »Wir werden wohl Mrs. Huntley bitten müssen, sie zu identifizieren, Sir.« Und »Sir« sagte leise und bedächtig: »Es kann aber wohl kaum ein Zweifel daran bestehen, daß es sich um die Leiche von Miss Ethel Carpenter handelt.«

23

»Sie Ärmste.« Im Warteraum des Reviers rückte Mrs. Huntley näher an Vera heran und berührte ihre Hand. »Für Sie ist es am schlimmsten.«

»Zumindest brauchte ich sie nicht zu identifizieren, es muß schrecklich gewesen sein.«

Mrs. Huntley schauderte. »Ohne den kleinen Ring hätte ich sie nicht erkannt. Sie lag ja schon so lange in der Erde... Ach, ich mag gar nicht darüber sprechen.«

»Wegen fünfzig Pfund hat er sie umgebracht. Mein eigener Mann! Sie haben die Kopfwunde gefunden, die Stelle, wo er zugeschlagen hat. Mein einziger Trost ist, daß Mutter es nie erfahren hat. Und da ist noch etwas, ich hab es sonst noch niemandem erzählt...« Vera zögerte. Einen Menschen gab es, dem sie es vielleicht erzählen, dem sie früher oder später alles erzählen würde. »Ich dachte, er hätte Mutter um ihres Geldes willen umgebracht«, sagte sie leise. »Aber jetzt weiß ich, daß das nicht stimmt. Und das ist mir irgendwie völlig rätselhaft. Hätte er Mutter umgebracht, hätte er ja die fünfzig Pfund nicht gebraucht. Wie gut, daß Mutter es nicht wußte...«

»Es gab so einiges, was die arme Mrs. Kinaway nicht wußte«, sagte Mrs. Huntley nachdenklich. »Wer der Vater von Miss Carpenters Kind war zum Beispiel. Ethel hat es mir mal gebeichtet, als sie besonders niedergeschlagen war. Sie wissen es inzwischen, nicht?«

»Ich dachte es mir, als ich heute vormittag die junge Frau sah. Sie muß meine Nichte sein. Wenn Mutter sie je kennengelernt hätte, und das wäre der Fall gewesen, wenn –« Vera erhob sich halb, als Caroline Snow den Warteraum betrat. Trotz ihrer Erschütterung, trotz all des schrecklichen

Geschehens mußte sie lächeln, als sie in das Gesicht sah, das vor zwanzig Jahren das ihre hätte sein können.

»Das ist mein Vater«, sagte Caroline Snow. »Er hat mir geholfen. Als wir sie nicht fanden, ist er zur Polizei gegangen. Daddy ist wundervoll. Sie könnte bei uns wohnen, hat er gesagt, aber als wir sie gefunden hatten, war es zu spät...«

Der Mann sah Vera an. Er sah gütig und geduldig aus, doch man sah ihm auch an, daß er sehr wohl wußte, was er wollte. Er war ihr Schwager. Sie hatte jetzt eine richtige Familie.

»Es tut mir so leid.« Mehr brachte sie nicht heraus.

»Sie konnten ja nichts dafür.« Die blauen Augen – George Kinaways Augen – strahlten sie an. »Sie stehen ganz allein, Mrs. Manning. Kommen Sie zu uns. Bitte sagen Sie ja.«

»Später einmal«, sagte Vera. »Wenn all das überstanden ist.« Um meine Schwester kennenzulernen, dachte sie. »Aber jetzt habe ich erst einmal eine Zuflucht, habe einen Menschen, zu dem ich gehen kann.«

Bei der Polizei gab man sie noch nicht frei. Immer wieder drang man mit Fragen in sie, wo Stanley wohl sein mochte, aber dazu konnte Vera auch nichts sagen, sie schüttelte nur ratlos den Kopf. So viele Menschen auf dem Revier, so viele Gesichter... Mrs. Paterson. Mrs. Macdonald und ihr Sohn, ein wichtiger Zeuge... Mrs. Blackmore. Der Mann, der den Torf geliefert hatte. Sie alle gemahnten Vera daran, wie unglücklich sie in der Lanchester Road gewesen war. Ihr aber war nur ein einziger Mensch wichtig, und endlich ließ man sie gehen, und sie eilte zu dem Wagen, in dem er auf sie wartete.

»Wenn all das überstanden ist«, sagte er in unbewußter Wiederholung ihrer eigenen Worte, »reichst du die Scheidung ein, nicht wahr? Und dann wirst du –«

»Ja, natürlich, das weißt du doch, James. Ich wünsche es mir mehr als alles in der Welt.«

Stanley blieb auf dem Speicher, bis seine Uhr zehn zeigte. Er hatte das letzte Streichholz verbraucht, um nach der Zeit zu sehen, aber es war nicht so sehr die Dunkelheit als der Schmerz, der ihn nach unten trieb. Alle Glieder taten ihm weh, er hätte es dort oben nicht mehr ausgehalten, sagte er sich, auch wenn es im Haus noch von Polizisten gewimmelt hätte.

Er sah jetzt ein, daß er in seine eigene Falle getappt war. Einen Mord hatte er zwar nicht begangen, aber die von ihm verborgene Tote war eines gewaltsamen Todes gestorben. Daß er Ethels Koffer und Ethels Ring mit ihr begraben, daß er ihr Geld ausgegeben hatte, brandmarkte ihn ein für allemal als Mörder und Dieb. Die echte Ethel hatte er der Untersuchung entzogen, auf seinen eigenen Wunsch war ihr Körper zu Asche geworden, zu einem staubfeinen, zarten, vergänglichen Pulver, das weit weniger preisgeben würde als der spinnwebdurchsetzte Staub, der jetzt in seinen Sachen und an seiner Haut hing.

Im Schattendunkel der Sommernacht auf dem Gang im ersten Stock stehend, klopfte sich Stanley den Staub von den Sachen, bis rußig riechende Wolken in der Luft standen. Er hatte das Bedürfnis, sich ganz von diesem Staub zu befreien, denn ihm war, als sei es Ethel, die an ihm festhielt und ihn in aschige Nebel hüllte. Monatelang hatte Maud ihn verfolgt, war ihm im Traum erschienen, aber Maud war jetzt endgültig dahin. Er spürte Ethel neben sich stehen, wie an ihrem Todestag, als sie auf Mauds Schnarchen gehorcht hatte, bereit, ihm die Leviten zu lesen – wie jetzt. Wimmernd, mit zitternden Händen streifte er in der Dunkelheit Ethel von seinem Gesicht, von seinem Körper.

Sein eigener Körper roch ein wenig nach Tod, aber wenn er Wasser laufen ließ, fing am Ende das Überlaufrohr wieder an zu lecken. Langsam ging er die Treppe hinunter. Allmählich wichen Steifheit und Schmerz aus seinen Gliedern, das Leben kehrte zurück und mit dem Leben die Angst. Er mußte weg.

Überall im Haus knarzte und wisperte es. In der Dunkelheit stieß Stanley gegen Möbel und schlug den Telefonhörer von der Gabel. Der Summton gellte ihm in den Ohren, und er fluchte leise. Auch hier war Ethel – das, was von Ethel übriggeblieben war – und erwartete ihn auf dem Kaminsims. Die Straßenlaterne tauchte das Zimmer in ein schwach grünliches Licht. Er griff mit zitternden Fingern nach der Urne, dann schlug eine seiner Zuckungen ihm das Gefäß aus der Hand, und Ethel rieselte grau und pudrig über den Teppich. Und dann mußte er weg, rannte stolpernd davon, verließ fluchtartig das Haus, in dem Ethel als Siegerin zurückblieb.

Niemand folgte ihm. Niemand hatte auf ihn gewartet. Mit hämmerndem Herzen rannte er, die Lanchester Road weit hinter sich lassend, über die High Street und in das Gewirr gewundener, sich kreuzender Sträßchen hinein, in denen jedermann früh zu Bett ging und kaum noch Licht hinter den Fenstern leuchtete. Schließlich mußte er stehenbleiben und sich die schmerzende Brust halten, bis er wieder normal atmen konnte.

Daß er das Haus hatte verlassen können, daß er frei war und niemand ihn verfolgte, ließ ihn wieder ein wenig Hoffnung schöpfen. Wenn es ihm nun noch gelang, an ein bißchen Geld zu kommen und eine Transportmöglichkeit zu finden, ging's ab in Richtung Heimat. Nach Bures, zu seinem Fluß. Dort würden sie ihn nicht suchen, bestimmt wußten sie mittlerweile von Vera, daß er sich mit seinen

Eltern nicht verstand, daß er von zu Hause weggelaufen war und nie schrieb. Er lehnte sich an eine Mauer und versuchte, ein paar zusammenhängende Gedanken zu fassen. Ich geh nach Hause, sagte er. Nach Hause. Und dann wandte er sich, zuerst mit schleppenden Schritten, dann immer schneller, in die Richtung des Old Village.

Das Geschäft lag im Dunkeln. Stanley war jetzt, da er ein bestimmtes Ziel vor Augen hatte, ruhiger und vernünftiger geworden. Er ging nach hinten, vergewisserte sich, daß der Wagen bereitstand, und schloß die Hintertür auf. Ein Glück, daß er es sich zur Gewohnheit gemacht hatte, die Schlüssel zum Geschäft und die Autoschlüssel immer im Jackett herumzutragen. In seiner Abwesenheit hatte Pilbeam fast das ganze Lager geräumt. Von ein paar besonders scheußlichen und vermutlich unverkäuflichen Stücken abgesehen war der Ladenraum leer. Das Licht einer alten gußeisernen Straßenlaterne lag wäßrig-matt auf einem großen Mahagonitisch und zeichnete helle Flecken auf den Boden.

Ein, zwei Autos fuhren draußen vorbei, und eins hielt, aber es war kein Streifenwagen. Stanley sah flüchtig hin, dann öffnete er die Kasse. Sie enthielt zwanzig Pfund in Scheinen und knapp fünf Pfund in Silber. Er war gerade dabei, das Geld einzustecken, als er Schritte an der Hintertür hörte. Der Laden bot keine Möglichkeit, sich zu verstecken – bis auf einen braunen Samtvorhang, den Pilbeam eine Portiere genannt und den er an einer Wand befestigt hatte. Einen Augenblick verweigerte Stanleys Körper ihm den Dienst. Er hatte so schreckliche Angst, und er war es so schrecklich leid, ständig Angst zu haben und gejagt zu werden. Dann aber schaffte er es doch irgendwie, sich hinter dem Vorhang zu verbergen. Er drückte sich an die Wand.
Die Hintertür ging auf, und er hörte Pilbeams Stimme:

»Ist ja komisch, alter Junge. Ich hätt schwören können, daß ich abgeschlossen hatte.

Ist noch was in der Kasse?«

»Na du bist gut, Dave. Deswegen sind wir doch hier. Müßten an die dreißig Pfund sein.«

Stanley zitterte. Sehen konnte er nichts, spürte die beiden aber im Ladenraum. Wer war Dave? Der breitschultrige Kerl, mit dem Pilbeam in der Lanchester Road aufgekreuzt war? Die Kassenlade quietschte wie eine verstimmte Violinsaite, als Pilbeam sie aufzog. »Ich werd verrückt«, sagte Pilbeam. »Leer!«

»Manning«, stellte Dave fest.

»Blödsinn, der sitzt doch längst.«

»Meinst du?« fragte Dave und zog den Vorhang beiseite. Benommen hob Stanley den Kopf und sah die beiden an. »Zeig mal deine Taschen«, forderte Dave ihn auf.

Stanley kratzte die Reste seines Muts zusammen. Solche Reste hat jeder Mensch, eine kleine Reserve ist immer noch da. Bis zum bitteren Ende.

»Ich denk nicht dran«, sagte er mit hoher, piepsiger Stimme. »Das Geld steht mir zu, wo er mich so ausgenommen hat.«

Daves Schatten war schwarz und lang, ein Gorillaschatten mit baumelnden Pfoten. Er regte sich nicht.

»Irrtum, alter Junge«, sagte Pilbeam. »Dir steht überhaupt nichts zu, dir hat nie was zugestanden. Herzuschenken, was einem nicht gehört – das ist kein Kunststück.«

Stanley verschanzte sich hinter dem Tisch. Die beiden hinderten ihn nicht daran. »Was soll das heißen?«

»Daß deine Schecks geplatzt sind, Stan, das soll's heißen. Ich glaub, ich hab dir meinen Freund Dave noch gar nicht richtig vorgestellt. Dave, das ist mein Partner Stan. Dave ist der – äh – Direktor der Firma, die bei uns renoviert hat.«

Stanley wurde der Mund trocken. Er räusperte sich, aber es kam kein Ton heraus.

»Was erwartest du von mir?« fragte Dave. »Daß ich ihm die Hand schüttele, diesem dreckigen kleinen Mörder?«

»Du kannst ihm gleich die Hand schütteln«, sagte Pilbeam. »Das versprech ich dir, und ich mach's auch. Aber erst möcht ich meinem Freund Stanley sagen, daß seine Schecks, der für mich und der für Dave, gestern zurückgekommen sind. Ich könnte da ja vielleicht noch ein Auge zudrücken, Stan, schließlich sind wir alte Freunde, aber bei Dave ist das natürlich was anderes, dem schmeckt es nicht, daß er sich erst abschuftet und dann in die Röhre guckt.«

Stanleys Stimme klang erst zittrig, gewann aber dann an Kraft. »Du hast mich verpfiffen«, sagte er. »Du verdammter Polizeispitzel. Hinter meinem Rücken hast du mich angeschwärzt. Belogen hast du mich, von vorn bis hinten. Du hast überhaupt keine Frau, schon seit zehn Jahren nicht mehr...«

Seine Stimme schwankte. Pilbeam betrachtete ihn fast warmherzig, mit mildem Blick, leicht zuckenden Mundwinkeln. Auch seine Stimme war nachsichtig und voller Güte. »Was meinst du, Dave, schütteln wir ihm jetzt die Hand?«

Stanley duckte sich und kippte krachend den Tisch um, so daß er eine Schranke zwischen ihm und den anderen beiden bildete. Dave gab dem Tisch einen Tritt, mitten auf die glänzende Platte setzte er seine breite Schuhsohle, der Tisch rutschte nach hinten, bis die Beine an die Wand stießen und Stanley in einem hölzernen Käfig gefangen war.

Von beiden Seiten gingen sie ihn an. Stanley entsann sich des Kampfes mit Maud. Jahrhunderte, Äonen schien das her zu sein. Er tastete hinter sich nach einer Vase oder sonst einem Wurfgeschoß, aber die Regale waren völlig leer. Er legte die Arme über den Kopf und duckte sich. Dave packte ihn an der Jacke und zog ihn heraus.

In der Ladenmitte verschränkte Dave ihm die Arme hinter dem Rücken und hielt ihn fest. Stanley drehte und wand sich, bis Pilbeam ihm einen Kinnhaken verpaßte. Stanley schluchzte und versuchte, um sich zu schlagen, was Dave mit einem Tritt gegen sein Schienbein quittierte. Stanley schrie auf und taumelte.

In stummem Tanz bewegten sich die drei um den Tisch herum, der alle viere von sich streckte. Stanley hoffte auf eine Chance, die Tischbeine zu packen und das schwere Möbelstück Dave auf die Füße fallen zu lassen. Aber er hinkte, und der Schmerz zuckte in Stößen von seinem Schienbein den Körper hinauf. Als er wieder an der Wand stand, ließ er sich zusammensinken, so daß sie denken mußten, er sei erledigt, und während Pilbeam langsam näher kam, drehte sich Stanley rasch um und zerrte an dem Samtvorhang. Knirschend löste sich die Vorhangstange von der Wand. Stanley warf seinen Angreifern den schweren Stoff entgegen, einen Augenblick waren sie alle drei in Samt gehüllt.

Ganz hinten im Laden, zwanzig, dreißig Zentimeter von der Hintertür entfernt, fand Stanley doch noch eine Waffe, einen 18 Zentimeter langen Schraubenschlüssel, den Pilbeam unter der Kasse hatte liegenlassen. Als Dave fluchend und zappelnd auftauchte, schleuderte Stanley ihm mit aller Wucht den Schraubenschlüssel entgegen. Er verfehlte Daves Kopf und traf ihn auf der Brust, knapp unterhalb des Schlüsselbeins. Dave jaulte vor Schmerz auf. Er stürzte sich auf Stanley, als der schon die Tür erreicht hatte und die Hand nach dem Türknauf ausstreckte.

Der Kampf dauerte knapp fünfzehn Sekunden. Dave war viel größer als Stanley und durch den Schmerz in der Brust behindert, und Stanley hätte es vielleicht noch geschafft, wenn nicht Pilbeam sich von hinten herangeschlichen, ihn an den Beinen gepackt und zu Boden geworfen hätte.

Dave hob Stanley auf und hielt ihn fest, während Pilbeam ihm Hiebe ins Gesicht gab und mehrmals seinen Kopf an die Wand schlug. Stanleys Knie knickten ein. Stöhnend sank er auf dem hochgetürmten Samt zusammen.

Als er zu sich kam, dachte Stanley, er sei erblindet. Ein Auge ging überhaupt nicht auf, mit dem anderen sah er nur undurchdringliche Finsternis. Er hob die Hand ans Gesicht und spürte Feuchtigkeit. Blut? Tränen? Er hatte keine Ahnung, er sah ja nichts. Die Finger schmeckten nach Salz.

Nach und nach zeichnete sich ein dunkler Umriß vor einem etwas helleren Hintergrund ab. Es war der Tisch, der wieder auf seinen vier Beinen stand. Demnach war er also nicht blind. Stanley schluchzte vor Erleichterung. Es war nur so dunkel, weil die Straßenlaterne nicht mehr brannte.

Der Samt, auf dem er lag, war weich und warm, ein kuscheliges Nest, wie der Schoß einer Frau. Er hätte sich am liebsten behaglich darin eingerichtet, den weichen Stoff um seinen müden Körper, die hundert schmerzenden, pochenden Stellen gelegt. Aber das ging nicht, denn er wollte ja nach Hause. Der grüne Stour und die Felder erwarteten ihn, Felder mit dem silbrigen Blattwerk der Saubohnen und dem smaragdfarbenen der Zuckerrüben.

In der Dunkelheit setzte er sich auf. Der Raum, in dem er sich befand, schien eine Art Laden zu sein, aber ohne Waren. Was machte er hier? Wozu war er gekommen und von wo? Er wüßte es nicht mehr. Er wußte nur, daß er eine Zeit großer Angst und Qual und Gewalttätigkeit hinter sich hatte.

Hatte er immer schon so gezuckt und gezittert, als habe er eine unheilbare Krankheit? Es war nicht weiter wichtig, der Fluß winkte, und nur darauf kam es an. Er würde sich ans Ufer legen und Tränen und Blut abspülen.

Irgendwie hatte er das Gefühl, daß er verfolgt wurde, aber er wußte nicht, von wem. Von Pflegern aus einem Krankenhaus vielleicht? Er war aus einem Krankenhaus geflohen und unter die Räuber gefallen. Als er aufstand, schwankte er, und das Gehen fiel ihm schwer. Aber er ließ nicht locker, streckte die Arme aus und tastete sich vorwärts. Irgendwo draußen mußte ein Wagen stehen, es war sein Wagen, denn er hatte den Zündschlüssel in der Tasche. Er fand den Wagen, besser gesagt, er rannte direkt in ihn hinein, und schloß auf.

Als er am Steuer saß, schaltete er die Innenbeleuchtung ein und sah in den Spiegel. Sein Gesicht war grün und blau und blutverkrustet. Über dem linken Auge war eine blutige Schramme, und das Auge darunter öffnete und schloß sich zuckend.

»Ich heiße George Carpenter«, sagte er zu dem Fremden im Spiegel, »und ich wohne ...« Er wußte nicht mehr, wo er wohnte. Dann versuchte er, sich an Dinge aus der Vergangenheit zu erinnern, aber er sah nur die Gesichter von Frauen vor sich, zornige, drohende Gesichter, die aus der Dunkelheit auf ihn zutrieben. Alles andere war dahin. Nein, nicht ganz ... Seine Identität war ihm geblieben. Er hieß George Carpenter und hatte Kreuzworträtsel entworfen, aber er war sehr krank geworden und hatte seinen Beruf aufgeben müssen. Es war eine Gehirn- oder Nervenkrankheit, und deshalb hatte er diese Zuckungen.

Ein unglückliches Leben, ein Leben voller Frustrationen und Enttäuschungen. Die Einzelheiten waren ein für allemal versunken. Er wollte sie auch gar nicht mehr wissen.

Als Junge war er glücklich gewesen, als er nach Groppen und Schmerlen gefischt hatte. Die Groppen hatten Drachengesichter, sie stammten aus einer Zeit, als es noch keine Menschen auf der Erde gegeben hatte. Es tat Stanley gut, sich in Gedanken mit dieser Zeit zu beschäftigen, der Druck in seinem Kopf ließ ein wenig nach.

Groppe... eine komischer Name. Nützlich beim Kreuzworträtseln. GR zwei Buchstaben P ein Buchstabe... Er ließ den Motor an.

Das Autofahren war Stanley in Fleisch und Blut übergegangen, seine Reaktionen waren völlig automatisch. Der Wagen war nicht so sehr eine Maschine als Teil seines Körpers. Wenn er fuhr, brauchte er ebensowenig nachzudenken, als wenn er sich von einer Zimmerecke in die andere bewegte. Die Straßen, durch die er rollte, kamen ihm vertraut vor, aber er konnte sie nicht recht unterbringen. Auf der Brücke am Haus des Schleusenwärters hielt er an und sah in den Kanal hinunter. Jetzt war er bald zu Hause, da unten floß der Stour zwischen den grünen Weiden dahin, sein grüner Fluß, kalt und tief und fischreich. Jetzt war er nicht grün, sondern schwarz und still, die Wasserfläche hatte einen metallischen Glanz.

Bald würde der Morgen dämmern, und dann würde der Fluß leuchten, in einem Grün, das nicht von dem erwachenden Himmel, sondern aus einer in den Fluten verborgenen Farbquelle zu kommen schien. Und aus den schwarzen, lichtlosen Häusern, deren Umrisse jetzt schwach vor dem Himmel zu erkennen waren, würden Menschen kommen und im steigenden Morgennebel, der auf dem Gras perlte, zu ihren Feldern gehen.

Auf der anderen Seite der Brücke stand ein weißer Streifenwagen mit aufgeblendeten Scheinwerfern, die aber nicht auf ihn gerichtet waren. Eine Radarfalle, dachte er –

250

aber außer seinem Wagen waren weit und breit keine Fahrzeuge zu sehen. Sie warteten offenbar auf jemanden, einen flüchtigen Verbrecher vielleicht.

Ihn würden sie jedenfalls nicht erwischen, er wollte nicht in ihre Richtung. Er würde bis zum Anbruch der Dämmerung langsam über den Treidelpfad fahren, und dann, wenn der Fluß in leuchtendem Grün erstrahlte, würde er sich ans Ufer legen und sein zerschlagenes Gesicht baden.

Die Straße war hart und holprig wie geriffelter Fels. Eine Welle von Schmerz ging bei jedem Hopser, den der Wagen machte, über ihn hin. Sehr bald würde er anhalten, um sich auszuruhen. Vor ihm stieg der Morgen auf, der schwarze Himmel zerfaserte und gab die blasse Dämmerung frei. Bures lag vor ihm, die Orte hier sahen alle aus wie von Constable gemalt, er erkannte ihre Umrisse jetzt vor dem zinnenartig gezackten Horizont.

Stanley schaltete die Scheinwerfer aus und sah, daß ihm in einiger Entfernung ein Wagen folgte. Der will mich wohl vom Fluß vertreiben, dachte er, irgend jemand hat die Fischereirechte, und Schwarzangler dulden sie nicht. Wann hatte er sich jemals um anderer Leute Rechte gekümmert?

Da er das Licht ausgemacht hatte, würden sie ihn nicht mehr sehen können. Er kannte seinen Fluß besser als sie. Jede Biegung, jede Weide am Ufer war ihm so vertraut wie ein gelöstes Kreuzworträtsel.

Wenn er erst zu Hause war und in Sicherheit, würde er sicher wieder anfangen zu rätseln, würde bessere und größere Rätsel verfertigen denn je, ein Weltmeister der Kreuzworträtselei. So schlapp und zittrig er war – für ein Rätsel war er immer noch gut. Seinen eigenen Namen hatte er vergessen, aber das machte nichts, solange seine Fertigkeit, seine Kunst noch so real für ihn war. REAL – Nicht unwirklich erscheint, was Spanier prägten... Oder vielleicht besser noch: Was so nicht ist, trägt zum Trugbild bei. ANGEL – Richtschnur für Kiemenatmer. Richtschnur, Richtschnur... Stanley fröstelte. Das Wort klang drohend, klang nach Hanf und Galgen. Er fuhr schneller, die Federung stöhnte, aber er war jetzt ruhiger, fast zufrieden. Worte waren der Sinn des Lebens, unfehlbare Kur für die Seele. KUR – Halber Planet von heilsamer Wirkung... Na also, das ging ja noch wie geschmiert!

Vor ihm lag eine Kurve, die Uferstraße folgte der Flußbiegung nach links, und wenn dann das Dorf in Sicht kam – zuerst nur als schwarzes Pünktchen in der grauen Weite der Felder –, mußte man bremsen und sich auf der Fahrbahn rechts halten. Wie gut er das noch wußte. Sein Dorf, der große Trost in all der Angst, die ihn umtrieb. TROST – den gibt der Himmel, vom Menschen erwartet man Beistand...

Der ganze Körper schmerzte, seine Augen waren glasig vor Erschöpfung, so daß er fürchtete, jeden Augenblick am Steuer einzuschlafen. Er schüttelte sich kurz und blickte starr geradeaus. Und dann sah er sein Dorf. Es trieb friedlich in grauem Nebel und schien ihm zu winken. Jetzt kam die Flußbiegung.

TREIBEN – Strandgut hat es, eher unbunt, schon hinter sich... Er stöhnte laut auf vor Schmerz und Sehnsucht, dann drehte er das Steuer matt in die Richtung, die er von seinem Fluß her in Erinnerung hatte. Rutschend und kippend, aber ganz sacht und allmählich, machte der Wagen sich selbständig. Stanleys Hände glitten kraftlos vom Lenkrad. Jetzt war alles in Ordnung, er war zu Hause, brauchte nicht mehr zu fliehen, nicht mehr zu fahren. Er war zu Hause und rollte sanft bergab, seinem Dorf entgegen.

Und jetzt war auch der Morgen da. Grünleuchtend, vielfarbig wie ein Regenbogen drängte er mit lautem, malmendem Tosen durch die offenen Wagenfenster. Und Stanley fragte sich, warum er eigentlich schrie und sich gegen das nasse Morgenlicht wehrte, da er doch nun zu Hause war.

Mit kreischenden Bremsen kam der Streifenwagen am Kanalufer zum Stehen. Zwei Männer sprangen heraus, schlugen die Türen hinter sich zu und rannten los, aber als sie an das befestigte Ufer kamen, war das Wasser schon wieder fast unbewegt, nur noch ein paar träge gelbe Wellen, die sich in konzentrischen Kreisen ausbreiteten, ließen erkennen, wo der Wagen versunken war. In trübem Rot erhob sich der Morgen über den Lagerhäusern, und die ersten Regentropfen fielen.

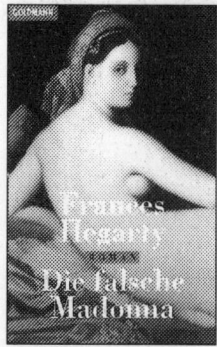

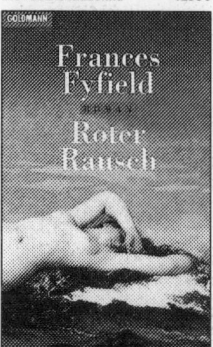